COURS & ENTRAÎNEMENT

W0224099

1re

NOUVEAU BAC

prépabac

Enseignement scientifique

TRONC COMMUN

- **Isabelle Bednarek-Maitrepierre**
Professeur de SVT au lycée Aristide-Briand (Saint-Nazaire)
- **Guillaume Ehret**
Professeur de physique-chimie au lycée du Pays de Retz (Pornic)
- **Laurent Le Floch**
Professeur de physique-chimie au lycée Richelieu (Rueil-Malmaison)
- **Alain Le Grand**
Enseignant en sciences au CHU de Nantes
- **Arnaud Mamique**
Professeur de SVT au lycée Richelieu (Rueil-Malmaison)
- **Bruno Semelin**
Professeur de SVT au lycée du Pays de Retz (Pornic)

Hatier

Le site de vos révisions

L'achat de ce Prépabac vous permet de bénéficier d'un **ACCÈS GRATUIT*** à toutes les **ressources** d'annabac.com (fiches, quiz, sujets corrigés…) et à ses **parcours de révision** personnalisés.

Pour profiter de cette offre, rendez-vous sur **www.annabac.com** dans la rubrique « Je profite de mon avantage client ».

* Selon les conditions précisées sur le site.

Maquette de principe : Frédéric Jély
Mise en pages : STDI
Schémas : STDI
Iconographie : Sidonie Reboul
Édition : Michel Zelvelder

ISBN 978-2-401-05293-2

AVANT-PROPOS

VOUS ÊTES EN PREMIÈRE générale et vous savez que la réussite en enseignement scientifique demande un travail régulier tout au long de l'année ? Alors ce Prépabac est pour vous !

L'ouvrage va vous permettre en effet de mémoriser les connaissances essentielles sur chacun des thèmes du programme et d'acquérir progressivement des méthodes clés dans la discipline : exploiter des documents ; organiser, effectuer et contrôler des calculs ; rédiger une argumentation scientifique.

Cet objectif est rendu possible grâce à un ensemble de ressources très complet : des fiches de cours – synthétiques et visuelles –, des cartes mentales récapitulatives, des exercices progressifs, enfin des sujets guidés, conformes à la définition des épreuves de contrôle continu en 1re et T^{le}.

Nous vous recommandons de les utiliser régulièrement, en fonction de vos besoins. Ainsi vous pourrez aborder vos contrôles et épreuves d'enseignement scientifique en toute sérénité et préparer votre passage en T^{le}.

Bonnes révisions !

Les auteurs

Isabelle Bednarek-Maitrepierre

Guillaume Ehret

Laurent Le Floch

Alain Le Grand

Arnaud Mamique

Bruno Semelin

SOMMAIRE

Une longue histoire de la matière

Les éléments chimiques

Des édifices ordonnés : les cristaux

Une structure complexe : la cellule

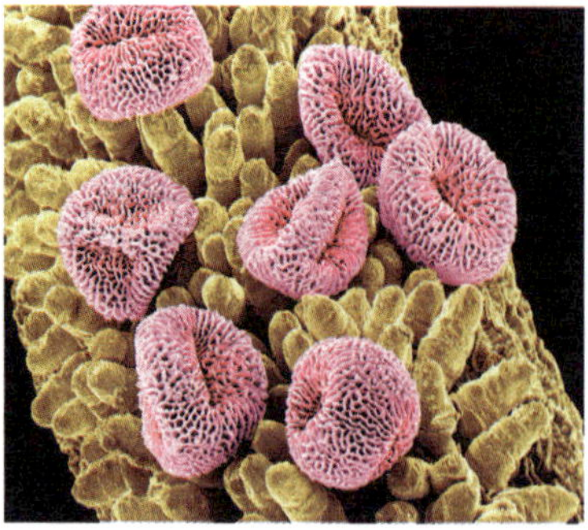

Le Soleil, notre source d'énergie

Rayonnement solaire et bilan radiatif terrestre

FICHES DE COURS

La photosynthèse, une conversion biologique de l'énergie solaire

FICHES DE COURS

Le bilan thermique du corps humain

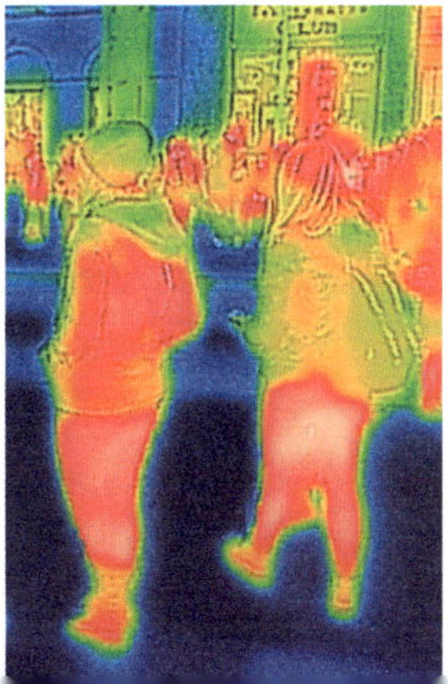

FICHES DE COURS

SOMMAIRE

La Terre, un astre singulier

L'histoire de la Terre

FICHES DE COURS

La Terre dans l'Univers

FICHES DE COURS

Son et musique, porteurs d'information

Le son, phénomène vibratoire

FICHES DE COURS

La musique ou l'art de faire entendre les nombres

FICHES DE COURS

Quand le son devient musique

FICHES DE COURS

Les éléments chimiques

La nébuleuse du Crabe, reste d'une étoile ayant explosé (supernova).

Les éléments chimiques produits dans l'étoile sont dispersés dans l'espace.

1 L'abondance des éléments chimiques

En bref *Les éléments chimiques sont des entités qui se caractérisent par le même nombre de protons. Ils ne sont pas uniformément répartis dans l'Univers.*

I Les éléments chimiques

- Un élément chimique est caractérisé par son **numéro atomique Z**. Ainsi, les atomes et les ions possédant le même numéro atomique *Z* appartiennent au même élément.

> **À NOTER**
> Le **numéro atomique *Z*** correspond au nombre de protons de l'élément considéré.

- Chaque élément est représenté par une lettre majuscule parfois suivie d'une minuscule. Voici quelques exemples d'éléments chimiques :

Élément	Symbole	Numéro atomique Z
Hydrogène	H	1
Fer	Fe	26

- Les éléments chimiques sont classés par numéro atomique croissant dans un tableau appelé **classification périodique** des éléments. C'est le chimiste russe Dmitri Mendeleïev qui a publié une première classification en 1869.

> **À NOTER**
> La **classification périodique** comprend 118 éléments chimiques dont 94 sont naturels. Les autres sont artificiels (créés en laboratoire).

II Répartition des éléments chimiques

- Les éléments chimiques ne sont pas répartis de manière homogène dans l'Univers.
- L'abondance d'un élément chimique est la mesure de sa proportion par rapport aux autres éléments dans un environnement donné ; on parle d'**abondance relative**. Elle peut être mesurée par fraction de masse, par fraction atomique (comparaison du nombre d'atomes) ou par fraction molaire (comparaison du nombre de molécules).
- Dans l'Univers, les deux éléments les plus abondants sont l'**hydrogène** et l'**hélium**. Ces éléments sont apparus dès les premières minutes de la formation de l'Univers. En pourcentage d'atomes, l'abondance de l'hydrogène dans l'Univers est de 90 % et celle de l'hélium est de 9 % → FICHE 2.
- Depuis la formation de l'Univers, ces proportions ont très peu évolué, bien que de l'hélium soit produit en permanence dans les étoiles (à partir d'hydrogène), mais en quantités relativement très faibles.

■ Sur Terre, les éléments les plus abondants ne sont pas l'hydrogène et l'hélium, mais l'oxygène (O), le fer (Fe), le silicium (Si) et le magnésium (Mg).

■ L'oxygène est l'élément le plus abondant sur Terre. Il entre dans la composition de l'eau, de l'air et c'est aussi l'élément le plus abondant des roches terrestres.

Éléments sur Terre	O	Fe	Si	Mg
Proportion en atomes (%)	32	28	17	16

■ On trouve également de l'hydrogène dans l'**hydrosphère**, celle-ci étant constituée essentiellement de molécules d'eau (H_2O).

MOT CLÉ
L'**hydrosphère** désigne les zones sur Terre où l'eau (liquide, solide ou gazeuse) est présente.

■ Dans la biosphère (ensemble des organismes vivants), on retrouve les mêmes éléments chimiques, mais dans des proportions différentes, avec quatre éléments majeurs : l'oxygène (O), le carbone (C), l'hydrogène (H) et l'azote (N).

■ Les êtres vivants sont constitués de molécules minérales (comme l'eau, qui représente 70 à 75 % de leur masse) et de molécules organiques, majoritairement des atomes de carbone et d'hydrogène liés entre eux et éventuellement à d'autres atomes ou groupes chimiques (protéines, hormones, ADN, etc.).

Éléments de la biosphère	H	O	C	N
Proportion en atomes (%)	53	39	6,5	0,5

zoOm

Différenciation chimique du globe terrestre

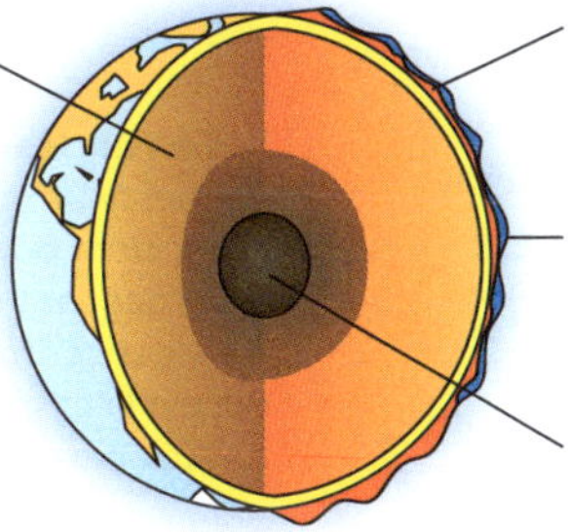

La répartition des éléments chimiques dans le globe terrestre n'est pas homogène. Les éléments les plus lourds (fer, nickel) se retrouvent au centre de la Terre, les plus légers (silicium, oxygène, etc.) en superficie. Les éléments chimiques se sont répartis ainsi lors de la formation de notre planète.

2 L'origine des éléments chimiques

En bref *Les tout premiers éléments chimiques sont nés lors de la formation de l'Univers. Des réactions nucléaires au sein des étoiles sont à l'origine de la centaine d'éléments chimiques actuellement connus.*

I Le Big Bang et la nucléosynthèse primordiale

- La formation de l'Univers a lieu il y a environ 13,7 milliards d'années, lors du **Big Bang**. L'Univers est alors extrêmement condensé et chaud, les particules élémentaires comme les neutrons et les protons sont encore libres et non regroupés en noyaux atomiques.

> **MOT CLÉ**
> **Big Bang** : théorie scientifique décrivant le commencement et l'expansion de l'Univers.

- Au bout d'une centaine de secondes, l'Univers en pleine expansion voit sa température baisser (elle est de l'ordre de 10^9 °C ou un milliard de degrés Celsius), les protons et neutrons commencent à s'associer pour former les noyaux atomiques les plus simples d'hydrogène et d'hélium.

La nucléosynthèse primordiale s'achève à la création de ces deux éléments. Les conditions ne sont pas encore réunies pour que les réactions nucléaires permettent la formation des éléments les plus lourds.

- C'est lors de la formation des étoiles, quelque 100 millions d'années après le Big Bang, que des éléments chimiques plus lourds peuvent se former.

Cependant, l'Univers est encore aujourd'hui majoritairement constitué d'hydrogène et d'hélium.

II La nucléosynthèse stellaire

- La synthèse de nouveaux noyaux atomiques se produit, par des réactions de **fusion nucléaire**, au sein même des étoiles : c'est la nucléosynthèse stellaire. La fusion nucléaire est possible, car la température qui règne au cœur d'une étoile dépasse 10^7 °C (10 millions de degrés Celsius).

> **MOT CLÉ**
> **Fusion nucléaire** : processus au cours duquel deux noyaux atomiques légers s'associent pour former un noyau plus lourd en dégageant une énergie considérable.
> À ne pas confondre avec la fission nucléaire, qui est la cassure d'un noyau lourd en deux noyaux plus légers.

- La plupart des étoiles peu massives, comme le Soleil, sont constituées essentiellement d'hydrogène et d'hélium.

Elles consomment leur hydrogène pour produire de l'hélium.

■ La formation de l'hélium au cœur d'une étoile se déroule en trois étapes.

• **Première étape** : deux noyaux d'hydrogène ou protons ($^{1}_{1}H$) fusionnent pour former un noyau de deutérium ($^{2}_{1}H$), avec émission d'un positon ($^{0}_{1}e$) et d'un neutrino (ν) :

$$^{1}_{1}H + ^{1}_{1}H \rightarrow ^{2}_{1}H + ^{0}_{1}e + \nu$$

• **Deuxième étape** : le noyau de deutérium fusionne avec un proton pour former un noyau d'hélium 3 ($^{3}_{2}He$), avec émission d'un rayonnement gamma (photon) :

$$^{2}_{1}H + ^{1}_{1}H \rightarrow ^{3}_{2}He + \gamma$$

• **Troisième étape** : deux noyaux d'hélium fusionnent pour former un noyau d'hélium 4 (stable) en éjectant deux protons :

$$^{3}_{2}He + ^{3}_{2}He \rightarrow ^{4}_{2}He + 2\ ^{1}_{1}H$$

■ Lorsque l'étoile a épuisé tout son hydrogène, elle évolue en géante rouge : son cœur est riche en noyaux d'hélium, qui fusionnent en donnant des noyaux plus lourds de carbone et d'oxygène.

■ Si l'étoile est suffisamment massive (masse supérieure à 8 fois celle du Soleil), elle pourra produire des noyaux encore plus lourds, comme des noyaux de fer. En fin de vie, l'étoile implose, puis explose, créant des noyaux encore plus lourds comme le platine et l'or. Cette explosion appelée supernova diffuse les éléments ainsi formés dans l'espace autour de l'étoile. C'est ainsi que les étoiles massives enrichissent l'Univers en éléments lourds.

zoOm

Étoiles massives : une structure en « pelure d'oignon »

■ Dans les couches périphériques d'une étoile massive, les éléments légers fusionnent, enrichissant les couches profondes en éléments plus lourds.

■ Dans le cœur de l'étoile, la fusion des noyaux de silicium conduit à la formation de noyaux de fer.

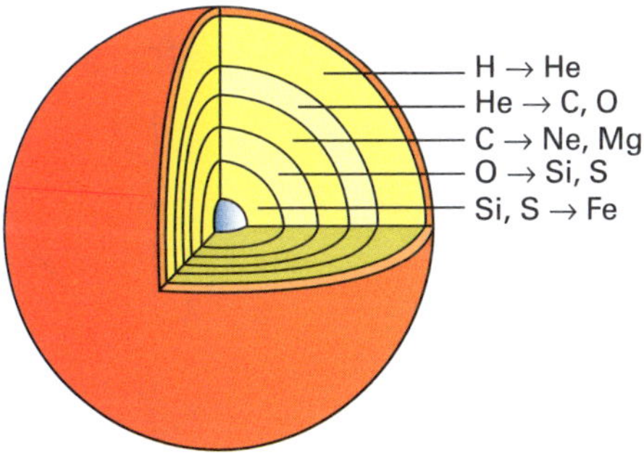

3 Les noyaux atomiques radioactifs

En bref *Les noyaux de certains éléments chimiques, dit radioactifs, sont instables et se transforment spontanément en d'autres noyaux. Ils constituent un chronomètre naturel utilisé pour des datations.*

I Noyau atomique et radioactivité

■ La radioactivité est découverte en 1896 par Henri Becquerel, lorsque celui-ci constate que des sels d'uranium émettent des rayonnements pouvant impressionner des plaques photographiques. Il les nomme « rayons uraniques ».

■ Deux ans plus tard, Marie Curie montre que d'autres éléments, comme le radium, émettent un rayonnement. Elle nomme radioactivité cette émission spontanée de radiations par une substance inerte, sans apport d'énergie extérieure.

■ La plupart des éléments chimiques ont des noyaux stables, c'est-à-dire qu'ils restent identiques à eux-mêmes au cours du temps. Certains noyaux sont instables, car ils possèdent trop de protons, de neutrons ou trop des deux. Un noyau instable se transforme en un autre noyau, qui peut également être instable. Cette transformation naturelle et irréversible est appelée **désintégration**.

■ La radioactivité est un phénomène spontané, inéluctable et aléatoire : il est impossible de prévoir quand se désintégrera un noyau radioactif. Or, du fait de la désintégration régulière des noyaux, la quantité d'éléments radioactifs présents dans un échantillon diminue avec le temps.

■ Chaque élément radioactif est caractérisé par sa **demi-vie** ou période radioactive $t_{\frac{1}{2}}$, qui est la durée nécessaire pour que la moitié des noyaux initialement présents se soit désintégrée.

À NOTER
Par convention, le noyau radioactif de départ est appelé noyau père, celui issu de la **désintégration** est le noyau fils.

À NOTER
La **demi-vie** est très variable selon les éléments : de quelques millisecondes à des milliards d'années.

Doc **Désintégration des noyaux radioactifs au cours du temps**

N_0 désigne le nombre de noyaux de l'élément père initialement présents.
Au temps $t_{\frac{1}{2}}$, le nombre N de noyaux restants est de $\frac{1}{2}N_0$.
Au temps $2\,t_{\frac{1}{2}}$ il est de $\frac{1}{4}N_0$.
Au temps $3\,t_{\frac{1}{2}}$, il est de $\frac{1}{8}N_0$
et donc au temps $n\,t_{\frac{1}{2}}$ il est de $\frac{1}{2^n}\,N_0$.

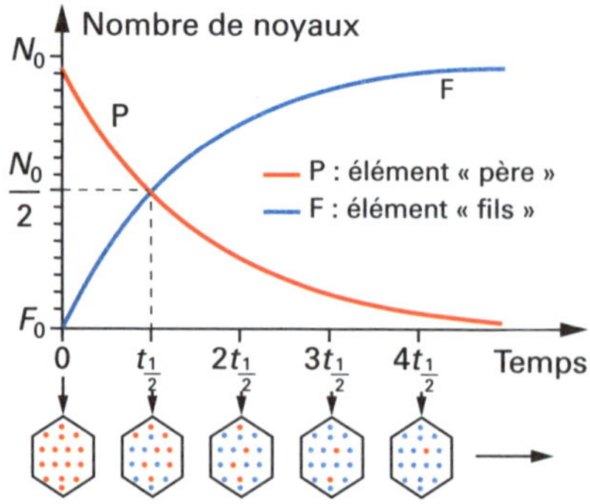

II Radioactivité et datation au carbone 14

- Les isotopes d'un élément chimique se différencient par leur nombre de neutrons. Par exemple, le carbone 12 ($^{12}_{6}C$, 6 protons et 6 neutrons) et le carbone 14 ($^{14}_{6}C$, 6 protons et 8 neutrons) sont deux isotopes du carbone. Le premier n'est pas radioactif, alors que le second l'est.

- La quantité de carbone 14 (^{14}C) présente dans l'atmosphère, bien que très faible, est constante : en effet, il y a autant de ^{14}C synthétisé dans la haute atmosphère à partir d'azote 14 (^{14}N) que de ^{14}C qui se désintègre en ^{14}N.

- Le ^{14}C créé dans la haute atmosphère est incorporé par les êtres vivants sous la forme de $^{14}CO_2$ atmosphérique ou de $^{14}CO_2$ dissous dans l'eau par l'intermédiaire de la photosynthèse ou de l'alimentation. Les êtres vivants rejettent aussi du $^{14}CO_2$ par respiration. Les apports et les pertes de ^{14}C s'équilibrent ainsi chez les êtres vivants : la quantité de ^{14}C contenu dans leur matière organique est constante et identique à celle de l'atmosphère durant toute leur vie.

- À la mort de l'organisme, les échanges cessent. La quantité de **^{14}C** qu'il contient décroît avec le temps. Il suffit donc de doser la quantité de ^{14}C restant dans un organisme pour estimer le temps écoulé depuis sa mort.

À NOTER
La demi-vie du ^{14}C est de 5 730 ans. Cependant, cette méthode n'est pas utilisable avec une bonne précision au-delà de 35 000 ans.

zoOm

La découverte du radium

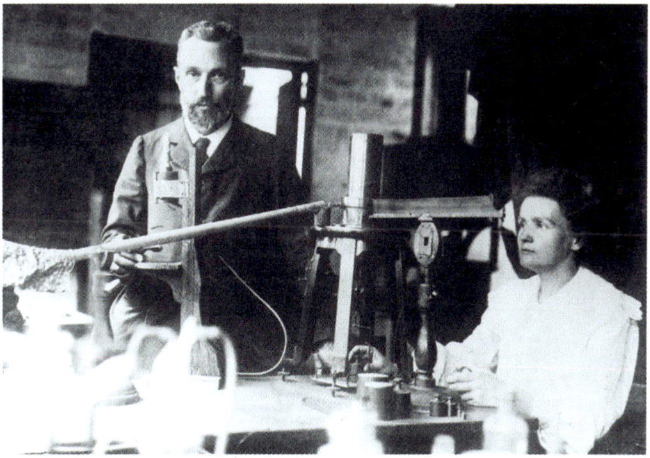

En 1898, Marie et Pierre Curie parviennent à isoler deux éléments radioactifs qu'ils nomment radium (du latin *radius* qui signifie rayon) et polonium (en hommage au pays natal de Marie).

MÉMO VISUEL

Origine des éléments chimiques

Nucléosynthèse primordiale

Premières minutes de la formation de l'Univers

Formation des premiers atomes : l'hydrogène et l'hélium

Nucléosynthèse stellaire

Réactions de fusion nucléaire au sein des étoiles

- Formation des éléments chimiques lourds à partir de la fusion de noyaux d'hydrogène
- Formation de noyaux de carbone, d'oxygène et de fer : dépend de la taille de l'étoile (structure en pelure d'oignon)

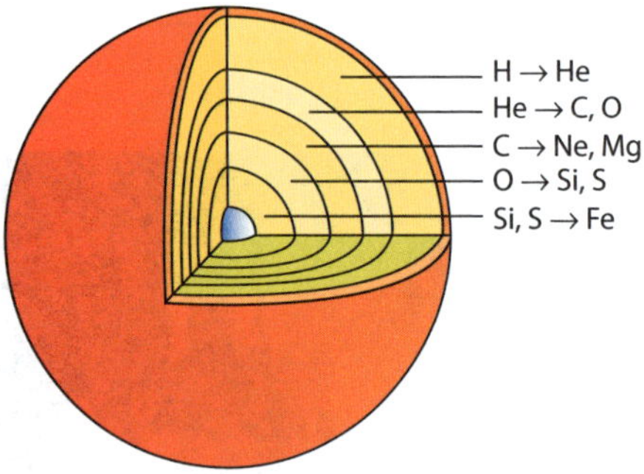

- L'explosion de l'étoile (supernova) dissémine les éléments lourds dans tout l'espace

UNE LONGUE HISTOIRE

Radioactivité

Éléments chimiques dont les noyaux sont instables, radioactifs

- Servent de chronomètres naturels (loi de décroissance radioactive)
- Caractérisés par leur demi-vie
- Émettent des rayonnements dangereux ou des particules ionisantes

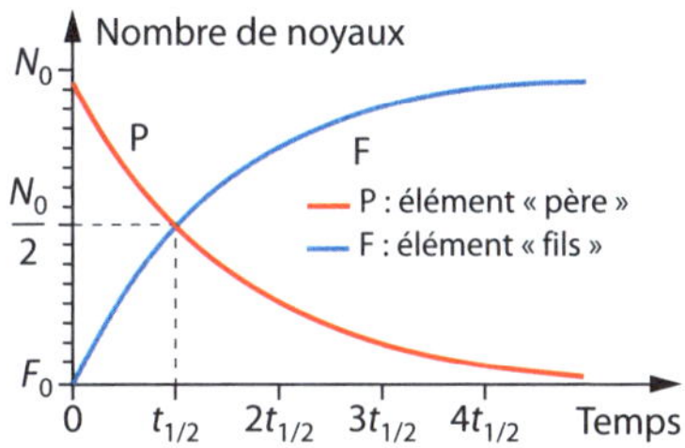

DE LA MATIÈRE

Abondance des éléments chimiques

Répartition des éléments chimiques dans l'Univers non homogène

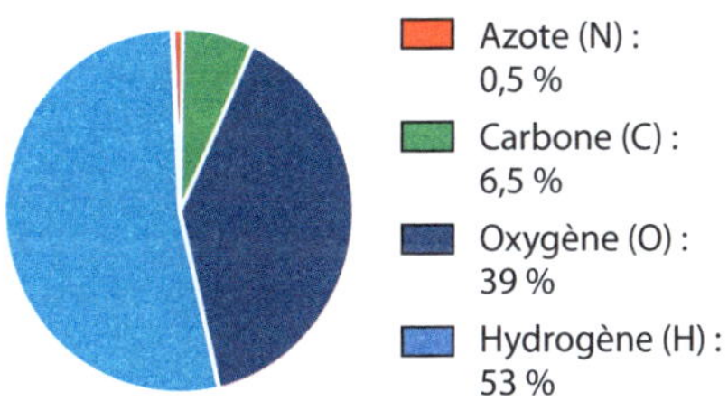

Biosphère

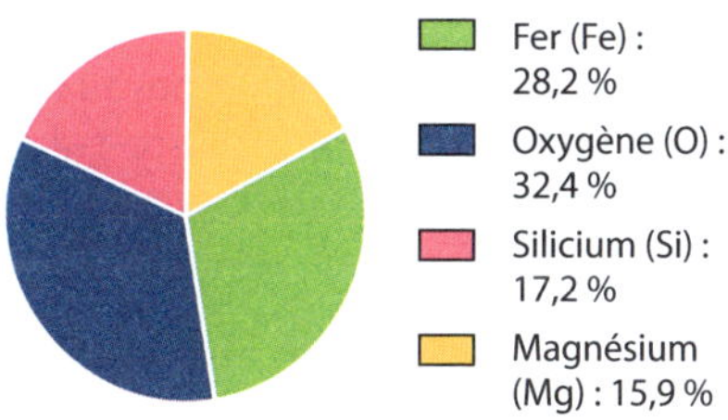

Globe terrestre

SE TESTER QUIZ

Vérifiez que vous avez bien compris les points clés des **fiches 1 à 3**.

1 L'abondance des éléments chimiques

→ FICHE 1

Que peut-on dire de la répartition des éléments chimiques sur Terre et dans l'Univers ?

☐ **a.** Les éléments chimiques sont répartis de manière homogène dans l'Univers.
☐ **b.** L'élément hydrogène (H) et l'élément hélium (He) sont les plus répandus dans l'Univers.
☐ **c.** Sur Terre, les principaux éléments sont l'hélium, le fer, le silicium et le magnésium.
☐ **d.** Dans la biosphère, on trouve essentiellement les éléments carbone, hydrogène, oxygène et azote.

2 L'origine des éléments chimiques

→ FICHE 2

1. Parmi ces affirmations concernant la formation des éléments chimiques dans l'Univers, lesquelles sont correctes ?

☐ **a.** Le Big Bang est le processus à l'origine de la formation des éléments chimiques.
☐ **b.** Les éléments hydrogène et hélium sont issus de la nucléosynthèse stellaire.
☐ **c.** La formation du fer a lieu dans les couches périphériques d'une étoile.

2. Parmi les réactions nucléaires suivantes, certaines correspondent-elles à une réaction de fusion nucléaire ?

☐ **a.** $4\,{}^{1}_{1}\mathrm{H} \rightarrow {}^{4}_{2}\mathrm{He} + 2\,{}^{0}_{1}\mathrm{e}$

☐ **b.** ${}^{4}_{2}\mathrm{He} + {}^{4}_{2}\mathrm{He} \rightarrow {}^{8}_{4}\mathrm{Be}$

☐ **c.** ${}^{235}_{92}\mathrm{U} + {}^{1}_{0}\mathrm{n} \rightarrow {}^{140}_{54}\mathrm{Xe} + {}^{94}_{38}\mathrm{Sr} + 2\,{}^{1}_{0}\mathrm{n}$

3 Les noyaux atomiques radioactifs

→ FICHE 3

1. Si N_0 désigne le nombre de noyaux radioactifs initialement présents dans un atome, combien en reste-t-il au bout de cinq demi-vies ?

☐ **a.** $\frac{N_0}{5}$ ☐ **b.** $\frac{N_0}{10}$ ☐ **c.** $\frac{N_0}{32}$

2. La datation au carbone 14 est possible pour des échantillons :

☐ **a.** contenant de la matière organique.
☐ **b.** âgés de plusieurs milliards d'années.
☐ **c.** âgés de moins de 50 000 ans.

S'ENTRAÎNER

4 Réviser le cours en 8 questions flash

→ FICHES 1 à 3

1. Comment explique-t-on la formation de l'hydrogène et de l'hélium ?
2. Quel type de réaction nucléaire a lieu au sein d'une étoile ?
3. Quels sont les quatre principaux éléments chimiques sur Terre ?
4. Citer les quatre principaux éléments chimiques de la biosphère.
5. Qui a inventé le mot radioactivité ?
6. Comment qualifie-t-on les noyaux qui se désintègrent au cours du temps ?
7. À quoi correspond la demi-vie d'un noyau radioactif ?
8. Citer un isotope radioactif utilisé en archéologie pour des datations.

5 Formation et répartition des éléments chimiques

→ FICHES 1 et 2

Compléter le texte avec les mots suivants.

nucléosynthèse primordiale • hydrogène • nucléosynthèse stellaire • hélium l'Univers • Big Bang • globe terrestre • la biosphère • des réactions nucléaires de fusion.

Il y a environ 13,7 milliards d'années, d'après la théorie du ...., l'Univers a commencé sa formation. Quelques minutes après le début de son expansion, les éléments .... et .... sont apparus. Ce processus se nomme la ....

La .... a permis de former des éléments plus complexes au sein des étoiles par ....

La matière connue dans .... est principalement formée d'hydrogène et d'hélium. L'abondance relative des éléments chimiques est différente dans la totalité du .... et dans .... bien que l'on retrouve les mêmes éléments chimiques.

6 Comparaison d'abondances relatives

→ FICHE 2

Les diagrammes ci-après représentent l'abondance relative des éléments chimiques dans la biosphère et dans la totalité du globe terrestre. L'abondance est exprimée en pourcentage massique qui correspond au pourcentage en masse d'un élément par rapport à l'ensemble des éléments présents dans le compartiment choisi : la biosphère ou la Terre.

Doc **Abondance relative des éléments chimiques dans la biosphère seule et dans la totalité du globe terrestre**

a) Abondance dans la biosphère

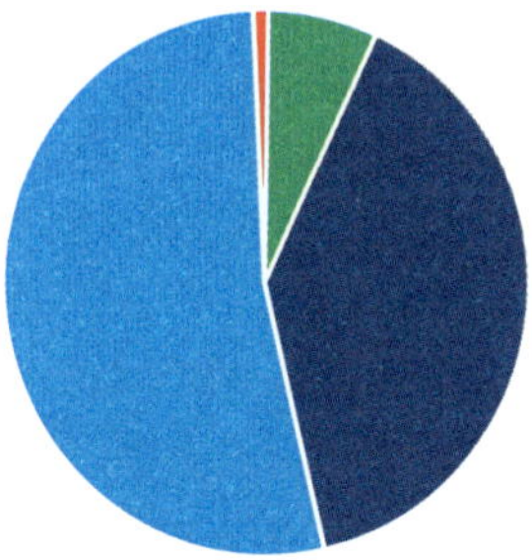

b) Abondance dans le globe terrestre

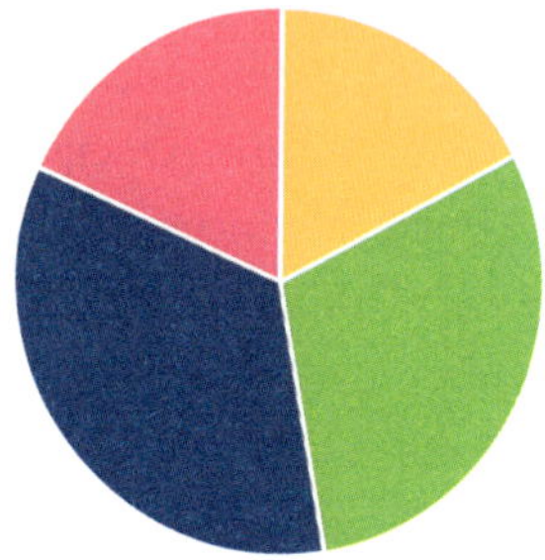

1. Citer les deux éléments chimiques les plus abondants de la biosphère.
2. Pourquoi ces deux éléments sont-ils aussi abondants ?
3. Quel est l'élément chimique le plus abondant dans le globe terrestre ?
4. Où trouve-t-on essentiellement cet élément ?

7 Détermination graphique de la demi-vie d'un polluant radioactif

→ FICHE 3

Dans les centrales nucléaires, les déchets produits contiennent de nombreux éléments radioactifs : césium, strontium... À la suite des accidents ayant affecté les centrales nucléaires de Tchernobyl en 1986 et de Fukushima en 2011, le strontium est devenu le principal polluant de la biosphère. Il est donc important de connaître les caractéristiques de l'isotope radioactif de cet élément et en particulier sa période de demi-vie.

1. Sachant que le noyau radioactif du strontium est composé de 38 protons et de 52 neutrons, quelle est la représentation correcte du strontium radioactif parmi les quatre propositions suivantes :

$$^{90}_{52}\mathrm{Sr} \quad ^{90}_{38}\mathrm{Sr} \quad ^{52}_{38}\mathrm{Sr} \quad ^{38}_{52}\mathrm{Sr}$$

2. En utilisant le document suivant, déterminer graphiquement la demi-vie du strontium.

Doc **Courbe de décroissance radioactive du strontium**

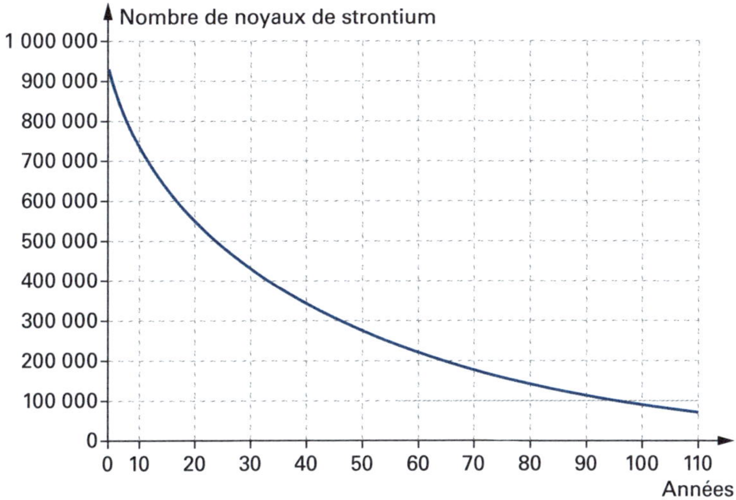

3. Sachant qu'au bout de 10 demi-vies l'activité d'un noyau radioactif devient négligeable (c'est-à-dire que la radioactivité a pratiquement disparu), pendant combien de temps l'environnement sera-t-il contaminé à la suite d'une catastrophe nucléaire ?

8 Radioactivité et diagnostic médical par scintigraphie

→ FICHE 3

La scintigraphie est un examen permettant des diagnostics médicaux. On introduit un traceur radioactif à très faible dose dans le sang d'un patient, qui va se fixer sur l'organe que l'on veut examiner. Le traceur contient un noyau radioactif de courte demi-vie, car celui-ci doit être inactif au bout de quelques semaines maximum.

Un des traceurs utilisés pour réaliser une scintigraphie de la glande thyroïde est l'iode 123 dont la demi-vie est égale à 13 heures.

1. Pour réaliser cet examen, une infirmière injecte à un patient un échantillon d'iode 123 dont la dose n'est pas nocive pour la santé. Au bout de combien de temps l'activité de l'échantillon injecté sera-t-elle divisée par 8 ?

2. On considère que l'activité d'un noyau radioactif est négligeable au bout de 10 demi-vies. Au bout de combien de temps après l'injection pourra-t-on considérer que l'activité de l'échantillon d'iode 123 est négligeable ?

3. En s'appuyant sur le résultat précédent, indiquer si l'utilisation de l'iode 123 comme traceur pour réaliser une scintigraphie est pertinente.

OBJECTIF BAC

9 Le carbone 14 au service de l'archéologie

60 min

Ce type d'exercice doit vous permettre de comprendre, à travers l'analyse de documents, l'intérêt du carbone 14 dans les datations en archéologie.

La grotte Chauvet (du nom de son inventeur Jean-Marie Chauvet) a été découverte en 1994 dans le département de l'Ardèche. L'âge des peintures qui ornent les parois de cette grotte font l'objet d'une polémique.

On cherche à dater les peintures préhistoriques découvertes dans la grotte Chauvet et à montrer que la grotte a été occupée à plusieurs reprises.

Doc 1 Les objets géologiques de la grotte Chauvet

Les peintures préhistoriques sont réalisées avec des fragments de charbon de bois ou des pigments minéraux. Certaines peintures sont aussi recouvertes d'un dépôt de charbon résultant d'un mouchage de torches (frottement de torches sur la paroi pour retirer la partie carbonisée qui asphyxie la flamme). Ce dépôt semble avoir été effectué par d'autres individus ayant visité ou occupé la grotte après.

Doc 2 L'origine du carbone 14

L'élément carbone existe sous la forme de :

- deux isotopes stables :
  - le carbone 12 ($^{12}_{6}C$),
  - le carbone 13 ($^{13}_{6}C$) ;
- un isotope instable : le carbone 14.

Le carbone 14 est continuellement produit dans la haute atmosphère grâce à des réactions nucléaires entre des atomes d'azote 14 de l'air et des neutrons d'origine cosmique. Ces réactions maintiennent une teneur constante en carbone 14 dans l'atmosphère. Une fois produit, le carbone 14 réagit rapidement avec le dioxygène de l'air pour former du dioxyde de carbone $^{14}CO_2$ qui se répartit dans toute l'atmosphère.

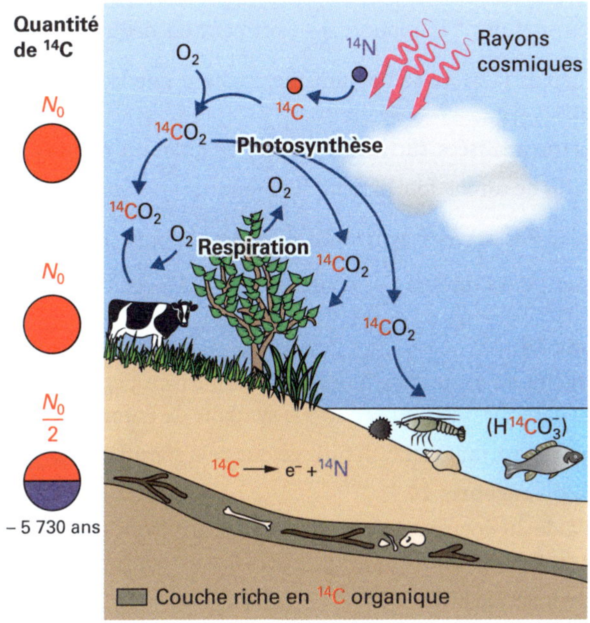

Doc 3 La datation au carbone 14

Lorsqu'un animal ou une plante meurt, son carbone 14 n'est plus renouvelé, car il n'y a plus d'échanges avec l'environnement. En raison de la désintégration radioactive, son nombre d'atomes de carbone 14 diminue au cours du temps. Le rapport du nombre d'atomes de carbone 14 résiduel (N) sur celui existant au moment de la mort (N_0) de l'organisme décroît donc au cours du temps.

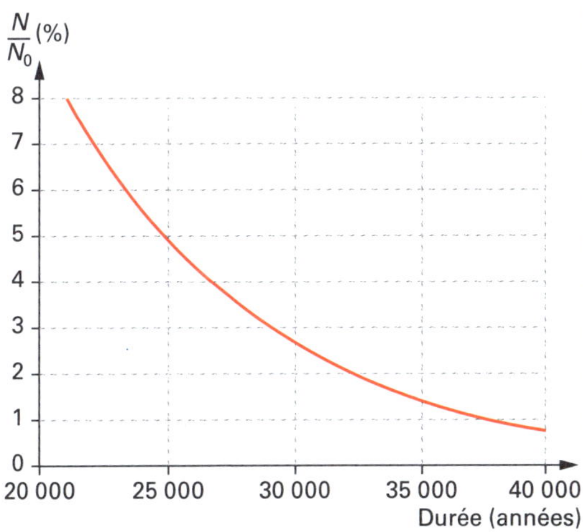

La courbe correspond au rapport $\frac{N}{N_0}$ du nombre d'atomes de ^{14}C résiduel sur le nombre d'atomes de ^{14}C présents au moment de la mort de l'organisme en fonction du temps sur la période entre 20 000 et 40 000 ans.

Ainsi, en mesurant le rapport $\frac{N}{N_0}$, on peut en déduire le temps t qui s'est écoulé depuis la mort de l'organisme, sachant que la demi-vie du ^{14}C est de 5 730 ans.

Les mesures réalisées sur les fragments de charbon de bois prélevés sur les mouchages de torche fournissent des rapports $\frac{N}{N_0}$ compris entre 2,4 et 3,4 %.

Celles réalisées sur les fragments de charbon de bois prélevés sur les peintures fournissent des rapports $\frac{N}{N_0}$ compris entre 1,1 % et 1,6 %.

1. Le carbone 14

a. En vous aidant du document 2, définir le terme isotope, donner la composition du noyau du carbone 14 et en déduire le symbole de l'atome de carbone 14.

b. Le carbone 14 est radioactif, définir ce que cela signifie.

2. L'origine du carbone 14

Justifier, à l'aide du document 2, pourquoi un être vivant possède la même quantité de carbone 14 que celle de l'atmosphère durant toute sa vie.

3. La datation au carbone 14

a. Justifier l'utilisation de la méthode au carbone 14 pour dater les peintures préhistoriques.

b. À l'aide des données du document 3, proposer un âge moyen pour les peintures préhistoriques et les mouchages de torche.

c. À l'aide de l'ensemble des données, justifier que la grotte a été occupée à plusieurs reprises.

LIRE LE SUJET

1. Les questions 1a et 1b font appel à vos connaissances sur les atomes, en particulier ceux qui possèdent des noyaux instables.

3. Vous devez comparer la datation des peintures à celle des dépôts de charbon des mouchages de torche.

LA FEUILLE DE ROUTE

1. S'aider du document 2 et de vos connaissances → FICHES 1 et 3

a. Utilisez les écritures des deux isotopes du carbone $^{A}_{Z}C$ du document 2, avec A le nombre de nucléons (somme du nombre de protons et du nombre de neutrons) et Z le numéro atomique (nombre de protons) pour en déduire la notion d'isotope et ainsi écrire avec le même principe le symbole du carbone 14.

2. S'approprier et analyser le document → FICHE 3

Observez sur le document 2 les processus dans lesquels sont impliqués les échanges de $^{14}CO_2$ d'un être vivant avec l'atmosphère.

3. Comparer ses résultats aux informations du document → FICHES 1 et 3

a. Faites le lien entre la composition chimique de la biosphère et la présence de ^{14}C dans un fragment de bois.

b. Utilisez les données fournies dans le texte afin de proposer un âge pour les peintures et les mouchages de torche à l'aide de la courbe du document 3. Présentez l'âge moyen et l'incertitude permettant d'encadrer les valeurs maximale et minimale des âges estimés.

c. Comparez les résultats sur l'âge moyen des peintures et des mouchages de torche. Déduisez-en, aux incertitudes près, que les mouchages de torche ont bien été réalisés après les peintures.

CORRIGÉS

SE TESTER QUIZ

1 L'abondance des éléments chimiques

Réponses b et d.

L'affirmation a est fausse, les éléments chimiques ne sont pas répartis de façon homogène dans l'Univers : leur abondance varie dans la Terre, l'Univers, la biosphère… L'affirmation c est fausse. On trouve principalement sur Terre de l'oxygène et non de l'hélium.

2 L'origine des éléments chimiques

1. Réponse a.

L'affirmation b est fausse : les éléments hydrogène et hélium sont issus de la nucléosynthèse primordiale qui eut lieu lors des premières minutes de l'expansion de l'Univers. L'affirmation c est fausse, car la formation du fer s'effectue dans le cœur d'une étoile massive (supergéante rouge).

2. Réponses a et b.

L'affirmation c. est fausse, car elle représente une réaction de fission nucléaire d'un noyau lourd d'uranium (sous l'impact d'un neutron) en deux noyaux plus légers de xénon et de strontium.

3 Les noyaux atomiques radioactifs

1. Réponse c. Les affirmations a et b sont fausses, car au bout de n demi-vies le nombre de noyaux radioactifs restants est de $\frac{N_0}{2^n}$; donc, au bout de 5 demi-vies, il reste $\frac{N_0}{2^5}$, soit $\frac{N_0}{32}$ atomes radioactifs.

2. Réponses a et c. L'affirmation b est fausse, car la demi-vie du carbone 14 est de 5 730 ans, ce qui ne permet pas de dater les objets de plusieurs milliards d'années.

S'ENTRAÎNER

4 Réviser le cours en 8 questions flash

1. Les éléments hydrogène et hélium sont issus de la nucléosynthèse primordiale.

2. Des réactions de fusion nucléaire au sein des étoiles permettent de former de nouveaux éléments chimiques.

3. Sur Terre, les quatre principaux éléments sont l'oxygène (O), le fer (Fe), le silicium (Si) et le magnésium (Mg).

4. Les quatre principaux éléments contenus dans la biosphère sont l'oxygène (O), le carbone (C), l'hydrogène (H) et l'azote (N).

5. Marie Curie a donné le nom de radioactivité aux émissions de radiations par une substance inerte sans apport d'énergie extérieure.

6. Les noyaux qui se désintègrent au cours du temps sont dits instables ou radioactifs.

7. La demi-vie d'un noyau radioactif est la durée nécessaire pour que la moitié des noyaux initialement présents se soit désintégrée.

8. Le carbone 14 est un isotope radioactif utilisé en archéologie pour dater tout objet contenant des molécules organiques (fragment de bois, d'os, de cheveux...).

5 Formation et répartition des éléments chimiques

Il y a environ 13,7 milliards d'années, d'après la théorie du **Big Bang**, l'Univers a commencé sa formation. Quelques minutes après le début de son expansion, les éléments **hydrogène** et **hélium** sont apparus. Ce processus se nomme la **nucléosynthèse primordiale.**

La **nucléosynthèse stellaire** a permis de former des éléments plus complexes au sein des étoiles par **des réactions nucléaires de fusion**.

La matière connue dans **l'Univers** est principalement formée d'hydrogène et d'hélium. L'abondance relative des éléments chimiques est différente dans la totalité du **globe terrestre** et dans **la biosphère** bien que l'on retrouve les mêmes éléments chimiques.

6 Comparaison d'abondance relative

1. L'oxygène (39 %) et l'hydrogène (53 %) sont les éléments les plus abondants de la biosphère.

2. Les êtres vivants sont constitués de deux grands types de molécules : les molécules minérales telles que la molécule d'eau (H_2O) et les molécules organiques constituées principalement d'atomes de carbone (C) et hydrogène (H).

3. L'élément chimique le plus abondant dans le globe terrestre est l'oxygène (32,4 %).

4. L'oxygène est présent dans l'eau des océans (H_2O), dans l'atmosphère (O_2) et dans la plupart des roches terrestres.

7 Détermination graphique de la demi-vie d'un polluant radioactif

1. La représentation correcte du strontium radioactif est $^{90}_{38}Sr$. Le nombre de protons (numéro atomique) est écrit en bas à gauche ; le nombre total de nucléons, protons et neutrons (38 + 52 = 90), est écrit en haut à gauche.
2. On appelle demi-vie la durée au bout de laquelle la moitié des noyaux radioactifs d'un élément s'est désintégrée. Par lecture sur le graphique, on lit pour le strontium une demi-vie de 29 ans.

Doc Courbe de décroissance radioactive du strontium

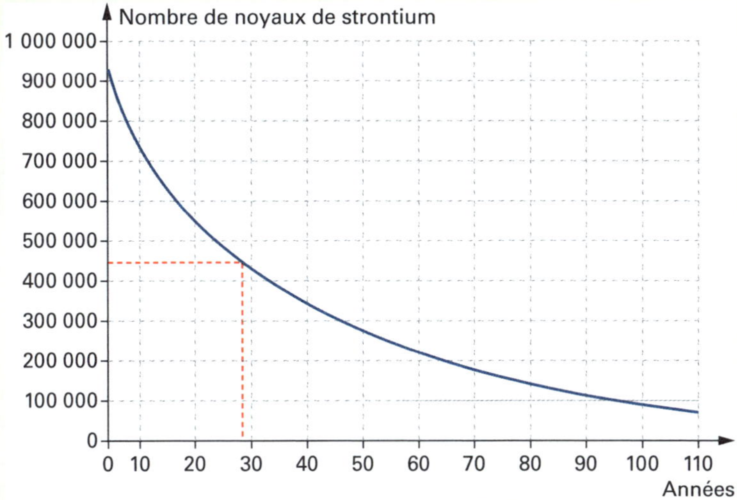

3. À la suite d'un accident nucléaire, l'environnement est contaminé pendant 290 ans !

8 Radioactivité et diagnostic médical par scintigraphie

1. La demi-vie de l'iode 123 est égale à 13 heures. Donc, à $t = 13$ heures, l'activité de l'iode 123 est divisée par 2, à $t = 26$ heures, elle est divisée par 4 et à $t = 39$ heures, elle est divisée par 8.
2. L'activité de l'échantillon d'iode 123 sera négligeable au bout de 10 fois 13 heures donc 130 heures, soit 5 jours et 10 heures.
3. L'utilisation de l'iode 123 comme traceur pour réaliser une scintigraphie est pertinente, car un traceur doit être inactif au bout de quelques semaines maximum, ce qui est le cas pour l'iode 123 au bout d'un peu plus de 5 jours.

OBJECTIF BAC

9 Le carbone 14 au service de l'archéologie

1. Le carbone 14

a. Les isotopes sont des atomes dont les noyaux possèdent le même nombre de protons, mais pas le même nombre de neutrons. D'après le document 2, le carbone possède trois isotopes dont les noyaux ont chacun six protons. Le carbone 12 ($^{12}_{6}C$) a six neutrons, le carbone 13 ($^{13}_{6}C$) a sept neutrons, le carbone 14 a huit neutrons. Son symbole est par conséquent : $^{14}_{6}C$.

b. Le carbone 14 est radioactif, c'est-à-dire que son noyau est instable, il se transforme (en ^{14}N) et expulse de l'énergie sous forme de rayonnement électromagnétique.

2. L'origine du carbone 14

Le ^{14}C incorporé dans le $^{14}CO_2$ atmosphérique entre dans les molécules organiques par l'intermédiaire des végétaux chlorophylliens qui réalisent la photosynthèse soit sur les continents, soit dans les océans. Les animaux qui consomment ces végétaux incorporent aussi du ^{14}C. Et comme tous les êtres vivants rejettent du $^{14}CO_2$ par respiration, les apports et les pertes de ^{14}C s'équilibrent au sein des organismes : la proportion de ^{14}C contenu dans leurs molécules organiques est constante et identique à celle de l'atmosphère durant toute leur vie.

3. La datation au carbone 14

a. L'utilisation de la méthode au ^{14}C pour dater les peintures préhistoriques est pertinente, lorsque celles-ci ont été réalisées avec du charbon de bois. Ce dernier contient des molécules organiques qui ont incorporé du ^{14}C par photosynthèse à l'époque de la vie du végétal. Le dosage de la quantité de ^{14}C restant dans les peintures va permettre d'estimer le temps écoulé depuis que le bois a été transformé en charbon de bois.

b. Les fragments de charbon de bois prélevés sur les peintures fournissent des valeurs N/N_0 comprises entre 1,1 et 1,6 %. En reportant ces valeurs sur le doc. 3, on obtient un âge compris entre –34 000 et –37 000 ans, soit un âge moyen de –35 500 ans. De même, les mouchages de torche ayant des valeurs de $\frac{N}{N_0}$ comprises entre 2,4 et 3,4 % ont un âge compris entre - 28 000 et - 31 000 ans, soit un âge moyen de - 29 500 ans.

c. Les peintures sont plus anciennes que les mouchages de torche. La grotte a donc été occupée à plusieurs reprises : une première fois, vers –35 500 ± 1 500 ans, par les artistes ayant réalisé les peintures, et au moins une autre fois, vers –29 500 ± 1 500 ans.

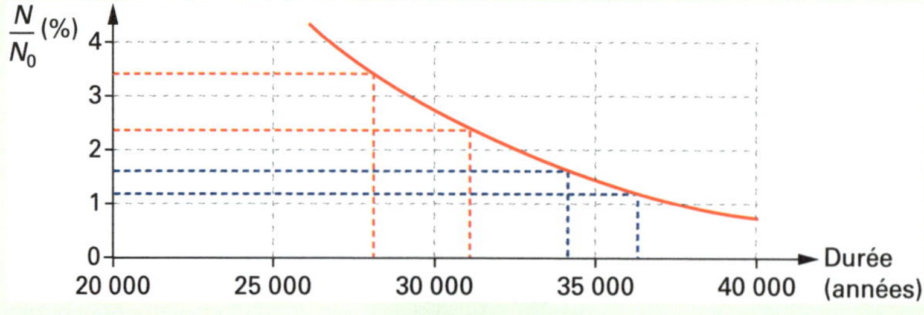

Des édifices ordonnés : les cristaux

Les cristaux de la mine Naïca au Mexique sont les plus grands connus dans le monde. Ce sont des cristaux de gypse (sulfate de calcium).
Certains solides se présentent à l'état naturel sous forme de cristaux. Comment expliquer leur forme géométrique naturelle ?

4 L'état cristallin

En bref *Les atomes constituant la matière s'assemblent pour former des molécules. Dans certaines conditions, ils forment des structures ordonnées : les cristaux.*

I Le chlorure de sodium, un cristal courant

- Le « sel de table », issu de l'évaporation de l'eau de mer, se présente sous la forme de petits cristaux de chlorure de sodium, de formule NaCl.
- À l'état naturel, le chlorure de sodium existe sous la forme de cristaux cubiques, plus ou moins imbriqués les uns dans les autres.
- À l'échelle microscopique, les cristaux de chlorure de sodium sont formés d'un empilement régulier et ordonné d'ions Na^+ et Cl^- (doc. 1). Ce sont des cristaux ioniques.
- Cette structure solide, constituée d'un arrangement répétitif et géométrique d'atomes, caractérise l'état cristallin.

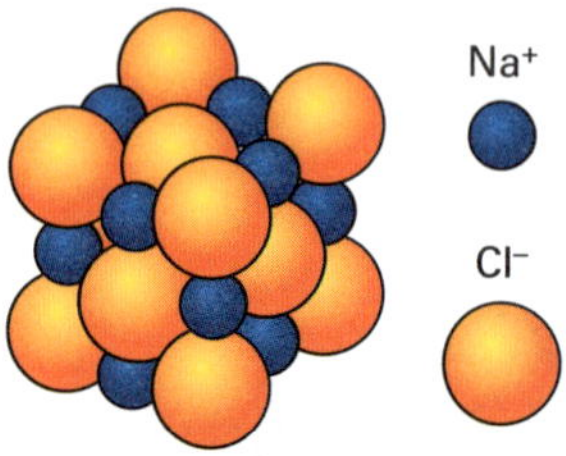

Doc 1 Structure cristalline du chlorure de sodium

À NOTER
Si les atomes sont associés au hasard et sans ordre géométrique, le solide est dit **amorphe**.

II La maille élémentaire, structure périodique des cristaux

- À l'échelle atomique, la structure cristalline est définie par une maille élémentaire : c'est le plus petit volume présentant les propriétés géométriques et physico-chimiques du cristal.
- La répétition périodique de la maille élémentaire dans toutes les directions de l'espace forme un réseau cristallin (doc. 2).

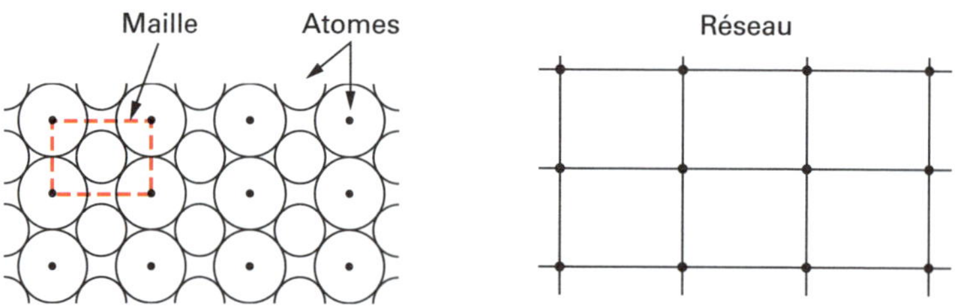

Doc 2 Exemple de maille élémentaire (à gauche) et de réseau cristallin (à droite)

■ Il existe une grande diversité de cristaux. Celle-ci est liée à :
- la forme géométrique de la maille (on en distingue sept) ;
- la nature des entités (atomes, molécules ou ions) qui composent le cristal, formant des cristaux ioniques ou moléculaires par exemple ;
- la position, dans cette maille, des entités constituant le cristal (doc. 3).

■ La maille cubique est la structure la plus simple. On en distingue plusieurs types selon la position des entités au sein de la maille : on a par exemple la **maille cubique simple** (doc. 3a) et la **maille cubique à faces centrées** (doc. 3b).

■ Dans la maille cubique simple, les entités sont situées aux huit sommets du cube. Dans la maille cubique à faces centrées, comme celle du chlorure de sodium (doc. 3c et doc. 3b), on a :
- un ion chlorure Cl^- aux huit sommets de la maille et au centre de ses six faces ;
- un ion sodium Na^+ au centre de la maille et au milieu de chacune de ses 12 arêtes.

a) simple b) à faces centrées c) à faces centrées du chlorure de sodium

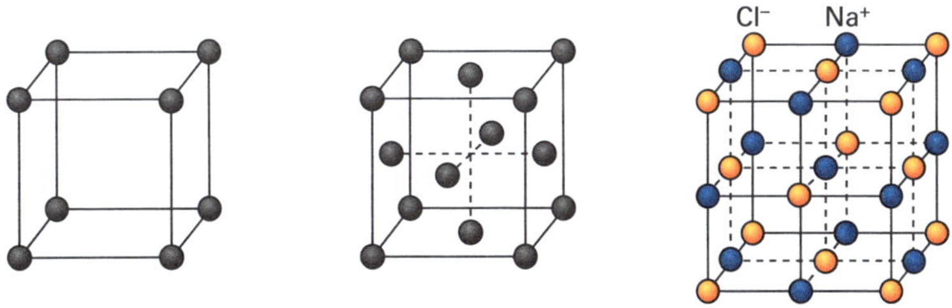

Doc 3 Vue en perspective d'une maille cubique

zoOm

Cristaux de fluorite

Les cristaux cubiques de fluorite (fluorure de calcium de formule CaF_2) proviennent de la mine du Beix (Puy-de-Dôme).

5 Structure et propriétés des cristaux cubiques

En bref *La structure microscopique d'un cristal conditionne certaines de ses propriétés macroscopiques, dont sa masse volumique. Pour calculer celle-ci, il faut déterminer quelques caractéristiques de la maille.*

I Nombre d'entités par maille

■ Le **réseau cristallin** étant la répétition d'une maille élémentaire dans toutes les directions de l'espace, les entités constituant la maille sont pour la plupart partagées avec les mailles voisines : il faut en tenir compte afin de comptabiliser leur nombre effectif dans chaque maille.

■ Dans l'exemple du document 1, les entités situées :
- au sommet de la maille (1) sont partagées entre huit mailles voisines : elles comptent pour 1/8 par maille ;
- au milieu d'une arête (2) sont partagées entre quatre mailles : elles comptent pour 1/4 par maille ;
- au centre d'une face (3) sont partagées par deux mailles : elles comptent pour 1/2 par maille ;
- au centre d'une maille (4) ne sont pas partagées, elles comptent pour 1 entité par maille.

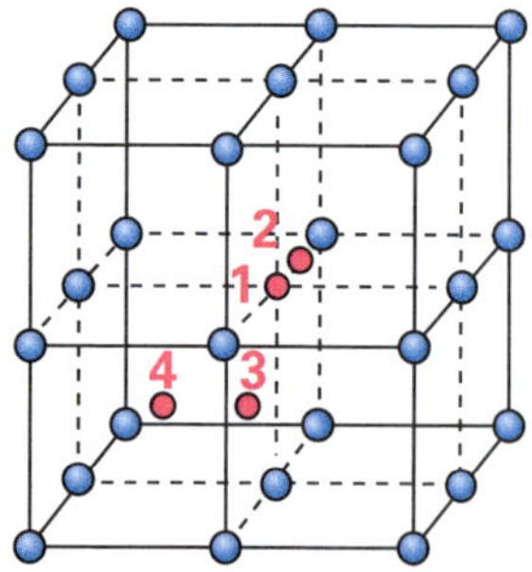

Doc 1 Réseau cristallin à maille cubique avec localisation de quatre sites

■ Si on applique ce principe à la maille du chlorure de sodium (doc. 3c de la → FICHE 4), celle-ci comprend $8 \times \frac{1}{8} + 6 \times \frac{1}{2} = 4$ ions Cl^- et $12 \times \frac{1}{4} + 1 = 4$ ions Na^+.
On a donc autant d'ions sodium que d'ions chlorure, ce qui correspond à la formule NaCl. Le cristal ionique est bien électriquement neutre.

■ Pour une maille cubique simple, le nombre d'entités par maille est de $8 \times \frac{1}{8}$, soit 1.

II Compacité d'une maille

■ La **compacité** d'une maille correspond au rapport entre le volume de l'ensemble des entités et le volume de la maille. Plus la compacité est grande, moins la maille comporte de vide. Pour déterminer la compacité d'une structure, il faut calculer :
- le volume occupé par les entités ;
- le volume V de la maille, c'est-à-dire le volume d'un cube de côté a, soit a^3.

À NOTER
Comme les entités sont assimilables à des sphères de rayon r, leur volume est de $\frac{4}{3}\pi r^3$ (multiplié par le nombre d'entités par maille).

■ Appliquons ce calcul au chlorure de sodium, sachant que l'arête de sa maille cubique est a = 556 pm (1 picomètre = 10^{-12} m), que les ions Cl^- ont un rayon R^+ de 181 pm et que ceux de Na^+ ont un rayon R^- de 102 pm.

Le volume des entités par maille est :

$V_{entités} = 4 \times \frac{4}{3} \times \pi \times (181 \times 10^{-12})^3 + 4 \times \frac{4}{3} \times \pi \times (102 \times 10^{-12})^3 = 1{,}17 \times 10^{-28}$ m³.

Le volume de la maille est : $V_{maille} = (556 \times 10^{-12})^3 = 1{,}72 \times 10^{-28}$ m³.

D'où une compacité $\frac{V_{entités}}{V_{maille}}$ de 0,68 ou 68 %, soit 32 % de vide.

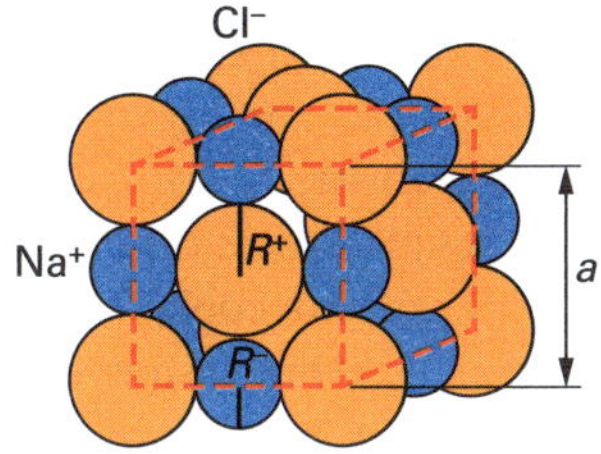

Doc 2 Disposition des entités dans la maille du chlorure de sodium

III Masse volumique d'une maille

■ La masse volumique (ρ) d'une maille est le rapport entre sa masse sur le volume de celle-ci. Elle est exprimée généralement en kg par m³.

> **À NOTER**
> Pensez à convertir les **masses** en kg et les **volumes** en m³.

■ La masse d'une maille correspond au nombre d'entités par maille multiplié par la masse de chaque entité. Cette dernière est égale à la masse molaire divisée par le nombre d'Avogadro $N_A = 6{,}02 \times 10^{23}$ mol⁻¹ (nombre d'entités élémentaires constituant une mole de matière).

■ Si l'on applique ce principe à la maille du chlorure de sodium (doc. 2), sachant que la masse molaire des ions Cl^- M_{Cl} est de 35,4 g·mol⁻¹ et que celle des ions Na^+ M_{Na} est de 23 g·mol⁻¹ :

– la masse de la maille est en kg : $4 \times \frac{M_{Na}}{N_A} + 4 \times \frac{M_{Cl}}{N_A}$;

– le volume de la maille est en m³ : $V_{maille} = 556^3$.

D'où une masse volumique de ρ = 2 257 kg par m³, soit une densité $d = \frac{\rho}{\rho_{eau}}$ de 2,26.

zoOm

Quand les cristaux inspirent les architectes…

L'Atomium, monument construit à l'occasion de l'Exposition universelle de 1958 à Bruxelles, n'est pas la représentation d'un atome, mais celle de la maille cubique centrée d'un cristal de fer agrandie 165 milliards de fois !

6 Les cristaux dans la nature

En bref *L'état cristallin existe dans de nombreuses structures naturelles : les minéraux qui constituent les roches, le squelette et les coquilles de nombreux organismes vivants.*

I Les minéraux, principaux constituants des roches

■ Un minéral est un solide naturel de composition chimique définie qui possède généralement une organisation cristalline. Cette dernière peut varier : par exemple, la fluorite, de formule CaF_2 (fluorure de calcium) a une maille élémentaire cubique à faces centrées (doc. 1). À l'échelle macroscopique, la fluorite présente des cristaux cubiques ou octaédriques (à huit faces) selon la manière dont les mailles élémentaires sont organisées dans l'espace. Un cristal correspond donc à la structure ordonnée macroscopique d'un minéral.

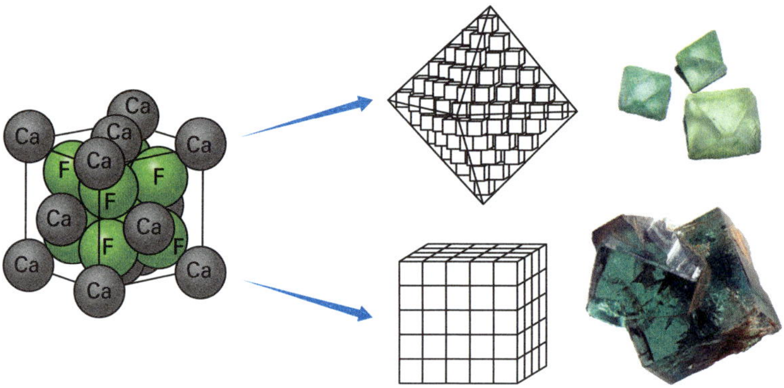

Doc 1 Deux empilements possibles de la maille cubique : exemple des cristaux de la fluorite (CaF_2)

■ Certains minéraux peuvent exister à l'état amorphe, non cristallisé → FICHE 4. Par exemple, la silice (SiO_2) peut se présenter sous sa forme cristallisée, le quartz, ou sous sa forme amorphe, l'opale.

■ Une roche est en général formée par l'association de plusieurs cristaux qui appartiennent à plusieurs espèces minérales. Le granite, par exemple, est une roche magmatique formée de trois minéraux principaux : quartz, mica et feldspaths (doc. 2).

Certaines roches magmatiques, comme les roches volcaniques, sont constituées de cristaux disséminés dans un verre (doc. 2). Celui-ci a une structure amorphe → FICHE 4, car il résulte de la solidification très rapide d'une lave, qui n'a pas laissé le temps aux cristaux de se développer, contrairement à une roche magmatique comme le granite qui a cristallisé très lentement et donc entièrement.

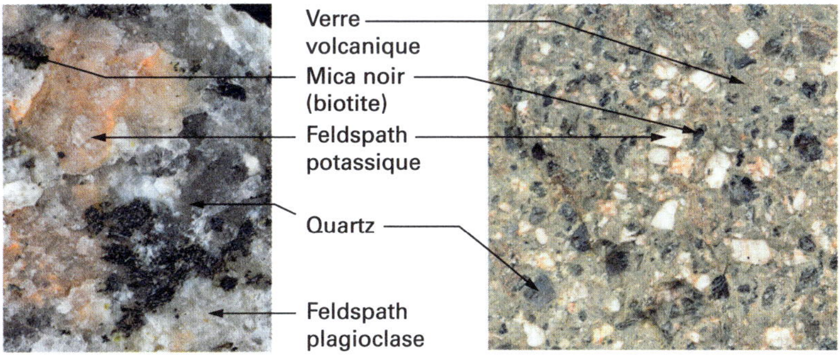

Doc 2 Deux exemples de roches magmatiques : à gauche, un granite ; à droite, une rhyolite

II Les structures cristallines chez les organismes biologiques

- Des structures cristallines existent aussi chez les organismes biologiques qui fabriquent un **squelette interne ou externe**, comme la coquille des mollusques (huîtres, moules, escargot…) ou le squelette des coraux…
- Le squelette des vertébrés contient aussi une partie minéralisée : le tissu osseux est composé pour environ 60 % de cristaux de phosphate de calcium.
- D'autres cristaux existent aussi en dehors des squelettes, comme l'oxalate de calcium, un cristal insoluble dans l'eau, qui compose 70 à 80 % des calculs rénaux.

zoom

De la roche à la maille élémentaire

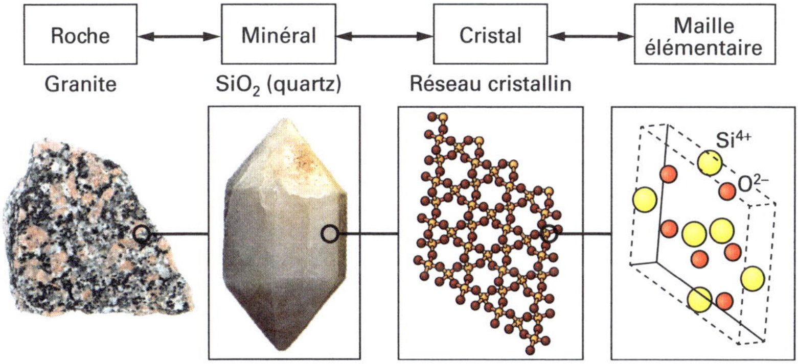

Le granite est une roche magmatique entièrement cristallisée, formée de plusieurs cristaux dont du quartz de composition SiO_2.

MÉMO VISUEL

La maille élémentaire
Un cristal est défini par sa maille élémentaire qui conditionne ses propriétés dont sa masse volumique.

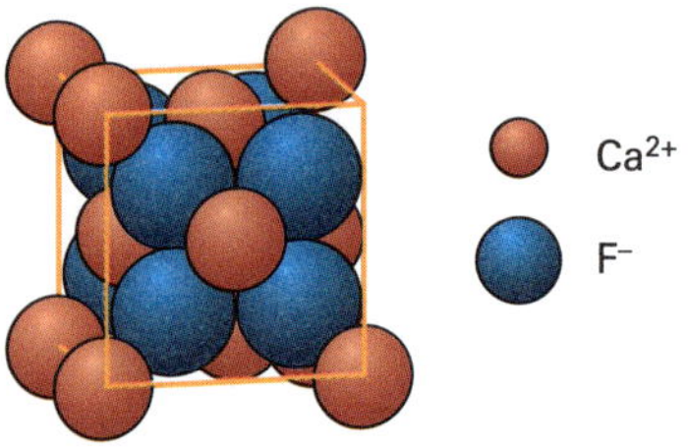

Maille cubique à faces centrées

À l'échelle atomique et microscopique

Le réseau cristallin
Par répétition périodique, la maille élémentaire donne une structure cristalline ou un réseau cristallin.

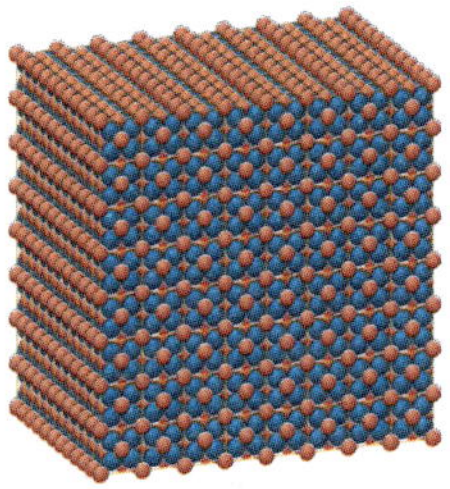

Réseau cristallin cubique

LES CRISTAUX

DES ÉDIFICES ORDONNÉS

À l'échelle macroscopique

Une structure ordonnée, plusieurs formes possibles

- Le cristal est la structure ordonnée d'un minéral.
- Un minéral peut cristalliser sous différentes formes géométriques.

Cristal cubique de fluorite (CaF_2)

Cristal octaédrique de fluorite (CaF_2)

La roche : association de minéraux

Une roche est une association de cristaux d'un même minéral ou de plusieurs minéraux. Elle peut comporter aussi comme dans le cas des roches volcaniques un solide amorphe : le verre.

Roche formée d'une association de trois minéraux : quartz (cristaux blancs) fluorite (cristaux violets) et galène (cristaux gris)

Les cristaux dans les organismes biologiques

Des structures cristallines peuvent exister aussi dans des organismes biologiques (coquille, squelette, dents…).

Coupe transversale de la coquille d'ormeau (image MEB colorisée) formée de couches de cristaux de carbonate de calcium

SE TESTER QUIZ

Vérifiez que vous avez bien compris les points clés des **fiches 4 à 6**.

1 L'état cristallin

→ FICHE 4

Quelles sont les affirmations correctes sur l'état cristallin ?

☐ **a.** Tous les solides sont à l'état cristallin.

☐ **b.** La répétition périodique d'une maille élémentaire dans toutes les directions de l'espace forme un réseau cristallin.

☐ **c.** La maille élémentaire des cristaux du sel de table est du type cubique simple.

☐ **d.** La diversité des cristaux est liée à une possible infinité de formes géométriques des mailles élémentaires.

2 Structure et propriétés des cristaux cubiques

→ FICHE 5

Quelles sont les affirmations correctes au sujet de la maille ?

☐ **a.** Une maille cubique simple possédant huit sommets, le nombre d'entités pour cette maille est au minimum de huit.

☐ **b.** Plus la compacité d'une maille est grande, moins elle comporte de vides.

☐ **c.** La masse volumique d'un cristal est le volume de sa maille divisé par la masse de celle-ci.

☐ **d.** La compacité d'une maille est définie par le rapport du volume des entités sur le volume de la maille.

3 Les cristaux dans la nature

→ FICHE 6

1. Parmi les affirmations suivantes, lesquelles sont correctes ?

☐ **a.** Un minéral dont la maille élémentaire est cubique aura toujours la forme d'un cube à l'échelle macroscopique.

☐ **b.** Une roche est toujours formée de plusieurs cristaux d'un même minéral.

☐ **c.** Les roches volcaniques contiennent du verre, car elles se solidifient rapidement à partir d'une lave.

☐ **d.** Chez les êtres vivants, les structures cristallines n'existent pas.

2. Parmi les affirmations suivantes, lesquelles sont correctes ?

☐ **a.** Si un minéral de composition chimique donnée existe à l'état cristallin, alors il ne peut pas exister à l'état amorphe.

☐ **b.** Le granite est une roche qui s'est solidifiée très lentement car tous les éléments présents dans le magma ont eu le temps de s'organiser en réseaux cristallins.

☐ **c.** On peut dire qu'une roche est formée de plusieurs cristaux ou de plusieurs minéraux, car la définition de ces deux termes est identique.

S'ENTRAÎNER

4 Réviser le cours en huit questions flash

→ FICHES 1 à 3

1. Quelle est la principale caractéristique de l'état cristallin ?

2. Comment s'appelle la plus petite structure d'un réseau cristallin ?

3. Comment qualifie-t-on un matériau dont la structure atomique n'est pas ordonnée ?

4. Quelle structure aura une roche issue d'un magma qui se refroidit lentement ?

5. À quoi correspond la compacité d'une maille élémentaire ?

6. Qu'est-ce qu'un cristal ?

7. Quels types de constituants solides peuvent former une roche ?

8. Où peut-on trouver des structures cristallines chez les organismes biologiques ?

5 Propriétés d'un cristal à maille cubique simple

→ FICHE 5

Le chlorure de césium peut être décrit en considérant une maille cubique simple dont les sommets sont occupés par des ions chlorure Cl^- (de rayon $R_{Cl} = 181$ pm) et dont le centre est occupé par un ion césium Cs^+ ($R_{Cs} = 169$ pm).

Doc Maille d'un atome de césium

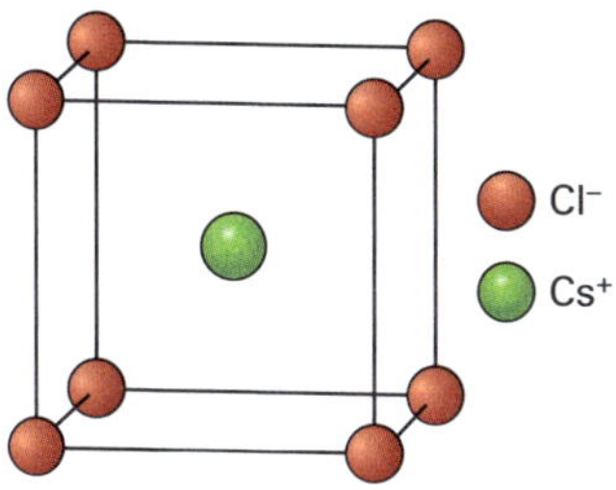

On donne les valeurs suivantes :
– côté de la maille : $a = 404$ pm (1 picomètre = 10^{-12} m) ;
– nombre d'Avogadro : $N_A = 6{,}02 \times 10^{23}$ mol^{-1} ;
– masse molaire de l'ion césium Cs^+ :
$M_{Cs} = 133$ g·mol^{-1} ;
– masse molaire de l'ion chlore Cl^- : $M_{Cl} = 35{,}5$ g·mol^{-1}.

1. a. Déterminer le nombre d'ions Cl^- et Cs^+ par maille.

b. La maille du chlorure de césium est-elle électriquement neutre ?

2. Calculer la compacité de la maille du chlorure de césium afin d'en déduire le pourcentage de vide.

3. Calculer la masse volumique du chlorure de césium.

6 Le verre de silice : un solide cristallin ?

→ FICHE 4

Le verre de nos vitres est obtenu par fusion de quartz ou de sable à très haute teneur en silice.

Justifier, à l'aide de vos connaissances et du document suivant, que le verre de silice n'est pas un solide cristallin.

Doc Structure microscopique d'un verre de silice

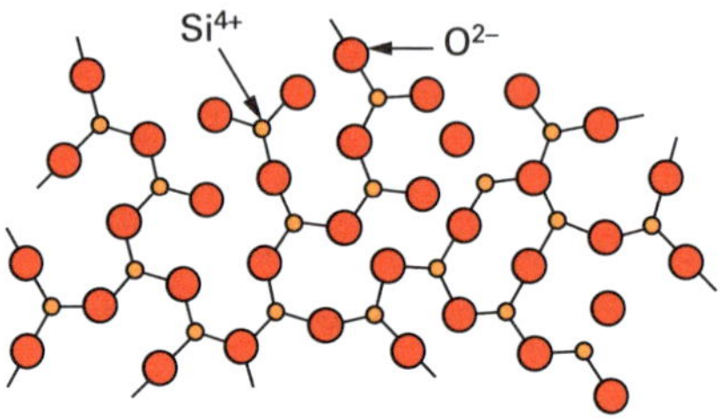

7 Masse volumique d'un cristal de glace

→ FICHE 5

L'une des variétés cristallisées de la glace a la structure représentée ci-dessous où seuls les atomes d'oxygène (O) ont été représentés, avec huit atomes aux sommets, six au centre des faces et quatre à l'intérieur de la maille.

On donne les valeurs suivantes :

- côté de la maille : $a = 637$ pm (1 picomètre = 10^{-12} m) ;
- nombre d'Avogadro : $N_A = 6{,}02 \times 10^{23}$ mol^{-1} ;
- masse molaire d'une molécule d'eau : 18 $g \cdot mol^{-1}$.

Doc Disposition des atomes d'oxygène dans la maille de glace

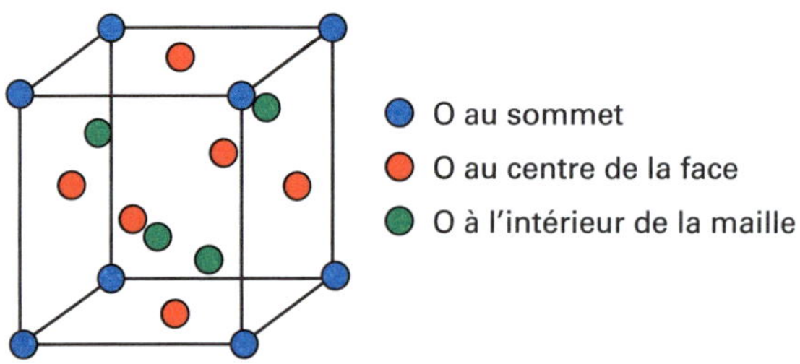

1. Déterminer le nombre d'atomes d'oxygène par maille.

2. Sachant que le nombre de molécules d'eau par maille est identique au nombre d'atomes d'oxygène par maille, calculer la masse volumique d'un cristal de glace. Quelle conclusion en tirer pour le cristal de glace par rapport à l'eau liquide ?

OBJECTIF BAC

8 On ne fait pas d'omelette sans casser des œufs !

60 min

Cet exercice va vous permettre de préciser la composition et la structure de la coquille d'un œuf d'oiseau et de comprendre ainsi comment elle remplit ses différents rôles.

LE SUJET

La coquille de l'œuf des oiseaux est une structure dont le premier rôle est de protéger son contenu de l'environnement. La constitution de la coquille répond à ce besoin, mais elle a aussi des propriétés mécaniques étonnantes : une coquille d'œuf de poule de 0,3 millimètre d'épaisseur peut résister à une compression de plus de trois kilogrammes.

On cherche à expliquer comment la composition de la coquille d'un œuf lui confère son efficacité protectrice.

Doc 1 La structure de la coquille d'œuf

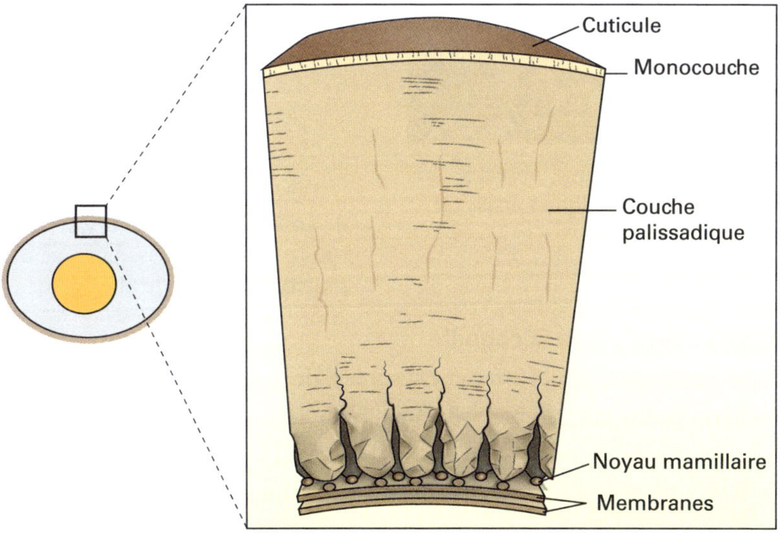

De l'intérieur de l'œuf vers l'extérieur, cinq couches peuvent être distinguées.

- Les deux premières sont des membranes organiques constituées de fibres de protéines entrelacées.
- Une partie minérale se fixe à la surface de la membrane supérieure sur des sites nommés noyaux mamillaires. Cette couche est composée de colonnes irrégulières et forme la couche palissadique compacte. D'une épaisseur d'environ 200 micromètres, elle constitue l'essentiel de la coquille.

• Une monocouche de quelques micromètres d'épaisseur, formée de cristaux perpendiculaires à la surface de la coquille, recouvre la couche palissadique, elle-même traversée de pores.

• Enfin, une cuticule organique, qui contient la majorité des pigments bruns, enveloppe toute la coquille, y compris les pores. Elle limite les pertes en eau de l'œuf et la pénétration de bactéries.

Doc 2 Constitution de la coquille d'œuf

La coquille pèse environ 6 grammes et renferme 95 % de matière minérale (37 % d'ions calcium Ca^{2+} et 58 % d'ions carbonates CO_3^{2-}), 3,4 % de matière organique et 1,6 % d'eau.

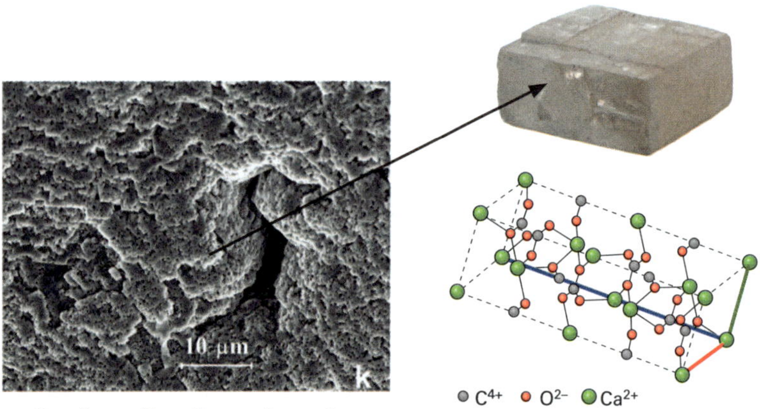

a. Couche palissadique observée au microscope électronique à balayage.

b. Détail de la structure minérale de composition $CaCO_3$ qui constitue la couche palissadique et de sa structure à l'échelle atomique.

Doc 3 La solidité de la coquille

De nombreux facteurs affectent la solidité de la coquille.

• Les apports nutritionnels : la solidité de la coquille est maximale quand les poules ingèrent 4 à 4,5 g de calcium par jour (sous forme de coquilles broyées, par exemple).

• L'âge : la solidité décroît avec l'âge de la poule, car la proportion de matière minérale diminue dans les œufs des poules plus âgées.

• Les variations physiologiques, comme le phénomène de mue qui se produit chaque année lorsque les poules renouvellent leur plumage :

Caractéristiques de la coquille	Avant la mue	Après la mue
Résistance à la rupture (en newtons)	28,1	36,7
Taille des cristaux (en µm)	72	58

Doc 4 Œuf et bactéries pathogènes

Les salmonelles sont des bactéries présentes dans le tube digestif des poules domestiques sans que celles-ci ne manifestent de symptômes. Lors de la ponte, le contenu de l'œuf est généralement dépourvu de micro-organismes. Cependant, une contamination est toujours possible : elle se fait au travers de la coquille par des souches bactériennes présentes dans les excréments qui souillent la coquille, par des microfissures, d'autant plus lorsque la cuticule qui recouvre la coquille (doc. 1) est détruite.

La contamination de l'humain se fait généralement par la consommation directe d'œufs crus abritant ces bactéries ou intégrés tels quels dans des préparations comme la mayonnaise. L'infection par ces bactéries (ou salmonellose) se manifeste par une toxi-infection (gastro-entérite aiguë).

Source : https://www.anses.fr/fr/content/salmonellose

À l'aide des documents et de vos connaissances, répondre aux questions suivantes.

1. Justifier que la coquille de l'œuf est essentiellement formée d'un seul minéral et que celui-ci possède une structure cristalline.

2. Préciser le lien qui existe entre la structure cristalline de la coquille et la solidité de celle-ci.

3. Le minéral constitutif de la coquille d'œuf possède-t-il une maille cubique ? Justifier.

4. Citer un autre organisme vivant dans lequel on peut trouver ce minéral.

5. Préciser pour quelle autre raison la qualité de la coquille de l'œuf est importante.

LIRE LE SUJET

1. Cette question fait appel à vos connaissances sur les notions de minéral et de cristal qu'il ne faut pas confondre : le minéral est caractérisé par sa composition chimique, le cristal par sa structure.

2. Il s'agit de bien analyser les différents facteurs affectant la solidité de la coquille afin d'en déduire le lien qui existe avec la structure cristalline de la coquille.

▶▶▶ LA FEUILLE DE ROUTE

1. Mettre en relation des connaissances avec des documents → FICHES 4 et 6

Analysez la composition chimique de la coquille (document 2) et mettez-la en relation avec le document 3 afin de justifier la nature essentiellement minérale de celle-ci.

Utilisez le document 3 et vos connaissances afin de montrer que la coquille n'est formée que d'un seul minéral. Puis justifiez que celui-ci se présente sous la forme de cristaux possédant une organisation ordonnée à l'échelle atomique.

2. Exploiter les données d'un document → FICHE 6

Analysez le document 3 afin de mettre en évidence les différents facteurs affectant la solidité de la coquille et les mettre en relation avec les structures minérales ou cristallines mises en évidence dans la question 1.

3. Mettre en relation des connaissances avec des documents

Observez la forme de la maille élémentaire du carbonate de calcium du document 2b et comparez-la aux deux mailles cubiques que vous connaissez.

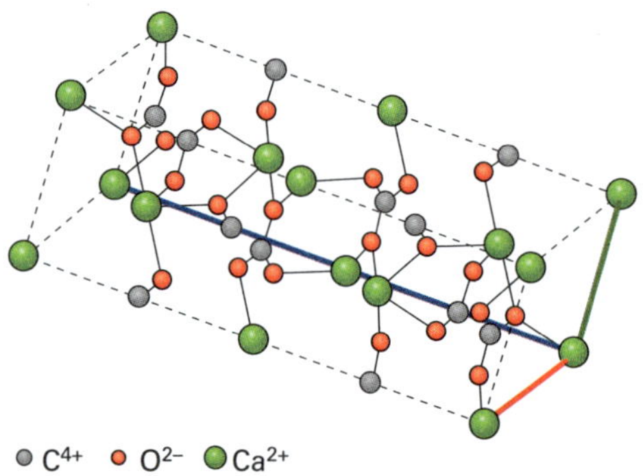

4. Faire appel à vos connaissances

Pensez aux organismes qui fabriquent des squelettes en carbonate de calcium.

5. Exploiter les données d'un document

Analysez le document 4 afin de montrer que la coquille, en plus d'assurer la solidité de l'œuf, lui permet d'éviter une contamination par des bactéries.

CORRIGÉS

SE TESTER QUIZ

1 L'état cristallin

Réponse b

L'affirmation a. est fausse, car certains solides sont amorphes : les entités qui les composent ne montrent pas l'organisation d'une structure cristalline.
L'affirmation c. est fausse, car les cristaux de sel de table ont une maille cubique à faces centrées.
L'affirmation d. est fausse, car il n'existe que sept formes géométriques de mailles élémentaires.

2 Structure et propriétés des cristaux cubiques

Réponse b

L'affirmation a. est fausse, car les huit entités d'une maille cubique simple se partagent entre huit mailles : le nombre d'entités par maille est donc de $8 \times 1/8$, soit 1 entité par maille.
L'affirmation c. est fausse, car c'est l'inverse : la masse volumique d'un cristal est le rapport entre la masse de sa maille divisée par le volume de celle-ci.

3 Les cristaux dans la nature

1. Réponse c

L'affirmation a. est fausse, car une maille cubique peut s'empiler de différentes manières dans l'espace et donner un cristal macroscopique de forme géométrique différente du cube (octaédrique par exemple).
L'affirmation b. est fausse, une roche est bien formée de plusieurs cristaux, mais qui peuvent appartenir à différentes espèces minérales.
L'affirmation d. est fausse, car des structures cristallines existent dans les organismes vivants, en particulier dans les coquilles ou les squelettes.

2. Réponse b

L'affirmation a. est fausse, un minéral peut exister à l'état cristallin et à l'état amorphe selon les conditions de cristallisation, c'est le cas par exemple de la silice qui possède une forme cristallisée, le quartz, ou amorphe, l'opale.
L'affirmation c. est fausse, le cristal ne fait référence qu'à la structure ordonnée d'un minéral ; un minéral est défini par sa composition chimique.

S'ENTRAÎNER

4 Questions flash

1. L'état cristallin se caractérise principalement par l'arrangement répétitif et géométrique des entités d'un solide dans les trois directions de l'espace.

2. Le plus petit volume d'une structure cristalline est la maille élémentaire.

3. Un matériau dont la structure atomique n'est pas ordonnée est dit amorphe.

4. En se refroidissant lentement, un magma formera une roche magmatique entièrement cristallisée.

5. La compacité correspond au rapport entre le volume occupé par les entités d'une maille divisé par le volume total de celle-ci.

6. Un cristal représente la structure ordonnée d'un minéral.

7. Une roche peut être constituée de cristaux du même minéral ou de plusieurs minéraux et, dans le cas des roches volcaniques, d'un verre amorphe.

8. Des structures cristallines existent chez de nombreux organismes biologiques dans le squelette (interne ou externe), dans les dents…

5 Propriétés d'un cristal à maille cubique simple

1. a. Les ions Cl^- sont situés au sommet de la maille. Ils sont partagés entre huit mailles et ne comptent donc chacun que pour 1/8e de maille : il y a donc 1 atome de Cl^- par maille. L'ion Cs^+ situé au centre de la maille n'est pas partagé : il y a donc 1 atome de Cs^+ par maille.
b. La maille du chlorure de césium est électriquement neutre, car elle contient un ion positif et un ion négatif par maille.

2. En considérant que les ions Cl^- ont un rayon de 181 pm et que celui de Cs^+ a un rayon de 169 pm, le volume occupé par les ions est de :

$$V_{\text{ions}} = 1 \times \frac{4}{3} \times \pi \times (181 \times 10^{-12})^3 + 1 \times \frac{4}{3} \times \pi \times (169 \times 10^{-12})^3$$

Le volume de la maille de chlorure de césium est de : $V_{\text{maille}} = (440 \times 10^{-12})^3$ m³.
D'où une compacité $\frac{V_{\text{ions}}}{V_{\text{maille}}}$ de 0,68 (68 %), soit 32 % de vide.

3. La détermination de la masse volumique du chlorure de césium nécessite de calculer la masse de sa maille puisque son volume est connu.
La maille de chlorure de césium ne comportant qu'une seule entité de chaque ion, on a :

$$1 \times \frac{M_{Cs}}{N_A} + 1 \times \frac{M_{Cl}}{N_A}, \text{ soit } 1 \times \frac{133 \times 10^{-3}}{6{,}02 \times 10^{23}} + 1 \times \frac{35{,}5 \times 10^{-3}}{6{,}02 \times 10^{23}}$$

D'où une masse volumique $\rho = 4\ 242\ \text{kg} \cdot \text{m}^{-3}$.

6 Le verre de silice : un solide cristallin ?

Le verre de silice n'est pas un solide cristallin, car les atomes de silicium (Si^{4+}) et d'oxygène (O^{2-}) ne forment pas un arrangement d'atomes strictement répétitif et géométrique dans les trois directions de l'espace. Le verre de silice est donc un solide amorphe.

7 Masse volumique d'un cristal de glace

1. Les atomes d'oxygène situés aux sommets de la maille sont partagés entre huit mailles, ils ne comptent que pour 1/8 soit $8 \times 1/8 = 1$. Ceux qui sont situés au milieu des faces sont partagés entre deux mailles, ils ne comptent que pour 1/2, soit $6 \times 1/2 = 3$. Les atomes d'oxygène situés à l'intérieur de la maille ne sont pas partagés, donc ils comptent pour quatre atomes par maille. Il y a donc un total de $1 + 3 + 4$, soit huit atomes d'oxygène par maille.

2. Le calcul de la masse volumique de la glace nécessite de calculer la masse de sa maille et son volume.
Le nombre de molécule d'eau par maille étant identique au nombre d'atomes d'oxygène par maille, il y a huit molécules d'eau par maille. La masse de la maille de la glace est de : $8 \times \frac{M_{eau}}{N_A}$, soit $8 \times \frac{18 \times 10^{-3}}{6{,}02 \times 10^{23}}$.
Le volume de la maille de la glace est : $V_{maille} = (637 \times 10^{-12})^3$ m³.
D'où une masse volumique $\rho = 925$ kg·m⁻³, soit une densité $d = \rho/\rho_{eau}$ de 0,9.
La glace a donc une masse volumique (ou une densité) plus faible que l'eau liquide, c'est pourquoi elle flotte sur celle-ci !

OBJECTIF BAC

8 On ne fait pas d'omelette sans casser des œufs !

1. Le document 2 nous montre que la coquille de l'œuf est formée essentiellement (à 95 %) de matière minérale et que celle-ci possède seulement deux entités chimiques : l'ion calcium (Ca^{2+}) et l'ion carbonate (CO_3^{2-}).

RAPPEL
Un minéral est un solide qui se caractérise par une composition chimique définie et généralement par son organisation cristalline.

De plus, le document 2 nous montre que la couche palissadique, couche minérale formant l'essentiel de la coquille, ne contient qu'un seul type de constituant minéral. Celui-ci à une formule chimique définie $CaCO_3$ et se présente sous la forme de cristaux dont les atomes sont organisés dans l'espace pour former une maille élémentaire (doc. 2b).
La couche palissadique n'est donc formée que de cristaux appartenant à un seul type de minéral de formule chimique $CaCO_3$.

À NOTER
Le minéral de composition $CaCO_3$ et ayant cette structure cristalline est la calcite. C'est le principal minéral constituant les roches calcaires.

2. Parmi les facteurs affectant la solidité de la coquille, les deux premiers (apports nutritionnels et âge) montrent que la solidité de la coquille de l'œuf est en lien avec la quantité de matière minérale qu'elle contient. On peut donc en déduire que plus une coquille contient de $CaCO_3$ et plus celle-ci sera « solide », c'est-à-dire moins cassante ou fragile.
De plus, après le phénomène de mue, les œufs possèdent une plus forte résistance à la rupture : leur coquille est donc plus « solide ». On constate que cette augmentation de la solidité de la coquille est en lien avec une taille plus petite de ses cristaux.
En conclusion, la solidité de la coquille dépend à la fois du nombre et de la taille des cristaux qui la constituent.

À NOTER

La couche minérale de la coquille d'œuf repose sur des membranes organiques qui jouent aussi un rôle dans la solidité de la coquille en lui assurant une certaine élasticité.

3. La maille élémentaire des cristaux de la coquille d'œuf est de forme parallélépipédique (doc. 2b) et non cubique. Ses arêtes ne sont pas de même longueur.

4. La coquille des mollusques comme les huîtres ou les moules est aussi essentiellement constituée de carbonate de calcium.

5. La qualité de la coquille est primordiale afin que l'œuf conserve son intégrité. En effet, d'après le document 4, la formation d'une microfissure, par exemple, augmente le risque de contamination par une bactérie pathogène du type salmonelle, et donc d'intoxication alimentaire.

Une structure complexe : la cellule

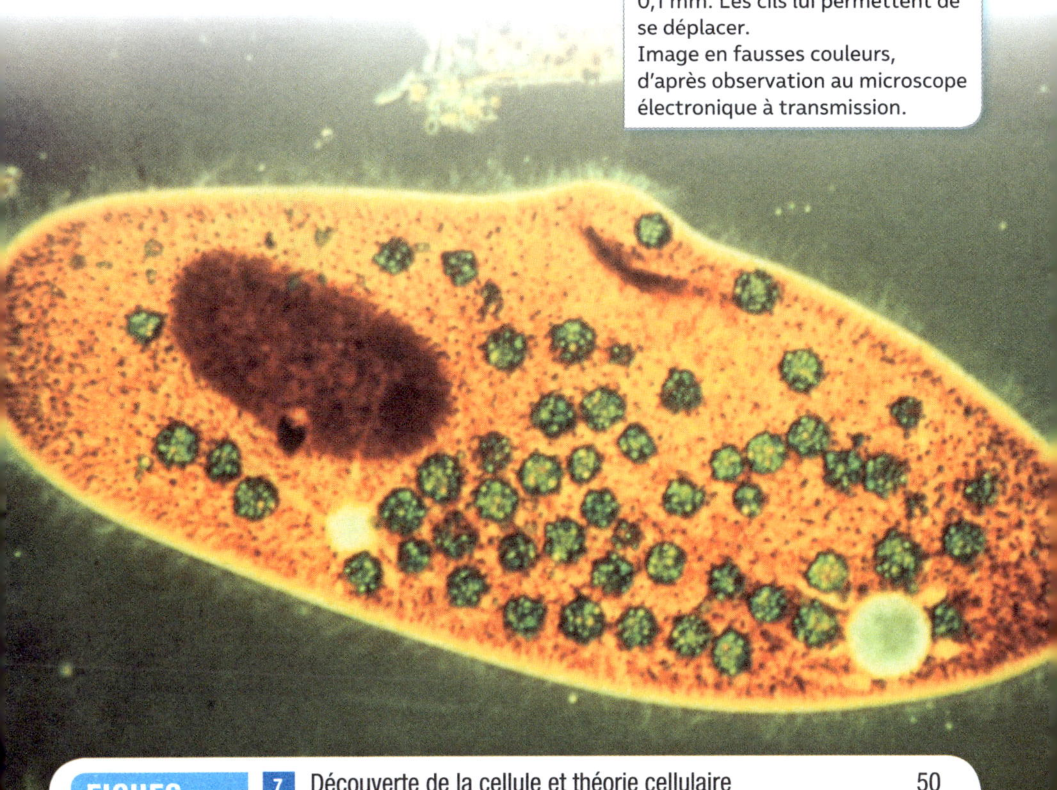

La paramécie est constituée d'une seule cellule qui mesure environ 0,1 mm. Les cils lui permettent de se déplacer.
Image en fausses couleurs, d'après observation au microscope électronique à transmission.

7 Découverte de la cellule et théorie cellulaire

En bref *Tous les êtres vivants sont constitués de cellules : on dit que la cellule est l'unité d'organisation de tout être vivant. Quels outils ont permis de la découvrir et d'en comprendre le fonctionnement ?*

I La découverte de la cellule grâce au microscope

- En 1665, le savant anglais Robert Hooke observe, à l'aide d'un microscope rudimentaire (grossissement 30 fois), une coupe d'écorce de chêne-liège et distingue de minuscules cavités qu'il nomme **cellules**.

MOT CLÉ
Le mot « cellule » vient du latin *cellula* qui signifie « petite chambre ».

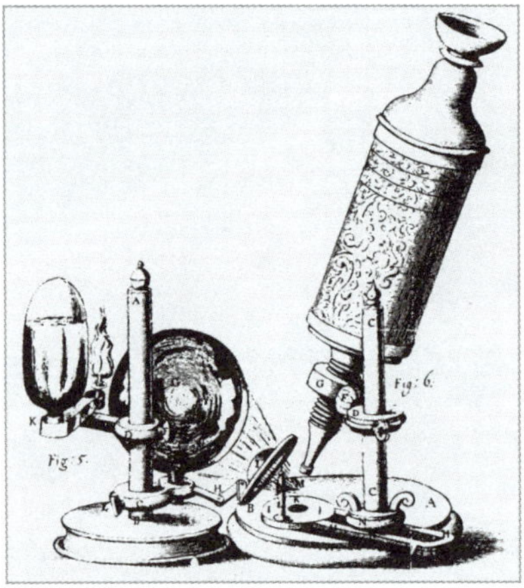

Doc 1 **Microscope conçu par Robert Hooke**

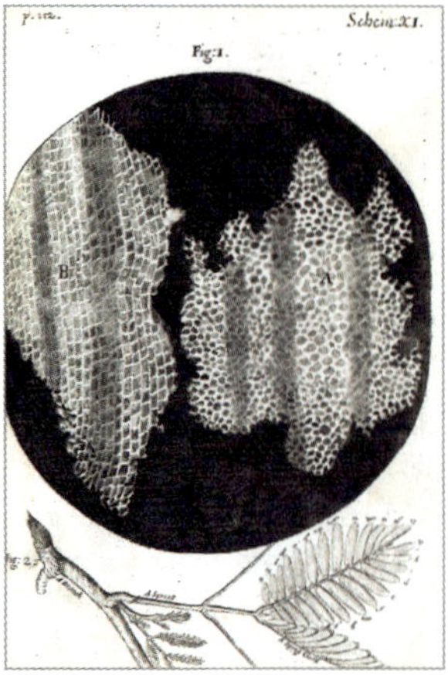

Doc 2 **Dessin des « cellules » observées par R. Hooke**

- Dix ans plus tard, le drapier néerlandais Antoni Van Leeuwenhoek fabrique des lentilles pour compter les fils de ses tissus. Leur qualité permet de grossir jusqu'à 300 fois les objets. Il observe entre autres des bactéries, des globules rouges, des cellules de l'épiderme et des spermatozoïdes.

- Aujourd'hui, un microscope optique (ou photonique) permet de grossir jusqu'à 1 800 fois la taille réelle d'un échantillon et son **pouvoir de résolution** est de 200 nm.

MOT CLÉ
Pouvoir de résolution : capacité d'un système optique à distinguer les détails.

- Les microscopes électroniques, inventés dans les années 1930, n'utilisent pas la lumière mais un faisceau d'électrons ; leur pouvoir de résolution est 10 à 100 fois plus élevé que celui d'un microscope optique. Les clichés obtenus sont appelés **électronographies**. Les électronographies sont en noir et blanc, mais les images sont parfois colorées afin que les structures soient plus apparentes.

II L'histoire de la théorie cellulaire

■ En 1839, le botaniste **Matthias Jakob Schleiden** et le zoologiste **Theodor Schwann** montrent que tous les organismes, animaux et végétaux, sont constitués de cellules possédant les mêmes éléments caractéristiques, comme le noyau. La **théorie cellulaire** est ainsi posée.

■ En 1855, le médecin pathologiste **Rudolf Virchow**, puis, en 1875, l'embryologiste **Oscar Hertwig** suggèrent que toute cellule provient de la division de cellules préexistantes.

■ La théorie cellulaire, tout d'abord vivement contestée, est confirmée notamment grâce aux travaux de **Louis Pasteur** dans les années 1860 et s'impose progressivement à toute la communauté scientifique.

■ Les trois « axiomes » de la théorie cellulaire sont :
- la cellule est la plus petite entité vivante ;
- tout être vivant est constitué de cellules ;
- toute cellule provient d'une autre cellule.

zoOm

Grains de pollen de géranium (colorés en rose) observés au MEB

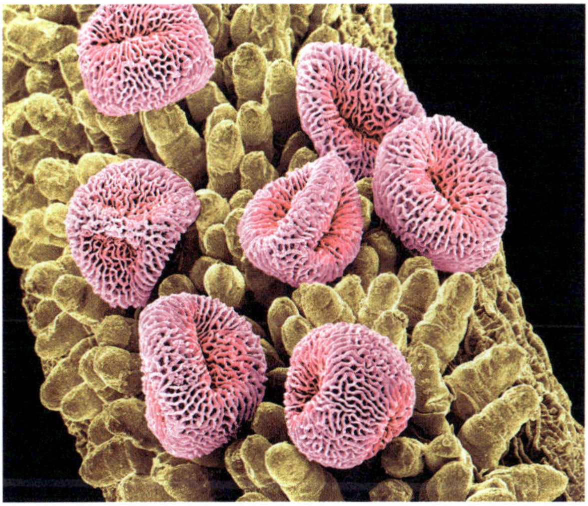

■ Chaque grain de pollen mesure environ 40 µm.

■ Dans un microscope électronique à transmission (MET), le faisceau d'électrons traverse l'échantillon. Le MET permet d'étudier la structure interne de la cellule.

■ Dans le microscope électronique à balayage (MEB), le faisceau d'électrons balaye la surface de l'échantillon. Le MEB révèle les reliefs des objets observés.

8 Organisation de la cellule

En bref *Tous les êtres vivants sont constitués de cellules. Chacune d'elles est un espace clos délimité par une membrane plasmique, qui contient divers organites.*

I Les constituants des cellules eucaryotes

- Dans les cellules **eucaryotes**, le noyau est l'organite le plus volumineux de la cellule. Il renferme l'ADN qui porte information génétique. Le noyau lui-même est délimité par une double membrane : l'enveloppe nucléaire.

- Le cytoplasme est le milieu liquide à l'intérieur de la cellule dans lequel baignent divers organites qui participent au bon fonctionnement de la cellule.

MOTS CLÉS
- Les êtres vivants dont les cellules ont un noyau font partie du groupe des **eucaryotes**.
- Ceux dont les cellules n'ont pas de noyau, comme les bactéries, appartiennent au groupe des **procaryotes**.

- La membrane plasmique est une barrière sélective : elle ne laisse passer que certaines molécules. Elle permet ainsi les échanges entre la cellule et le milieu extracellulaire (O_2, nutriments, déchets...).

Les cellules végétales possèdent en plus une paroi rigide qui entoure la membrane plasmique.

- Grâce au microscope électronique, on a pu explorer l'intérieur de la cellule. Sa haute résolution joue un rôle majeur dans la recherche scientifique.

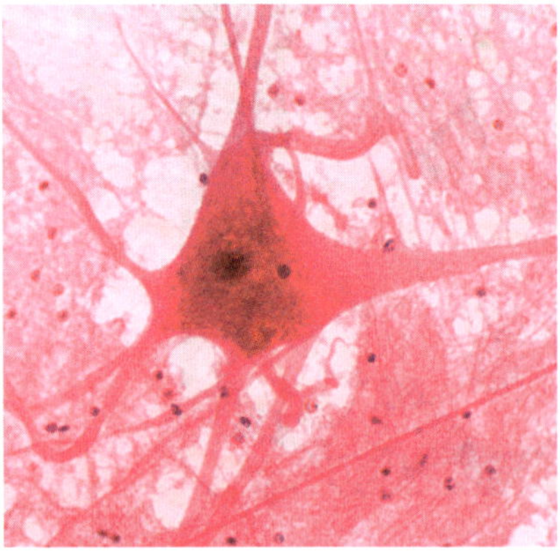

Doc 1 **Cellule nerveuse (neurone) observée au microscope optique (× 400)**

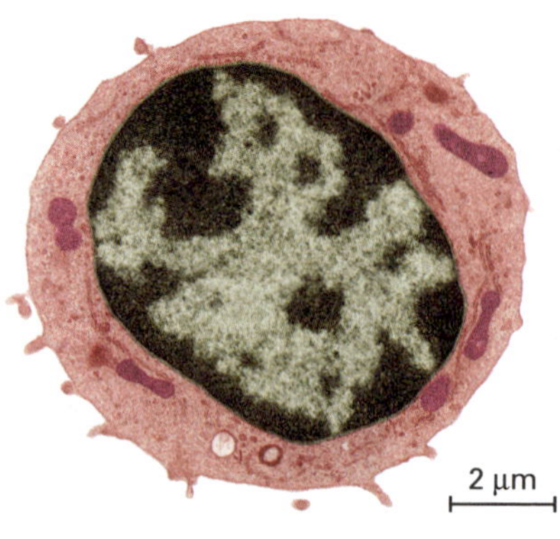

Doc 2 **Cellule sanguine (lymphocyte) observée au microscope électronique à transmission**

II La structure de la membrane plasmique

- La membrane plasmique est constituée en majorité de lipides (phospholipides et cholestérol en quantités à peu près égales), mais elle comprend aussi des protéines et des glucides.

Elle forme une bicouche lipidique dans laquelle sont insérées des protéines. Son épaisseur est comprise entre 6 et 10 nm.

- Les protéines et les lipides de la membrane sont agencés conformément au modèle appelé « modèle de la mosaïque fluide », selon lequel les protéines et les lipides peuvent se déplacer latéralement au sein de la membrane, qui est sans cesse en mouvement.

- Les phospholipides sont les éléments de base de la membrane plasmique. Le cholestérol inséré entre les phospholipides module la fluidité de la membrane.

Ils présentent une double polarité : un pôle **hydrophile** et un pôle **hydrophobe**.

- Les pôles hydrophiles de la bicouche lipidique sont dirigés vers l'extérieur et vers l'intérieur de la cellule, alors que les pôles hydrophobes sont dirigés vers le centre de la membrane.

MOTS CLÉS
- Un élément **hydrophile** est soluble dans l'eau, mais pas dans les lipides : on le dit **lipophobe**.
- Un élément **hydrophobe**, au contraire, est soluble dans les lipides, mais pas dans l'eau ; on le dit **lipophile**.

zoom

Organisation moléculaire de la membrane plasmique

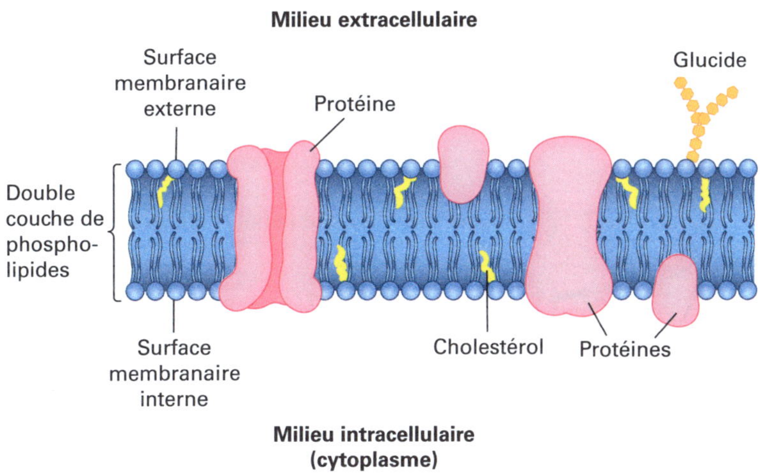

MÉMO VISUEL

Constituants communs à toutes les cellules

Deux constituants

- Le cytoplasme
- La membrane plasmique :

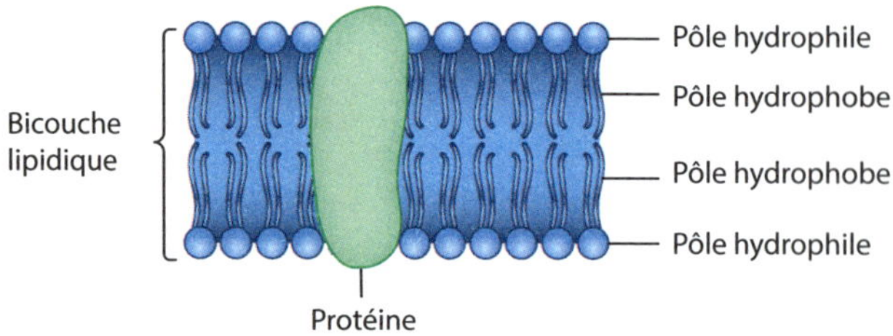

LA

Axiomes de la théorie cellulaire

1. La cellule est la plus petite entité vivante
2. Tout être vivant est constitué de cellules
3. Toute cellule provient d'une autre cellule

CELLULE

Cellule procaryote

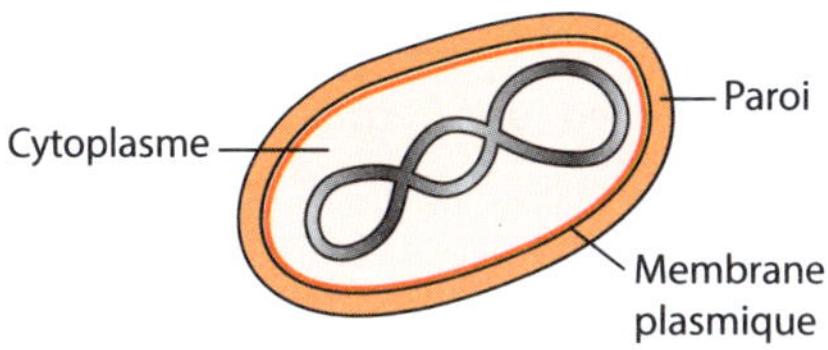

Cellule eucaryote végétale

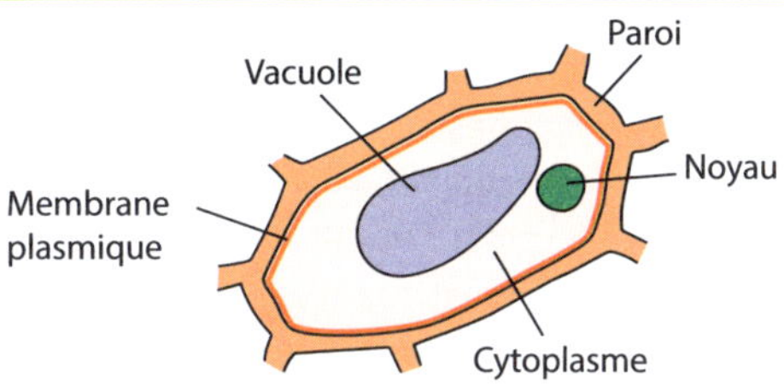

Cellule eucaryote animale

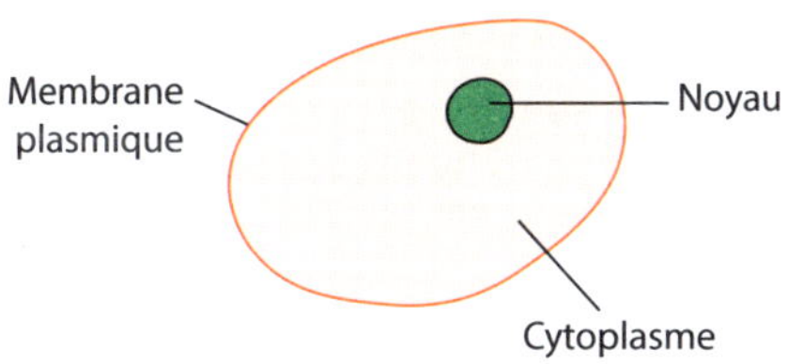

SE TESTER QUIZ

Vérifiez que vous avez bien compris les points clés des **fiches 7 et 8**.

1 Découverte de la cellule et théorie cellulaire

→ FICHE 7

1. Parmi ces phrases, laquelle est un axiome de la théorie cellulaire ?

☐ **a.** La cellule représente un espace clos.
☐ **b.** Tout être vivant est constitué de cellules.
☐ **c.** Le mot cellule vient du latin *cellula* qui signifie « petite chambre ».

2. Les travaux de Louis Pasteur ont permis :

☐ **a.** de confirmer la théorie cellulaire
☐ **b.** de montrer en 1839 que les êtres vivants sont constitués de cellules
☐ **c.** d'observer pour la première fois des cellules au microscope électronique

3. Comment fonctionne le microscope électronique à transmission ?

☐ **a.** De la lumière traverse la préparation.
☐ **b.** Des électrons traversent la préparation.
☐ **c.** Des électrons balayent la préparation.

2 Organisation de la cellule

→ FICHE 8

1. Quelles sont les caractéristiques du noyau de la cellule ?

☐ **a.** Il comprend une phase liquide dans laquelle baignent des organites.
☐ **b.** Il est délimité par une double membrane.
☐ **c.** Il est séparé de l'extérieur par la membrane plasmique.

2. Quels sont les trois constituants principaux de la cellule ?

☐ **a.** une membrane plasmique, un noyau et du cytoplasme
☐ **b.** une paroi, un noyau et du cytoplasme
☐ **c.** une membrane plasmique, plusieurs noyaux et du cytoplasme

3. De quoi la membrane plasmique est-elle constituée ?

☐ **a.** de glucides, de nucléotides et de lipides
☐ **b.** de glucides, de protéines et de phospholipides
☐ **c.** de protéines, de phosphoglucides et de lipides

4. Comment caractériser les phospholipides de la membrane plasmique ?

☐ **a.** Leurs pôles hydrophobes sont dirigés vers l'extérieur de la membrane.
☐ **b.** Ils ne possèdent que des pôles hydrophiles.
☐ **c.** Leurs pôles hydrophobes sont dirigés vers le centre de la membrane.

S'ENTRAÎNER

3 Réviser le cours en 8 questions flash

→ FICHES 7 et 8

1. Quels sont les trois axiomes de la théorie cellulaire ?
2. Quelles sont les différences entre le MET et le MEB ?
3. Comment différencier cellules eucaryotes et procaryotes ?
4. Citer les trois principaux constituants des cellules eucaryotes.
5. Quels sont les éléments de base de la membrane plasmique ?
6. Quelle molécule permet le maintien de la fluidité membranaire ?
7. Quel pôle des phospholipides est soluble dans les lipides ?
8. En quoi la membrane plasmique est-elle un « modèle de mosaïque fluide » ?

4 Noyau et membrane plasmique

→ FICHE 8

Relier chaque élément de la cellule à la caractéristique correspondante.

noyau •	• barrière sélective
pôle hydrophile •	• soluble dans les lipides
pôle hydrophobe •	• information génétique
phospholipides •	• double polarité
membrane plasmique •	• soluble dans l'eau

5 Histoire de la théorie cellulaire

→ FICHE 7

Compléter le texte avec les termes suivants.

tissus • lentilles • végétaux • cellules • 1665 • théorie cellulaire • drapier • division • R. Hooke • M.J. Schleiden • T. Schwannn • O. Hertwig • R. Virchow • A. van Leeuwenhoek • L. Pasteur

C'est en .... que des .... sont observées pour la première fois. On doit cette découverte à ....

Dix ans plus tard, le .... néerlandais .... fabrique des .... qui permettent de grossir jusqu'à 300 fois les objets.

La .... est posée grâce à un botaniste, ..., et un zoologiste, ..., qui montrent que les animaux et les .... sont tous constitués de cellules.

Puis, un médecin pathologiste, ..., et un embryologiste, ..., montrent que toute cellule vient de la .... d'autres cellules.

Enfin, la théorie cellulaire, après avoir été fortement contestée, va être confirmée, en partie grâce aux travaux de ....

6 Vocabulaire

→ FICHES 7 et 8

Dans chaque liste de mots, barrer l'intrus.

1. microscope optique, microscope électrique, microscope électronique, microscope optique.
2. bactérie, globule rouge, spermatozoïde, sang.
3. noyau, ADN, cytoplasme, membrane plasmique.
4. phospholipides, cholestérol, glycolipide, glucide.

7 Analyser une électronographie

→ FICHE 8

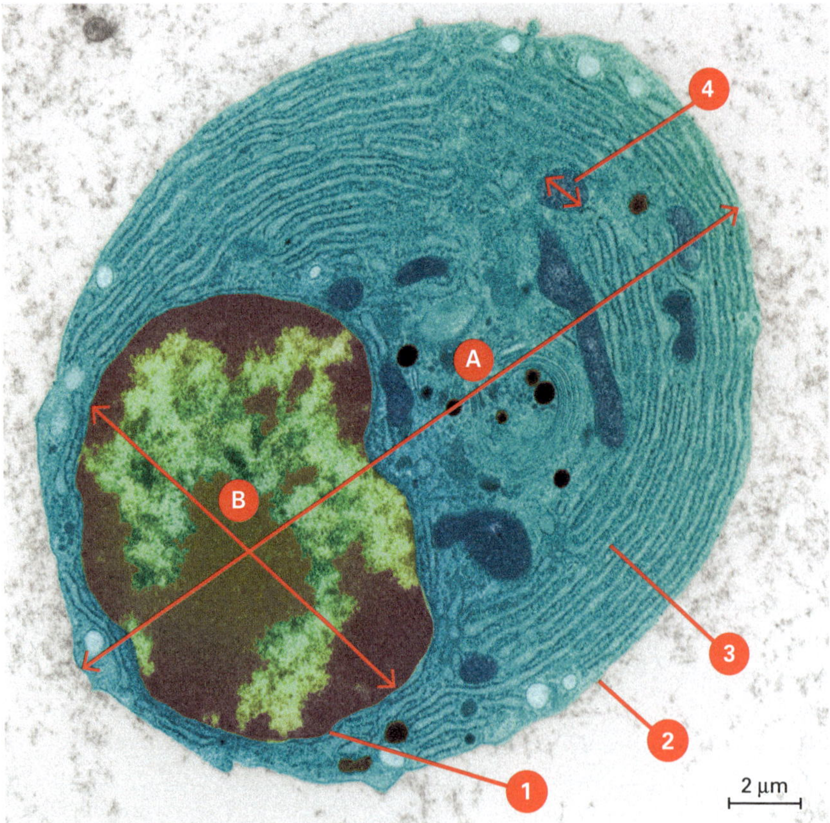

1. La photo montre-t-elle une cellule procaryote ou eucaryote ? Justifier votre réponse.
2. Est-ce une cellule végétale ou animale ? Justifier votre réponse.
3. Indiquer les légendes correspondant aux éléments 1 à 4.
4. Calculer la taille réelle des structures A et B.

OBJECTIF BAC

8 La place des virus dans le monde vivant

60 min

Cet exercice amène à comparer différents types de cellules et donne lieu à une discussion sur la place des virus dans le monde vivant.

LE SUJET

On dispose d'électronographies de cellules observées chez deux organismes (être humain et bactérie) et de l'électronographie d'un virus.

On cherche, d'une part, à établir l'existence d'une unité d'organisation à l'échelle cellulaire entre l'être humain et la bactérie et, d'autre part, à placer les virus dans le monde vivant.

L'être humain possède des milliards de cellules, toutes issues d'une même cellule œuf.

Les bactéries ont colonisé tous les milieux.
Lorsque les conditions lui sont favorables, une bactérie peut donner naissance à plus d'un milliard de cellules en quelques heures.

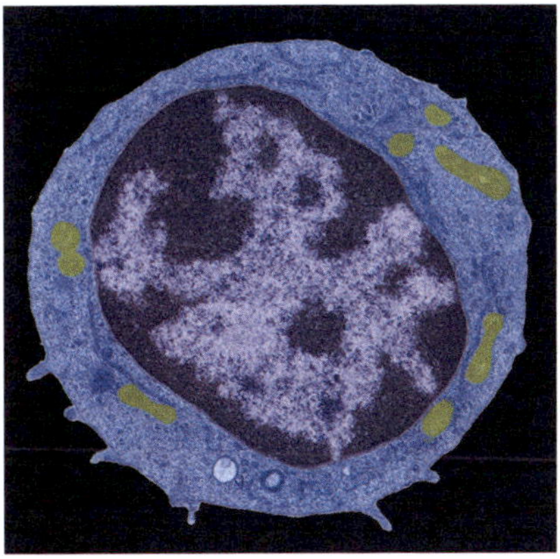

Doc 1 Un lymphocyte (catégorie de globule blanc)

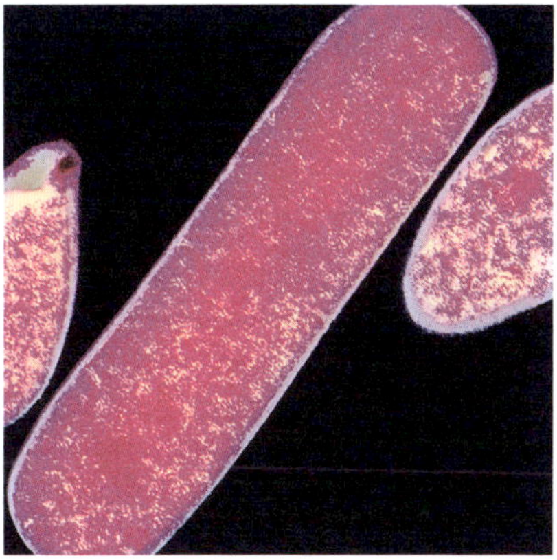

Doc 2 Bactérie vivant dans l'intestin de l'être humain, *Clostridium perfringens*

Les virus sont des « parasites obligatoires », incapables de se reproduire seuls.
Le virus du Sida, appelé VIH (virus de l'immunodéficience humaine), infecte une catégorie de lymphocytes chez l'être humain, les LTCD4, puis il détourne à son profit la machinerie de la cellule infectée afin de se reproduire.

Le LTCD4 produit ainsi un millier de nouveaux virus avant de mourir.

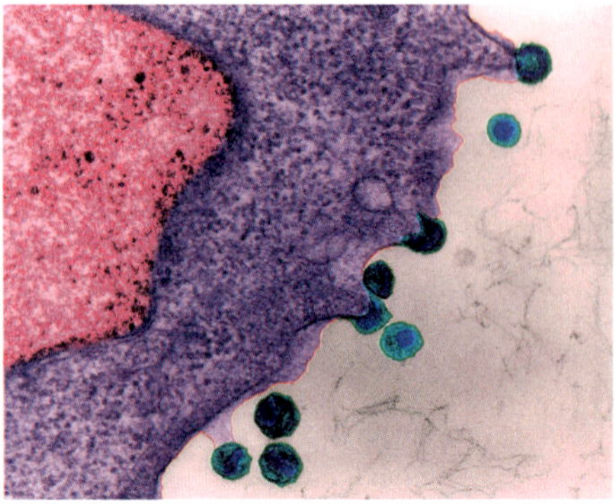

Doc 3 **Virus du Sida infectant un LTCD4**

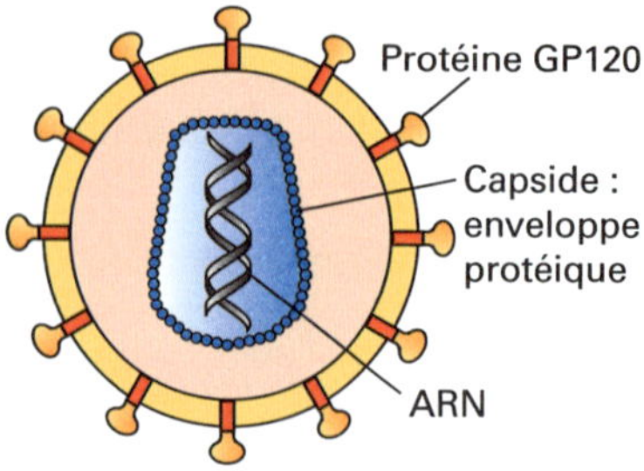

Doc 4 **Schéma du VIH**

1. Comparer l'organisation des cellules présentées sur les documents 1 et 2, et montrer qu'elles illustrent une unité d'organisation du monde vivant.

2. Montrer qu'un virus n'est pas une cellule.

3. Discuter la place des virus dans le monde vivant.

LIRE LE SUJET

1. Ces cellules de deux organismes différents présentent des similitudes.

2. Appuyez-vous sur tous les éléments à votre disposition (textes, photos, schéma).

3. Vous devez trouver au moins un argument qui montre qu'un virus peut être considéré comme un être vivant et au moins un argument qui montre le contraire.

▶▶▶ LA FEUILLE DE ROUTE

1. Comparer les éléments de deux cellules → FICHE 8

■ Repérez les constituants de chacune des deux cellules et déterminez si elle est eucaryote ou procaryote.

■ Appuyez-vous sur leurs points communs pour expliquer en quoi elles illustrent l'unité d'organisation du monde vivant.

2. Comparer l'organisation d'un virus à celle d'une cellule → FICHE 7

■ Appliquez un des trois axiomes de la théorie cellulaire au virus pour expliquer pourquoi ce n'est pas une cellule.

■ Expliquez les caractéristiques du virus qui pourraient le faire passer pour un être vivant, et mentionnez ce qui le distingue des êtres vivants.

3. Argumenter → FICHE 7

■ Utilisez un des axiomes de la théorie cellulaire qui infirme la place des virus dans le monde vivant.

■ Utilisez une information du texte qui laisse penser que le virus est un être vivant.

CORRIGÉS

SE TESTER QUIZ

1 Découverte de la cellule et théorie cellulaire

1. Réponse b.
Les réponses a et c ne sont pas des axiomes de la théorie cellulaire, même si ce sont des affirmations justes.

2. Réponse a.
La réponse b est fausse car ce sont les travaux de Schleiden et Schwann qui ont montré que les êtres vivants étaient constitués de cellules. La réponse c est fausse car l'invention du microscope électronique date des années 1930.

3. Réponse b.
La réponse a est fausse, car la lumière traverse la préparation dans le cas du microscope optique (photonique). La réponse c est fausse, car un faisceau d'électrons balaye la préparation dans le cas du microscope électronique à balayage.

2 Organisation de la cellule

1. Réponse b.
La réponse a est fausse, car c'est le cytoplasme, et non le noyau, qui comprend une phase liquide dans laquelle baignent les organites. La réponse c est fausse aussi, car c'est le cytoplasme qui est séparé de l'extérieur par la membrane plasmique.

2. Réponse a.
La réponse b est fausse, car la paroi ne caractérise que la cellule végétale. La réponse c est fausse, car une cellule ne possède pas plusieurs noyaux.

3. Réponse b.
La réponse a est fausse, car la membrane plasmique ne comprend pas de nucléotides, qui sont les constituants de base de la molécule d'ADN. La réponse c est fausse, car les phosphoglucides n'existent pas.

4. Réponse c.
La réponse a est fausse, car les pôles hydrophobes sont dirigés vers le centre de la membrane. La réponse b est fausse, car ils possèdent aussi des pôles hydrophobes.

S'ENTRAÎNER

3 Réviser le cours en 8 questions flash

1. Les trois axiomes de la théorie cellulaire sont :
- La cellule est la plus petite entité vivante.
- Tout être vivant est constitué de cellules.
- Toute cellule provient d'une autre cellule.

2. Le faisceau d'électrons du MET traverse l'échantillon et permet d'étudier la structure interne de la cellule alors que celui du MEB balaye la surface de l'échantillon et met en évidence les reliefs de la cellule.

3. Les cellules eucaryotes possèdent un noyau à la différence des cellules procaryotes.

4. Les trois constituants d'une cellule eucaryote sont : une membrane plasmique, un noyau et du cytoplasme.

5. Les éléments de base de la membrane plasmique sont les phospholipides.

6. Le cholestérol permet le maintien de la fluidité membranaire.

7. Le pôle hydrophobe (ou lipophile) est soluble dans les lipides mais pas dans l'eau.

8. La membrane plasmique est un « modèle de mosaïque fluide » car les molécules la constituant peuvent se déplacer en son sein.

4 Noyau et membrane plasmique

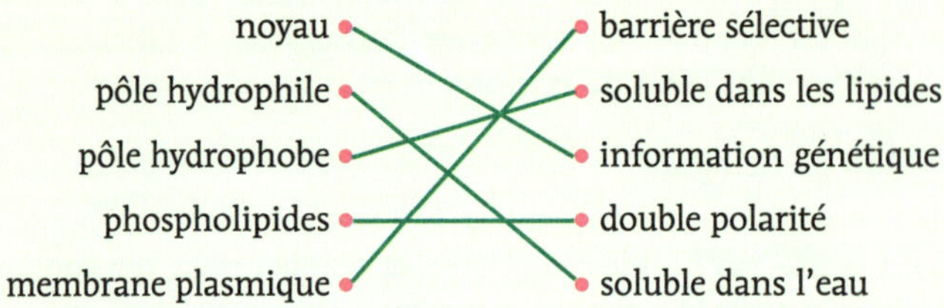

5 Histoire de la théorie cellulaire

C'est en **1665** que sont observées des **cellules** pour la première fois. On doit cette découverte à **R. Hooke**.
Dix ans plus tard, le **drapier** néerlandais **A. van Leeuwenhock** fabrique des **lentilles** qui permettent de grossir jusqu'à 300 fois les objets.
La **théorie cellulaire** est posée grâce à un botaniste, **M.J. Schleiden**, et un zoologiste, **T. Schwann**, qui montrent que les animaux et les **végétaux** sont tous constitués de cellules.
Puis, un médecin pathologiste, **R. Virchow**, et un embryologiste, **O. Hertwig**, montrent que toute cellule vient de la **division** d'autres cellules.
Enfin, la théorie cellulaire, après avoir été fortement contestée, va être confirmée, en partie grâce aux travaux de **L. Pasteur**.

6 Vocabulaire

1. Le microscope électrique n'existe pas en tant que tel.

2. Le sang n'est pas une cellule, mais un tissu (liquide), qui contient des cellules comme les globules rouges, les lymphocytes, etc.

3. L'ADN est une molécule et non un constituant des cellules.

4. Le glucide est la seule molécule à ne pas être une molécule lipidique.

7 Analyser une électronographie

1. C'est une cellule eucaryote, car elle possède un noyau.

2. C'est une cellule animale, car elle ne possède pas de paroi.

3. 4.

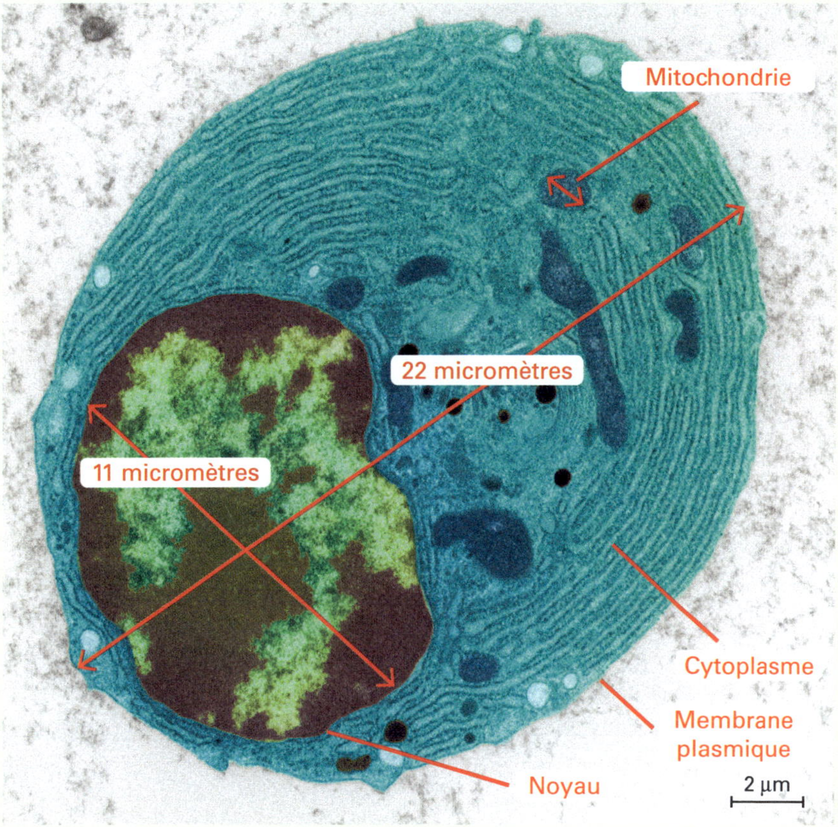

OBJECTIF BAC

8 La place des virus dans le monde vivant

1. Le lymphocyte et la bactérie possèdent tous deux une **membrane plasmique** et du **cytoplasme**. On a donc dans les deux cas **une cellule**, car on retrouve un espace clos délimité par une membrane plasmique.
On retrouve bien une **unité d'organisation** à l'échelle cellulaire.
En revanche, la bactérie, contrairement au lymphocyte, ne contient pas de noyau, c'est une cellule **procaryote**, alors que le lymphocyte est une cellule **eucaryote**.

2. Un virus représente aussi un espace clos, mais il n'est pas délimité par une membrane plasmique et ne contient pas de cytoplasme. Ce n'est donc **pas une cellule**.
De plus, l'un des axiomes de la théorie cellulaire stipule que « Toute cellule provient d'une autre cellule ». D'après les documents 1 et 2, les cellules humaines sont toutes issues d'une même cellule, appelée cellule œuf et une bactérie peut donner naissance à plus d'un milliard de cellules en quelques heures. Ainsi, l'axiome s'applique aussi bien aux cellules eucaryotes que procaryotes.
En revanche, on nous dit que le virus infecte une cellule, puis détourne la machinerie de celle-ci pour se reproduire. Ce n'est pas lui qui assure seul sa reproduction.
Le virus se multiplie en effectuant un cycle dans la cellule hôte. Cela nous confirme bien qu'un virus ne peut être considéré comme une cellule.

3. Un des axiomes de la théorie cellulaire dit que « tout être vivant est constitué de cellules ».
Comme le virus n'est pas une cellule, il ne peut donc pas être considéré comme un être vivant selon cette théorie.
Mais on voit aussi que le virus peut se multiplier dans une cellule hôte, qui devient alors pour lui une véritable usine d'où sortiront des milliers de virus.
On sait que la reproduction est une des capacités fondamentales des êtres vivants.
Donc le **virus** pourrait être considéré comme un **être vivant**.

À NOTER
De nombreux chercheurs ne considèrent pas les virus comme des êtres vivants, car ceux-ci sont incapables de se reproduire de façon autonome. D'autres chercheurs, en revanche, considèrent les virus comme des êtres vivants au moment où ils se développent dans une cellule hôte.

Rayonnement solaire et bilan radiatif terrestre

Le rayonnement solaire parcourt près de 150 millions de kilomètres avant d'atteindre la Terre. Celle-ci n'en absorbe qu'une infime partie.

9 L'origine de l'énergie solaire

En bref *Notre étoile est le siège de réactions de fusion thermonucléaire. Une partie de sa matière est convertie en énergie, elle-même transmise sous forme de rayonnement à l'ensemble du système solaire.*

I Le Soleil, source de rayonnement

■ Le Soleil, comme toutes les étoiles, résulte de la concentration d'une grande quantité de matière présente dans un **nuage interstellaire**. Au cœur du nuage, lorsque la pression et la température (15 millions de degrés Celsius) deviennent suffisantes, le processus de fusion nucléaire débute : l'étoile naît.

> **MOT CLÉ**
> **Nuage interstellaire** : milieu principalement composé d'hydrogène dans lequel naissent les étoiles.

■ Le cœur du Soleil est le siège de réactions de fusion nucléaire (→ FICHE 2) : chaque seconde, des centaines de millions de tonnes d'hydrogène se transforment en hélium, en libérant une quantité d'énergie colossale qui maintient le cœur du Soleil à des températures très élevées.

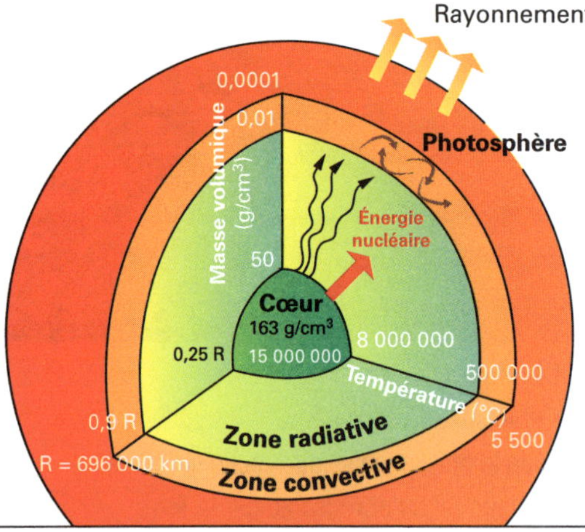

- **Cœur** : siège des réactions thermonucléaires.
- **Zone radiative** : le transfert d'énergie s'effectue très lentement par rayonnement.
- **Zone convective** : des tourbillons de matière évacuent la chaleur vers l'extérieur.
- **Photosphère** : couche superficielle d'où provient l'essentiel du rayonnement reçu par la Terre.

Doc Structure du Soleil

■ Le nom des différentes zones solaires (doc.) est lié au mode de transport de l'énergie. L'énergie produite par le cœur est évacuée vers l'extérieur du Soleil. Le transport se fait soit par radiation (sous forme d'ondes électromagnétiques) soit par convection (mouvements de matière).

■ Parvenu à la surface du Soleil, ce flux d'énergie thermique s'échappe sous la forme de rayonnement (→ FICHE 10) qui se diffuse dans l'espace.

II Conversion masse-énergie

■ En 1905, en élaborant la théorie de la relativité restreinte, Albert Einstein postule que la masse est l'une des formes que peut prendre l'énergie. La relation d'Einstein établit qu'une particule de masse m, au repos, possède une énergie E, telle que :

$$E = m\,c^2$$

E s'exprime en joules (J), m en kilogrammes (kg) et c en mètres par seconde (m/s). La célérité c de la lumière vaut 299 792 458 m/s, soit environ $3{,}0 \times 10^8$ m/s.

■ Cette équivalence masse-énergie explique le dégagement d'énergie par les étoiles, comme le Soleil. En effet, lors d'une réaction de fusion nucléaire, la masse des produits est inférieure à celle des réactifs. Cette perte de masse correspond à de l'énergie libérée sous forme de chaleur et de rayonnement.

■ La puissance P rayonnée par le Soleil atteint $3{,}8651 \times 10^{26}$ W (→ FICHE 12), soit plus de 386 millions de milliards de milliards de watts. Ce qui signifie qu'en son cœur une énergie E de $3{,}8651 \times 10^{26}$ J est produite chaque seconde.

À NOTER
Une puissance de 1 watt (W) correspond à une énergie de 1 joule (J) par seconde (s), soit 1 W = 1 J/s.

■ La relation d'équivalence $E = m\,c^2$ d'Einstein permet de déterminer la masse solaire transformée en énergie chaque seconde.

$E = m\,c^2$ s'écrit aussi : $m = \dfrac{E}{c^2}$.

D'où : $m = \dfrac{3{,}8651 \times 10^{26}}{\left(3{,}0 \times 10^8\right)^2} \approx 4{,}3 \times 10^9 \text{ kg} = 4{,}3 \times 10^6$ tonnes.

Ces 4,3 millions de tonnes résultent de la transformation de 619 millions de tonnes d'hydrogène en 614,7 millions de tonnes d'hélium chaque seconde.

zoOm

La fusion nucléaire au cœur du Soleil

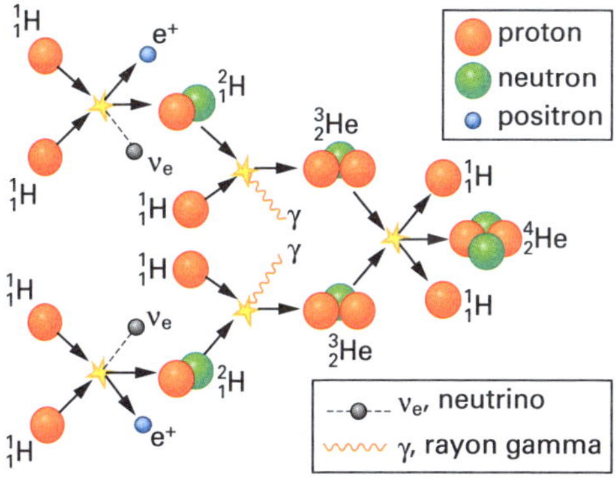

La « chaîne proton-proton » identifiée par Hans Bethe en 1939 décrit le processus physique qui permet aux étoiles comme le Soleil de générer de l'énergie.
L'ensemble de ces réactions de fusion nucléaire est détaillé → FICHE 2.
Il peut se résumer à l'expression simplifiée :

$$4\,^1_1\text{H} \rightarrow {}^4_2\text{He} + 2\,^0_1\text{e} + 2\gamma + 2\nu_e$$

10 Le corps noir et le spectre stellaire

En bref *Le spectre du rayonnement émis par la surface du Soleil se rapproche de celui d'un corps noir dont la température est d'environ 5 500 °C.*

I Corps matériel et rayonnement thermique

■ En plaçant la main au voisinage d'un objet chaud, il est possible de sentir sa chaleur ; cette sensation traduit le fait que l'objet émet un **rayonnement infrarouge**. De la même façon, tous les corps matériels émettent un rayonnement, c'est-à-dire des ondes électromagnétiques, en raison de leur température.

■ Les corps matériels absorbent également le rayonnement de leur environnement. Lorsqu'un corps est plus chaud que son environnement, il émet plus de rayonnements qu'il n'en absorbe, il « perd » de l'énergie et tend à se refroidir.

■ Au XIXe siècle, deux propriétés importantes du **rayonnement thermique** ont été découvertes :
– à mesure que la température d'un corps matériel augmente, l'intensité du rayonnement émis est plus importante ;
– la **longueur d'onde** λ_{max} de l'émission maximale de rayonnement est d'autant plus petite que la température du corps est élevée.

II Du corps noir aux étoiles

■ En physique, un **corps noir** désigne un objet idéal dont le **spectre électromagnétique** ne dépend que de sa température (doc. 1) et non de sa forme ou de la nature du matériau qui le constitue.

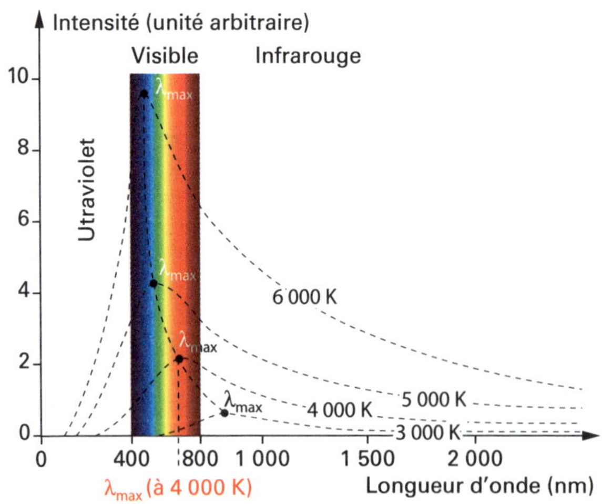

Doc 1 Rayonnement du corps noir à différentes températures

MOT CLÉ
Corps noir : corps matériel qui absorbe la totalité du rayonnement électromagnétique qu'il reçoit. En pratique, ce type d'objet n'existe pas.

■ Par lecture graphique sur le document 1 (p. 68), on peut voir qu'un corps noir à 4 000 K émet une longueur d'onde λ_{max} voisine de 700 nm.

■ Plus précisément, la loi de **Wien** (1893) établit que la position du maximum d'émission est inversement proportionnelle à la température du corps noir :

$$\lambda_{max} = \frac{\sigma_W}{T}$$

où σ_W est une constante égale à $2{,}898 \times 10^{-3}$ m·K, λ_{max} la longueur d'onde d'émission maximale du corps noir en mètres (m), T la température en kelvins (K).

■ L'observation des **spectres stellaires**, dont celui du Soleil, montre que leur allure suit bien celle d'un corps noir.

■ Dans le cas du Soleil, le maximum d'émission est situé à $\lambda_{max} = 500$ nm. L'application de la loi de Wien permet de déterminer la température de sa photosphère (« sa surface ») :

$T = \frac{\sigma_W}{\lambda_{max}} = \frac{2{,}898 \times 10^{-3}}{500 \times 10^{-9}} = 5\,796$ K, soit une température de 5 523 °C.

À NOTER

Relation entre la température T_K en kelvins (température absolue) et la température T_C en degrés Celsius : $T_K = T_C + 273{,}15$ (0 K correspond à −273,15 °C : il s'agit du 0 absolu).

zoom

Spectre et température de surface d'une étoile

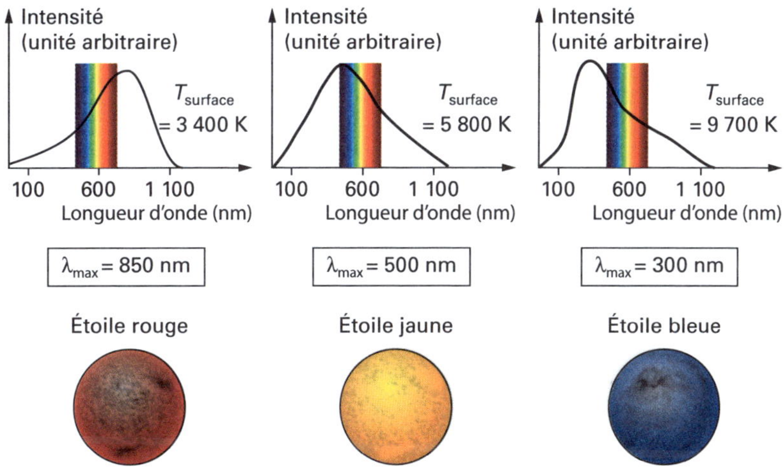

La détermination de λ_{max} à partir du spectre d'une étoile permet d'en déduire sa température de surface. En effet, la loi de Wien établit ce lien : $T = \frac{\sigma_W}{\lambda_{max}}$.

À mesure que la température de surface des étoiles croît, leurs couleurs évoluent du rouge vers le bleu.

11 Les variations de la puissance solaire reçue sur Terre

En bref *La Terre reçoit l'essentiel de son énergie du Soleil. Le transfert se fait dans le vide sous la forme de rayonnement thermique. À la surface de la Terre, le rayonnement solaire est inégalement réparti.*

I Puissance solaire reçue par la Terre

■ Le rayonnement solaire intercepté par la Terre correspond à un disque de rayon terrestre R (doc. 1). La puissance reçue pour 1 m^2 de cette surface plane perpendiculaire aux rayons solaires et située au sommet de l'atmosphère terrestre définit la constante solaire. Elle peut être mesurée par un satellite équipé d'un radiomètre. En moyenne annuelle, elle est égale à 1 367 W/m^2. Cela fait du Soleil la source d'énergie la plus abondante sur Terre.

À NOTER
La puissance (ou le flux d'énergie) reçue pour 1 m^2 correspond à une grandeur appelée **éclairement énergétique**. Son unité est le W/m^2.

■ Comme la Terre n'est pas un disque mais une sphère, la puissance solaire moyenne qu'elle reçoit réellement est 4 fois plus petite, soit environ 342 W par m^2 de surface terrestre.

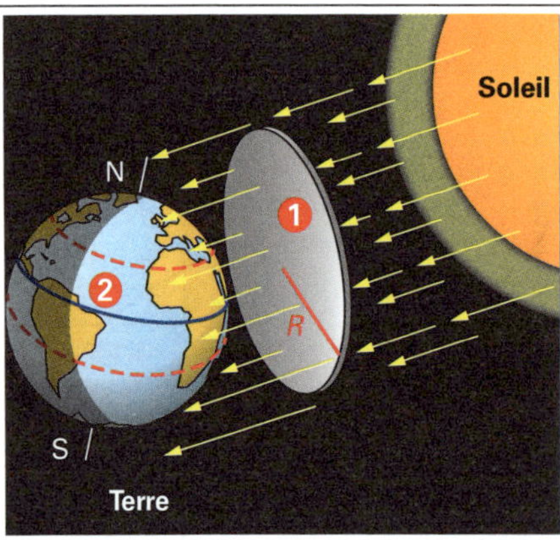

1 La Terre intercepte un disque de rayonnement solaire πR^2

Flux d'énergie reçu par le disque : 1 367 W/m^2

R = rayon terrestre (6 370 km)

2 Le rayonnement intercepté se répartit sur toute la surface de la sphère terrestre $4\pi R^2$

Flux d'énergie reçu par la sphère terrestre :

$\frac{1\,367}{4} = 342\ W/m^2$

Doc 1 **Flux d'énergie solaire reçu par la Terre**

■ Le flux d'énergie solaire reçu par une surface dépend de l'angle avec lequel les rayons du Soleil parviennent à cette surface. L'angle formé par le rayonnement solaire et la perpendiculaire à la surface est appelé angle d'incidence (doc. 2a).

■ Comme le rayonnement solaire arrive sur la Terre sous la forme d'un faisceau parallèle (doc. 1), une surface perpendiculaire à ces rayons (autrement dit dont l'angle d'incidence est nul) intercepte le flux maximal d'énergie. Si l'on incline la surface, l'angle d'incidence augmente, le flux solaire reçu diminue (doc. 2a). Une même quantité d'énergie se répartit alors sur une plus grande surface.

a

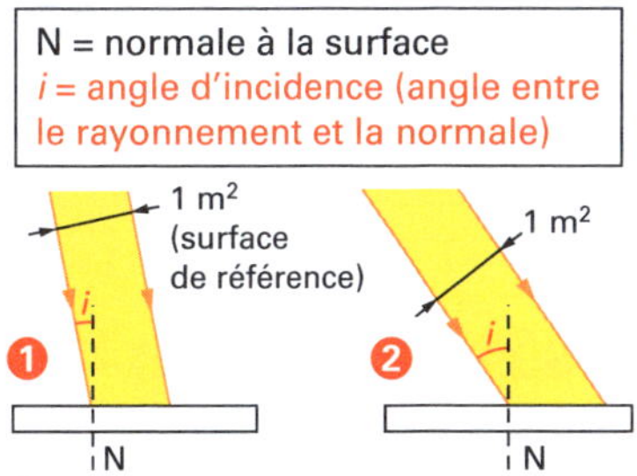

À mesure que l'angle d'incidence des rayons du Soleil augmente, le flux solaire diminue.

b

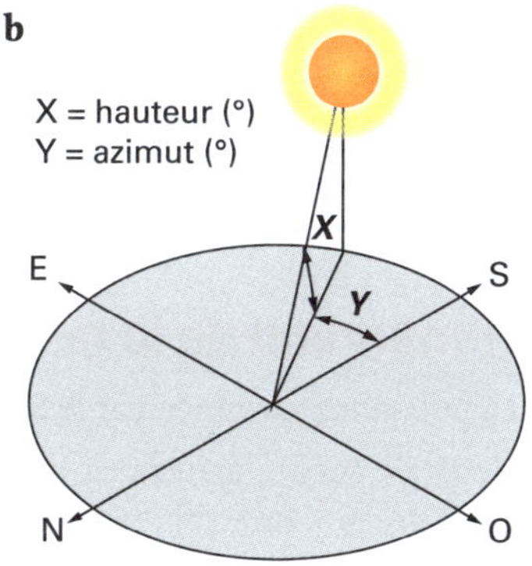

Doc 2 Flux solaire et position du Soleil

II Une puissance inégalement reçue

- L'angle d'incidence des rayons du Soleil est directement lié à la position de ce dernier dans le ciel. Cette position est en général déterminée par deux composantes : la **hauteur** et l'**azimut** (doc. 2b). Ces composantes évoluent à toute heure de la journée et tout au long de l'année ; cela induit des **variations diurnes** et **saisonnières** du flux solaire.
- La **latitude** est également déterminante : lorsqu'on se rapproche des pôles, l'angle d'incidence augmente (le Soleil monte moins haut dans le ciel), les rayons se répartissent sur une plus grande surface (doc. 2a), le flux solaire diminue.

zoom

Éclairement énergétique de la Terre selon la latitude

Du fait de la sphéricité de la Terre, les zones proches de l'équateur reçoivent plus d'énergie que celles situées près des pôles. Cela entraîne des variations de températures à la surface du globe. Il en découle une répartition des climats selon les latitudes.

Source : ScaRaB, programme de suivi du système climatique terrestre développé par le CNRS.

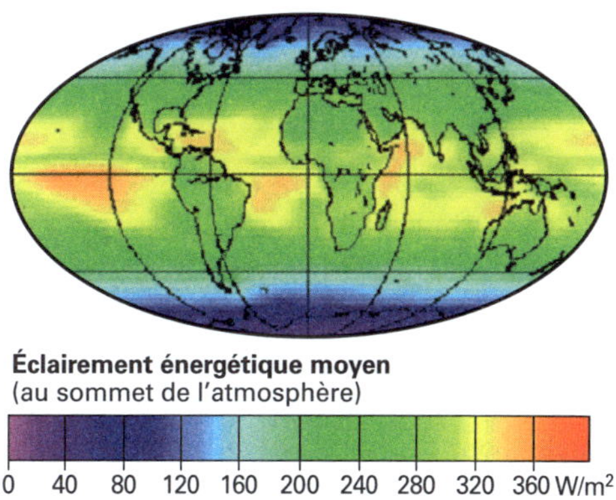

12 La puissance solaire reçue et réfléchie par la Terre

En bref *La Terre ne reçoit qu'une infime part de l'énergie émise par le Soleil. De plus, elle n'en absorbe qu'une partie.*

I Proportion de la puissance solaire reçue par la Terre

- La puissance rayonnée par le Soleil est de $3{,}8651 \times 10^{26}$ W (→ FICHE 9).

- L'énergie solaire arrivant à la Terre est celle qui est redistribuée sur une sphère dont le rayon correspond à la distance Soleil-Terre (doc. 1), soit en moyenne 150 millions de kilomètres ou 150×10^9 m.

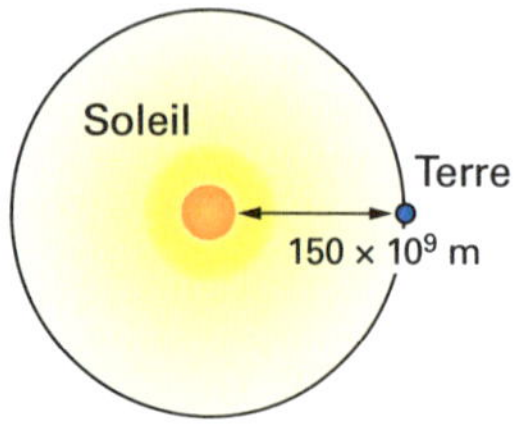

Doc 1

La surface d'une sphère ayant pour formule $4\,\pi\,r^2$, la puissance rayonnée par unité de surface est de :

$$\frac{3{,}8651 \times 10^{26}\ \text{W}}{\left(4 \times \pi \times \left(150 \times 10^9\right)^2\right)}, \text{ soit } 1\ 367\ \text{W/m}^2.$$

Cette valeur correspond à la constante solaire (→ FICHE 11).

- La puissance solaire reçue par la Terre est donc égale à la constante solaire (1 367 W/m²) multipliée par la surface d'un disque de même rayon que la Terre ($6\ 370 \times 10^3$ m), soit : $1\ 367 \times \pi \times (6\ 370 \times 10^3)^2$, c'est-à-dire 174×10^{15} W.

- Or, comme la Terre n'est pas un disque plat mais une sphère (→ FICHE 11), la puissance solaire moyenne reçue au sol par la Terre est de $\frac{174 \times 10^{15}\ \text{W}}{4}$, soit $4{,}35 \times 10^{16}$ W.

- La proportion de la puissance émise par le Soleil et qui atteint la surface terrestre est donc de $4{,}35 \times 10^{16}$ W divisé par $3{,}8651 \times 10^{26}$ W. La Terre reçoit environ 0,1 milliardième de la puissance totale émise par le Soleil. La puissance solaire reçue par la Terre est donc déterminée par son rayon et sa distance au Soleil.

II L'albédo et l'énergie réfléchie par la Terre

- Une partie du rayonnement solaire qui atteint la Terre est réfléchie vers l'espace par les nuages et par la surface terrestre. On appelle **albédo** le rapport de l'énergie solaire réfléchie sur l'énergie incidente.

- L'albédo a une valeur comprise entre 0 et 1, mais on peut aussi l'exprimer en pourcentage. Plus l'albédo est élevé, plus le rayonnement solaire est réfléchi. Par exemple, pour un albédo de 0,1 ou de 10 %, 10 % du rayonnement solaire est réfléchi et 90 % est absorbé.

■ L'albédo dépend de l'angle d'incidence, mais surtout de la nature de la surface réceptrice (doc. 2) : pour un même angle d'incidence, le sable renvoie plus de rayonnement par réflexion qu'une forêt par exemple. L'albédo peut varier de moins de 10 % (mer calme avec le soleil au zénith) à plus de 80 % (neige fraîche des régions polaires, sommet des nuages épais).

Type de surface	Albédo (%)
Neige fraîche	80 à 85
Sable	20 à 30
Forêt	5 à 10
Océan (incidence rasante)	50 à 80
Océan (incidence normale)	3 à 5
Nuage épais	70 à 80
Total Terre et atmosphère	30

Doc 2 Albédo de différentes surfaces

■ L'albédo moyen de la Terre est de 30 %, c'est-à-dire qu'en moyenne 70 % de l'énergie solaire est absorbée par la Terre (atmosphère, océan et continent) ; le reste (environ 30 %) est réfléchi vers l'espace.

■ Comme la puissance solaire moyenne reçue au sol est d'environ 342 W par m^2 de surface terrestre (→ FICHE 11), c'est donc 70 % de 342, soit environ 240 W/m^2 qui sont absorbés par la Terre et 102 W/m^2 qui sont diffusés dans l'espace.

zoOm

Moyenne annuelle de l'albédo du système Terre-atmosphère au cours de la période 1991-1995

Du fait de la sphéricité de la Terre, de la présence de glaces aux pôles et de la répartition des continents et des océans, l'albédo varie fortement à la surface du globe terrestre.

Source : International Satellite Cloud Climatology Project (ISCCP) – Nasa.

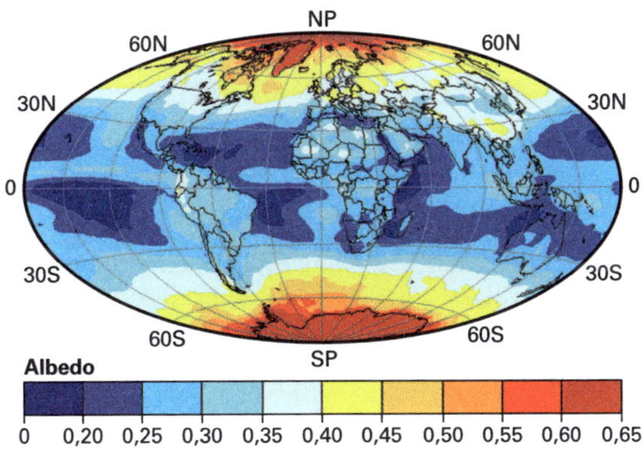

13 Le bilan radiatif terrestre : un équilibre dynamique

En bref *La température moyenne à la surface de la Terre est constante et proche de 15 °C. Le maintien de cette température globale est conditionné par le bilan énergétique de la Terre.*

I Le rayonnement émis par la Terre

- Les 240 W/m^2 d'énergie en provenance du Soleil et absorbés par la Terre (atmosphère, océans et continents) chauffent la surface terrestre.
- La surface terrestre chauffée par l'énergie solaire émet un rayonnement électromagnétique dont la longueur d'onde se situe entre 5 et 20 µm, c'est-à-dire dans le domaine infrarouge, avec un maximum d'intensité autour de 12 µm.

II Le rôle de l'atmosphère dans le bilan radiatif terrestre

- Si la Terre ne possédait pas d'atmosphère, la totalité du rayonnement infrarouge émis par la surface du globe serait diffusée dans l'espace ; la température à la surface terrestre ne serait que de –19 °C au lieu de 15 °C.
- Le rayonnement infrarouge émis par la Terre est absorbé en partie par l'atmosphère terrestre. Celle-ci est composée de gaz (vapeur d'eau, dioxyde de carbone, méthane, ozone...), qui piègent une partie des rayons infrarouges émis par la surface terrestre, limitant ainsi la perte d'énergie vers l'espace. Ce sont les gaz à « effet de serre » (GES).
- Après avoir absorbé une partie du rayonnement infrarouge émis par la surface terrestre, l'atmosphère émet à son tour un rayonnement infrarouge, dans toutes les directions, à la fois vers l'espace et vers le sol. Une partie du rayonnement infrarouge émis par la Terre est donc renvoyée vers la surface terrestre, c'est l'« effet de serre ».

III Le bilan radiatif de la Terre

- Le bilan radiatif global de la Terre, c'est-à-dire la différence entre les apports (flux solaire) et les pertes (flux solaire réfléchi et flux infrarouge réémis vers l'espace) est à l'équilibre à l'échelle de la planète (doc.).
- La Terre émet autant d'énergie qu'elle en reçoit du Soleil : 342 W/m^2 provenant de l'énergie solaire sont absorbés, mais 102 W/m^2 sont réfléchis et 240 W/m^2, issus du rayonnement infrarouge émis par la surface, sont diffusés dans l'espace.

La surface terrestre reçoit en un lieu donné 170 W/m^2 du rayonnement solaire et 325 W/m^2 du rayonnement infrarouge émis par l'atmosphère. Elle absorbe donc au total $170 + 325 = 495$ W/m^2, mais émet la même puissance.

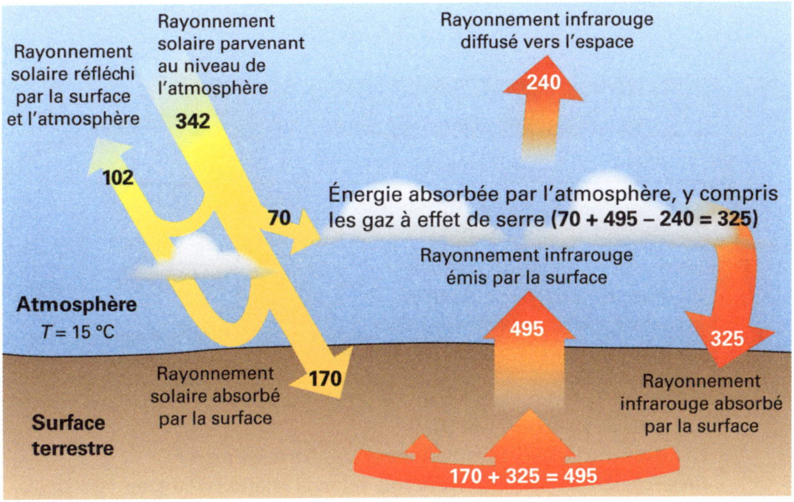

Doc **Le bilan radiatif de la Terre : un équilibre dynamique**

- Cet équilibre est qualifié de dynamique car, par exemple, si la teneur en GES augmente, le bilan radiatif global terrestre restera nul mais la température moyenne de l'atmosphère deviendra plus élevée, par renforcement de « l'effet de serre ».

zoOm

Rayonnement infrarouge émis par la Terre

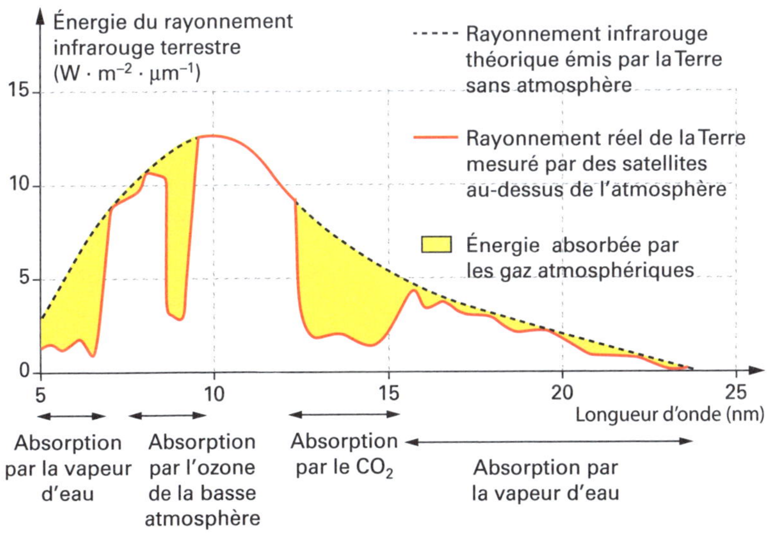

La comparaison des rayonnements permet de déduire l'énergie absorbée par les GES.

Origine de l'énergie solaire

Les réactions de fusion nucléaire

Le cœur du Soleil est le siège de réactions de fusion nucléaire : chaque seconde, des quantités colossales de noyaux d'hydrogène sont transformées en noyaux d'hélium.

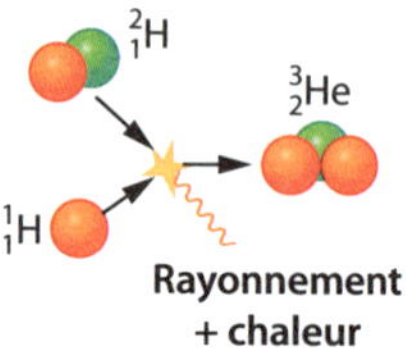

Équivalence masse/énergie

La fusion nucléaire s'accompagne d'une perte de masse.
Celle-ci est transformée en énergie selon la relation d'Einstein : $E = m\,c^2$.

De l'énergie au rayonnement

La chaleur produite au cœur du Soleil le maintient à 15 millions de degrés Celsius. Le flux d'énergie thermique quitte ensuite le Soleil sous la forme de rayonnements.

RAYONNEMENT SOLAIRE ET

Corps matériel et rayonnement thermique

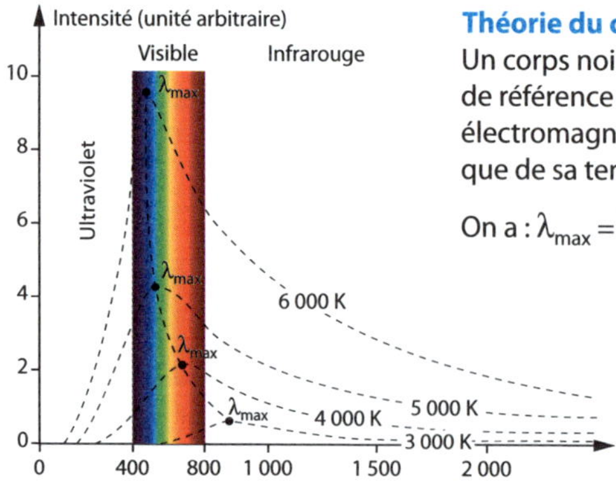

Théorie du corps noir

Un corps noir est un corps de référence dont le spectre électromagnétique ne dépend que de sa température.

On a : $\lambda_{max} = \dfrac{\sigma_w}{T}$ (loi de Wien)

BILAN RADIATIF TERRESTRE

Puissance radiative solaire reçue sur Terre

Quantité d'énergie solaire reçue par une surface

La quantité d'énergie reçue du Soleil par une surface plane est proportionnelle à l'aire de la surface et dépend de l'angle entre la normale à la surface et la direction du Soleil.

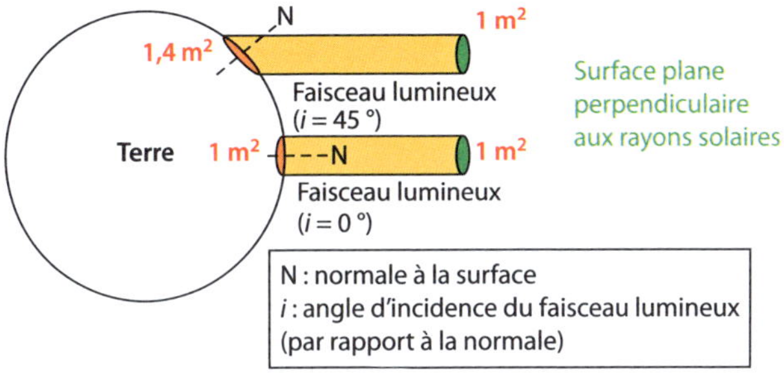

Une répartition inégale sur la Terre

L'angle d'incidence des rayons du Soleil varie ; cela amène des variations diurnes saisonnières du flux solaire et une répartition des climats selon la latitude.

Un équilibre dynamique

La puissance reçue par la surface est égale à la somme de la puissance du Soleil absorbée par la Terre et de celle reçue par l'atmosphère qui a absorbé le rayonnement infrarouge émis par la Terre. La surface émet cependant autant de puissance qu'elle en a reçue : sa température moyenne est constante.

SE TESTER QUIZ

Vérifiez que vous avez bien compris les points clés des **fiches 9 et 13**.

1 L'origine de l'énergie solaire

→ FICHE 9

D'où provient l'énergie émise par le Soleil ?

☐ **a.** De réactions de fission nucléaire de noyaux d'uranium.
☐ **b.** De la combustion de l'hydrogène.
☐ **c.** De réactions de fusion nucléaire de noyaux d'hydrogène.

2 Le corps noir et le spectre stellaire

→ FICHE 10

Une étoile est assimilée à un corps noir qui :

☐ **a.** perd de l'énergie sous forme de rayonnement.
☐ **b.** émet un spectre qui dépend de sa taille et de sa composition.
☐ **c.** émet un spectre qui ne dépend que de la température de sa surface.

3 Les variations de la puissance solaire reçue sur Terre

→ FICHE 11

Que se passe-t-il lorsque l'angle d'incidence des rayons solaires avec la surface terrestre est faible ?

☐ **a.** Le flux d'énergie reçu par la surface terrestre est grand.
☐ **b.** Il fait froid.
☐ **c.** Le Soleil est bas sur l'horizon.

4 La puissance solaire reçue et réfléchie par la Terre

→ FICHE 12

Que peut-on dire de l'albédo ?

☐ **a.** L'albédo moyen de la Terre est de 70 %.
☐ **b.** Il dépend uniquement de la nature des surfaces renvoyant le rayonnement.
☐ **c.** L'albédo de l'eau est toujours le même, qu'elle soit liquide ou solide.
☐ **d.** Il est responsable des 102 W/m^2 du flux solaire réfléchis par la Terre.

5 Le bilan radiatif terrestre : un équilibre dynamique

→ FICHE 13

Que peut-on dire de l'effet de serre sur Terre ?

☐ **a.** Il permet d'avoir un gain de + 34 °C de la température moyenne à la surface du globe par rapport à une Terre sans atmosphère.
☐ **b.** Il dépend uniquement de la teneur en CO_2 de l'atmosphère.
☐ **c.** Il est dû à la nature de la surface terrestre qui réfléchit une partie du rayonnement solaire.
☐ **d.** Il est dû aux gaz à « effet de serre » qui absorbent la totalité du rayonnement infrarouge émis par la surface terrestre.

S'ENTRAÎNER

6 Réviser le cours en 8 questions flash

→ FICHES 9 à 13

1. Pourquoi la température du Soleil est-elle très élevée ?
2. Pourquoi la masse solaire diminue-t-elle au cours du temps ?
3. Comment évalue-t-on la température de surface d'une étoile ?
4. De quoi dépend l'énergie solaire reçue par une surface ?
5. Quelle est la proportion de la puissance solaire atteignant la Terre ?
6. Quel est l'albédo moyen de la Terre et que signifie ce paramètre ?
7. Quelle est la longueur d'onde du rayonnement émis par la Terre ?
8. Quels sont les principaux gaz à « effet de serre » ?

7 Transfert d'énergie entre le Soleil et la Terre

→ FICHES 9 et 11

Complétez le texte avec les mots ou les groupes de mots suivants :

rayonnement • l'inclinaison • de fusion • inégale • l'angle • d'Einstein • masse • la normale • températures

Le Soleil est le siège de réactions .... nucléaire qui génèrent une quantité colossale d'énergie tout en maintenant son cœur à des .... très élevées. L'équivalence masse-énergie de la relation .... apporte la preuve que ces réactions s'accompagnent d'une diminution de la .... solaire dans le temps. L'énergie produite est ensuite libérée dans toutes les directions de l'espace sous forme de .... ; la Terre en capte une infime partie. La température moyenne de la Terre diminue de l'équateur vers les pôles : la répartition d'énergie solaire est donc .... Cela s'explique par la variation de .... des rayons solaires frappant la surface terrestre. Plus .... d'incidence, c'est-à-dire l'angle entre les rayons solaires et .... à la surface, est important, plus l'énergie reçue est faible. Ce qui est le cas aux pôles.

8 Puissance rayonnée par Aldébaran

→ FICHE 9

Aldébaran est l'étoile la plus lumineuse de la constellation du Taureau. Les astrophysiciens estiment la puissance totale de son rayonnement à $1{,}0 \times 10^{29}$ W.

Déterminer la masse transformée chaque seconde en énergie par cette étoile.

L'étoile Aldébaran dans la constellation du Taureau

9 Spectre d'émission d'une étoile

→ FICHE 10

Le rayonnement thermique d'une étoile est donné ci-dessous.

1. Évaluer la longueur d'onde λ_{max} associée au maximum d'émission.

2. À quelle grandeur caractéristique de l'étoile donne accès la valeur de cette longueur d'onde ?

3. Appliquer la loi de Wien pour en déterminer la valeur.

À NOTER
Dans cet exercice, faites particulièrement attention aux unités.

Doc **Rayonnement thermique d'une étoile**

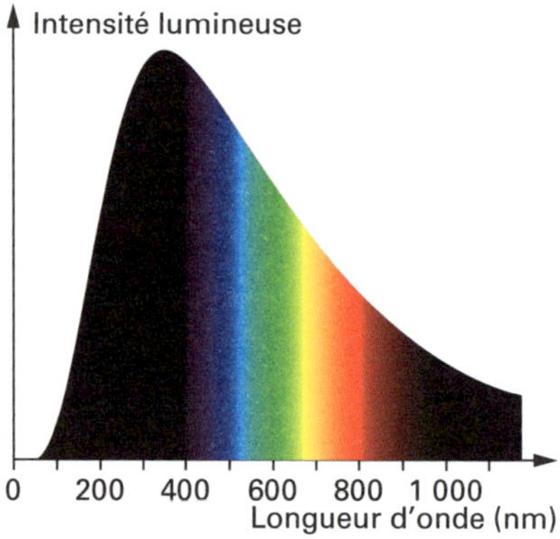

10 Répartition inégale de l'énergie solaire sur le globe terrestre

→ FICHE 11

Numérotez chaque légende pour indiquer à quel élément elle correspond sur le schéma.

À NOTER
Dans cet exercice, l'angle d'incidence est repéré par rapport à la normale à la surface.

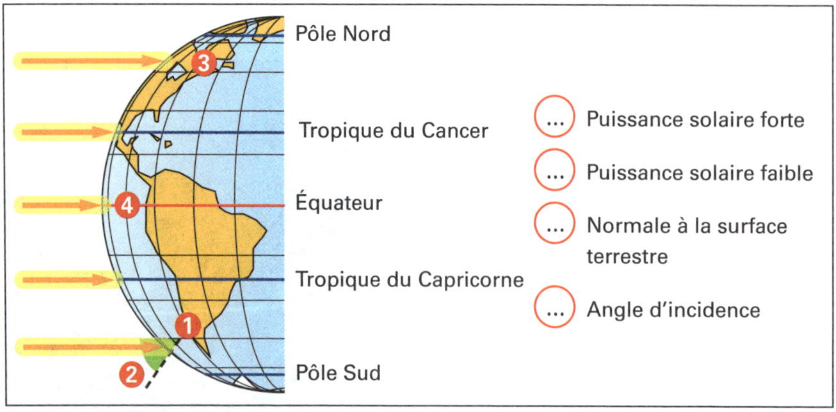

11 Températures moyennes

→ FICHE 11

Les températures moyennes mensuelles de Lille (latitude 50,6° N) et de Marseille (latitude 43,2° N) sont données dans le tableau suivant :

	Janv.	Fév.	Mars	Avril	Mai	Juin	Juil.	Août	Sept.	Oct.	Nov.	Déc.
Lille	3,6	4,1	7,1	9,8	13,4	16,2	18,6	18,5	15,5	11,7	7,1	4,2
Marseille	7,2	8,1	11	13,9	18	21,9	24,8	24,4	20,6	16,7	11,2	8

1. Après avoir fait un graphique avec les données du tableau, comparer la répartition des températures moyennes mensuelles pour les deux villes. Donner un argument pour expliquer la différence.

2. Déterminer la moyenne annuelle des températures pour chaque ville.

OBJECTIF BAC

12 Vénus et la Terre, deux sœurs jumelles

60 min

Dans cet exercice, on cherche à comprendre pourquoi Vénus et la Terre, deux planètes de taille et de densité comparables, ont une température de surface radicalement différente. Vous mettrez en évidence le rôle de la distance au Soleil et de l'effet de serre dans la température de surface d'une planète.

LE SUJET

On cherche à établir le bilan radiatif de Vénus afin de le comparer à celui de la Terre.

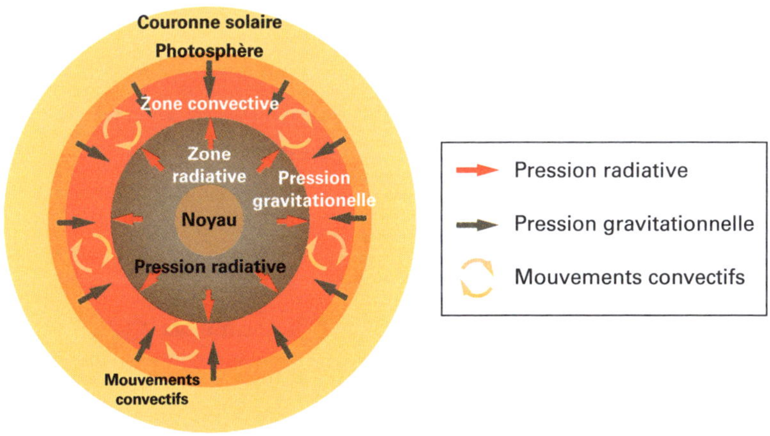

Doc 1 Structure du Soleil

	Vénus	Terre
Diamètre	12 100 km	12 800 km
Densité	5,26	5,52
Distance au Soleil	$108,2 \times 10^6$ km	150×10^6 km
Surface	Solide	Solide ou liquide
Température moyenne à la surface	460 °C	15 °C
Pression atmosphérique moyenne au sol	environ 10^7 Pa	10^5 Pa
Composition de l'atmosphère en CO_2	96,5 %	0,04 %

Doc 2 Quelques caractéristiques de Vénus comparées à celles de la Terre

1. La puissance rayonnée par le Soleil

a. À l'aide du document 1, préciser comment le Soleil produit de l'énergie et sous quelle forme il la transmet aux différentes planètes.

b. Sachant que la distance Soleil-Vénus est d'environ $1,08 \times 10^{11}$ m et que la puissance rayonnée par le Soleil est de $3,8651 \times 10^{26}$ W, déterminer l'énergie solaire en W/m² arrivant au sommet de l'atmosphère de Vénus à l'aide du schéma ci-contre.

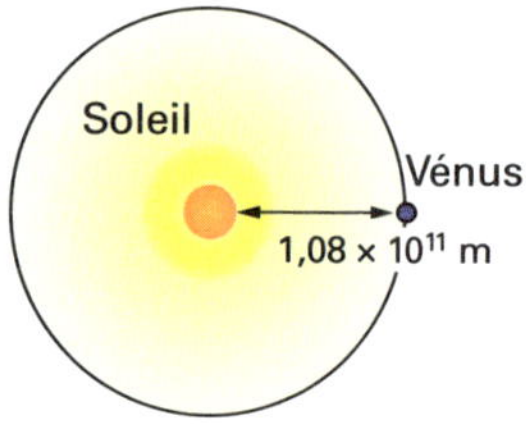

2. La puissance solaire reçue par Vénus

a. Déduire de votre calcul précédent la valeur de la puissance solaire par m² à la surface de Vénus.

b. La planète Vénus (atmosphère et surface) a un albédo moyen de 0,7 ou 70 %. Calculer la puissance solaire moyenne absorbée par Vénus.

3. La température à la surface de Vénus

a. Sans atmosphère, la température de Vénus serait de –26 °C. Expliquer pourquoi la température réelle à la surface de Vénus est beaucoup plus élevée.

b. Établir sur un schéma le bilan radiatif de Vénus afin de le comparer à celui de la Terre.

LA FEUILLE DE ROUTE

1. Mettre en relation des connaissances avec des documents → FICHES 9, 10 et 12

a. Expliquez comment l'énergie est produite par le Soleil, comment elle parvient à sa surface et sous quelle forme elle s'en échappe.

b. Remarquez sur le schéma joint à la question que la puissance solaire se répartit dans toutes les directions de l'espace, sur une sphère centrée sur le Soleil et calculez la puissance à la surface d'une sphère de rayon égal à la distance Soleil-Vénus.

2. Effectuer des calculs simples → FICHES 11 et 12

a. Rappelez-vous la différence entre la surface d'un disque et celle d'une sphère afin de répondre à cette question.

b. Rappelez-vous la définition de l'albédo et déduisez-en le pourcentage de la puissance solaire absorbée par Vénus.

3. Exploiter des résultats et les données d'un document → FICHE 13

a. Sélectionnez dans le document 2 les données permettant de justifier les particularités de l'atmosphère de Vénus et son rôle joué afin d'expliquer la température à la surface de Vénus.

b. Établissez le bilan radiatif à partir des valeurs calculées dans la question 2. Ensuite, comparez à la fois les puissances solaires reçues, absorbées ainsi que les compositions atmosphériques des deux planètes pour justifier les écarts de température à leur surface.

CORRIGÉS

SE TESTER QUIZ

1 L'origine de l'énergie solaire

Réponse c.

L'affirmation a est fausse, car le Soleil est constitué d'éléments légers (principalement d'hydrogène et d'hélium) qui sont l'objet de réactions de fusion nucléaire.
L'affirmation b est fausse, car la source d'énergie du Soleil n'est pas d'origine chimique, comme dans la combustion, mais nucléaire.

2 Le corps noir et le spectre stellaire

Réponses a et c.

L'affirmation b est fausse, car la théorie du corps noir prévoit que le spectre de rayonnement thermique émis par un corps matériel ne dépend que de sa température et de rien d'autre.

3 Les variations de la puissance solaire reçue sur Terre

Réponse a.

L'angle d'incidence est repéré par rapport à la normale à la surface terrestre.
Une surface terrestre perpendiculaire aux rayons solaires intercepte donc le flux maximal d'énergie. La réponse b est par conséquent fausse.
De même, le Soleil doit être nécessairement haut dans le ciel pour que l'angle d'incidence soit faible : la réponse c est donc fausse.

4 La puissance solaire reçue et réfléchie par la Terre

Réponse d.

La réponse a est fausse, car l'albédo moyen de la Terre est de 30 % : 30 % du rayonnement solaire est réfléchi et 70 % de ce rayonnement est absorbé.

La réponse b est fausse, car l'albédo dépend de la nature des surfaces et de leur angle d'incidence avec le rayonnement solaire.

La réponse c est fausse, car l'albédo de l'océan est faible (3 à 5 % pour une incidence normale) alors que l'albédo de la neige est élevé (80 à 85 % pour la neige fraîche).

5 Le bilan radiatif terrestre : un équilibre dynamique

Réponse a

La réponse b est fausse, car « l'effet de serre » est dû à plusieurs gaz de l'atmosphère : vapeur d'eau, dioxyde de carbone, méthane, ozone. Le CO_2 n'est donc pas responsable à lui seul de « l'effet de serre ».

La réponse c est fausse, car la surface terrestre réfléchit 30 % du rayonnement solaire, c'est-à-dire 102 W/m^2, mais ce rayonnement est diffusé directement dans l'espace et n'intervient pas dans « l'effet de serre ».

Ces gaz n'absorbent pas la totalité du rayonnement infrarouge émis par la surface terrestre, car sur les 495 W/m^2 émis par la surface, 240 W/m^2 sont diffusés vers l'espace. La réponse d est donc également fausse.

S'ENTRAÎNER

6 Réviser le cours en 8 questions flash

1. L'énergie dégagée par les réactions de fusion nucléaire maintient le cœur du Soleil à 15 000 000 °C.

2. L'énergie dégagée provient d'une transformation de la masse solaire en énergie. L'équivalence masse/énergie est donnée par la relation d'Einstein $E = mc^2$.

3. La température de surface d'une étoile se détermine à partir de la longueur d'onde λ_{max} observée sur son spectre d'émission (loi de Wien).

4. L'énergie solaire reçue par une surface dépend de la distance au Soleil et de l'angle d'incidence des rayons solaires.

5. La Terre reçoit à sa surface environ 0,1 milliardième de la puissance totale émise par le Soleil.

6. L'albédo moyen de la Terre est de 30 %, c'est-à-dire que 30 % de l'énergie solaire est réfléchie vers l'espace.

7. La Terre, échauffée par l'énergie solaire, émet un rayonnement infrarouge avec un maximum d'intensité situé autour de 12 µm.

8. Les principaux gaz à « effet de serre » sont la vapeur d'eau, le dioxyde de carbone, le méthane, l'ozone…

7 Transfert d'énergie entre le Soleil et la Terre

Le Soleil est le siège de réactions **de fusion** nucléaire qui génèrent une quantité colossale d'énergie tout en maintenant son cœur à des **températures** très élevées. L'équivalence masse-énergie de la relation **d'Einstein** apporte la preuve que ces réactions s'accompagnent d'une diminution de la **masse** solaire dans le temps. L'énergie produite est ensuite libérée dans toutes les directions de l'espace sous forme de **rayonnement** ; la Terre en capte une infime partie. La température moyenne de la Terre diminue de l'équateur vers les pôles : la répartition d'énergie solaire est donc **inégale**. Cela s'explique par la variation de **l'inclinaison** des rayons solaires frappant la surface terrestre. Plus **l'angle** d'incidence, c'est-à-dire l'angle entre les rayons solaires et **la normale** à la surface, est important, plus l'énergie reçue est faible. Ce qui est le cas aux pôles.

8 Puissance rayonnée par Aldébaran

La puissance rayonnée par Aldébaran est de $1{,}0 \times 10^{29}$ W, ce qui signifie qu'en son cœur une énergie E de $1{,}0 \times 10^{29}$ J est produite chaque seconde grâce à des réactions de fusion nucléaire. La relation d'Einstein permet de calculer la masse de matière transformée en énergie chaque seconde :

$$E = mc^2 \text{ donc } m = \frac{E}{c^2}, \text{ soit } m = \frac{1{,}0 \times 10^{29}}{\left(3{,}0 \times 10^{8}\right)^2} \approx 1{,}1 \times 10^{12} \text{ kg} = 1{,}1 \times 10^{9} \text{ tonnes.}$$

Aldébaran transforme en énergie environ 1 milliard de tonnes de matière chaque seconde !

9 Spectre d'émission d'une étoile

1. On détermine le maximum d'émission du rayonnement thermique par une lecture directe sur le graphique.
Le pic λ_{max} est à 350 nm.

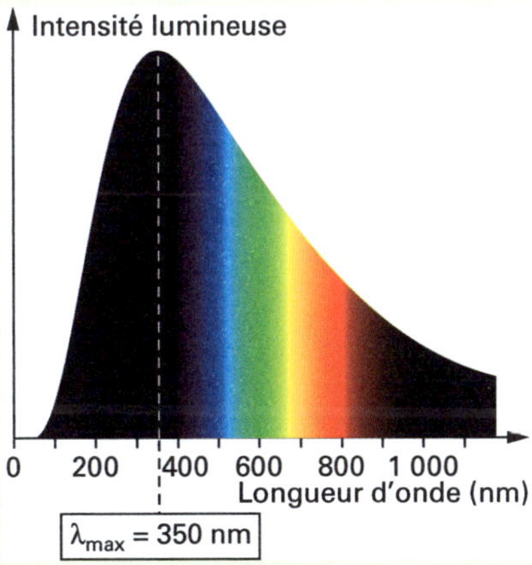

2. La longueur d'onde maximale d'émission d'une étoile λ_{max} est directement liée à sa température.

3. Pour déterminer la température, on utilise la loi de Wien :

$\lambda_{max} = \frac{\sigma_W}{T}$, soit $T = \frac{\sigma_W}{\lambda_{max}}$, avec $\sigma_W = 2{,}898 \times 10^{-3}$ m·K.

Ici $T = \frac{2{,}898 \times 10^{-3}}{350 \times 10^{-9}} = 8\,280$ K, soit une température de 8 007 °C.

À NOTER

On n'oublie pas que la température est obtenue en kelvins ; pour l'évaluer en degrés Celsius, il est nécessaire de la convertir en utilisant $T_C = T_K - 273{,}15$.

10 Répartition inégale de l'énergie solaire sur le globe terrestre

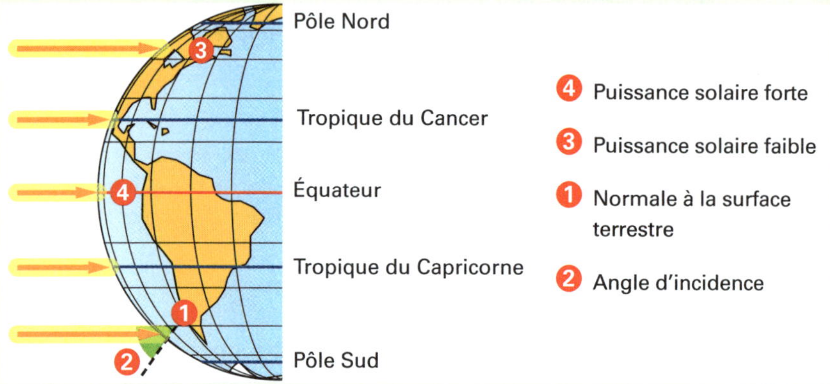

11 Températures moyennes

1. Les valeurs du tableau montrent que les températures moyennes mensuelles de Marseille sont systématiquement supérieures à celles de Lille (la représentation ci-dessous en témoigne). Selon le mois, l'écart est de 4 à 6 °C.

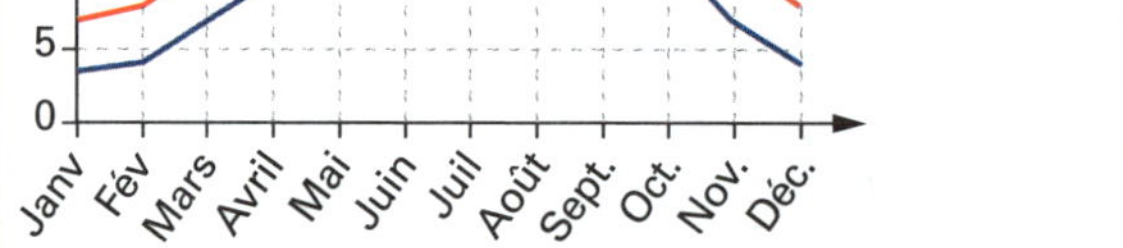

Les deux villes ne sont pas à la même latitude : Marseille est plus proche de l'équateur. À Marseille, l'angle d'incidence des rayons solaires est toujours systématiquement plus faible (le Soleil est plus haut dans le ciel) qu'à Lille. Par conséquent, l'éclairement énergétique est plus fort à Marseille, ce qui aboutit à des températures moyennes plus élevées.

2. Moyenne annuelle des températures pour chaque ville :

À NOTER
Pour calculer une moyenne, on commence par additionner toutes les valeurs de la série, puis on divise par l'effectif total (le nombre de valeurs) de la série.

Pour Lille :

$$T_{moy/an} = \frac{3{,}6 + 4{,}1 + 7{,}1 + 9{,}8 + 13{,}4 + 16{,}2 + 18{,}6 + 18{,}\ 5 + 15{,}5 + 11{,}7 + 7{,}1 + 4{,}2}{12}$$

$$= \frac{129{,}8}{12}$$

$$= 10{,}8\ °\text{C}.$$

Pour Marseille, on obtient : $T_{moy/an} = 15{,}5\ °\text{C}$.

OBJECTIF BAC

12 Vénus et la Terre, deux sœurs jumelles

1. La puissance rayonnée par le Soleil

a. Le cœur du Soleil (son noyau) est le siège de réactions de fusion nucléaire qui génèrent une quantité colossale d'énergie. L'énergie progresse ensuite très lentement (en plusieurs millions d'années) sous forme de rayonnements électromagnétiques dans la zone radiative avant d'atteindre la couche du Soleil appelée zone convective. Parvenu à la surface du Soleil, ce flux d'énergie thermique s'échappe sous la forme de rayonnements électromagnétiques et se diffuse dans l'espace interplanétaire.

b. La puissance rayonnée par le Soleil se propage sous la forme d'une sphère. La puissance solaire arrivant à Vénus est donc celle qui est redistribuée sur une sphère de rayon égal à la distance Soleil-Vénus, soit $1{,}08 \times 10^{11}$ m.

La surface d'une sphère ayant pour formule $4\pi r^2$, l'énergie par unité de surface de cette sphère est donc de : $\frac{3{,}8651 \times 10^{26}}{4 \times \pi \times (1{,}08 \times 10^{11})^2}$, soit 2 637 W/m^2.

Cette valeur constitue la constante solaire vénusienne.

2. La puissance solaire reçue par Vénus

a. La puissance solaire qui arrive sur un disque plat (de surface πr^2), au sommet de l'atmosphère de Vénus, se répartit sur la totalité de la surface de Vénus, en rotation sur elle-même.

Or Vénus est une sphère dont la surface ($4\pi r^2$) est 4 fois plus grande que celle d'un disque plat. La puissance solaire par unité de surface vénusienne est donc divisée par quatre, soit 2 637/4 = 659 W/m^2.

À NOTER
Du fait de sa proximité du Soleil, Vénus reçoit une puissance solaire de presque le double de la puissance reçue par la Terre (342 W/m^2).

b. L'albédo est le rapport entre l'énergie réfléchie et l'énergie incidente. Si Vénus a un albédo moyen de 0,7, cela signifie que 70 % de l'énergie solaire est réfléchie par Vénus et seulement 30 % est absorbée.

La puissance solaire moyenne absorbée par Vénus est donc :

$$659 \times 30\ \% = 198\ \text{W/m}^2$$

3. La température à la surface de Vénus

a. La température à la surface de Vénus est de 460 °C ! D'après le document 2, son atmosphère est très dense (environ 10^7 Pa, une pression 100 fois plus élevée que sur Terre) et sa teneur en CO_2 est très élevée (96,5 %). L'atmosphère de Vénus contient donc une énorme quantité de CO_2 à l'origine d'un puissant « effet de serre » responsable de la température élevée de sa surface.

b. Un exemple possible de schéma du bilan radiatif de Vénus :

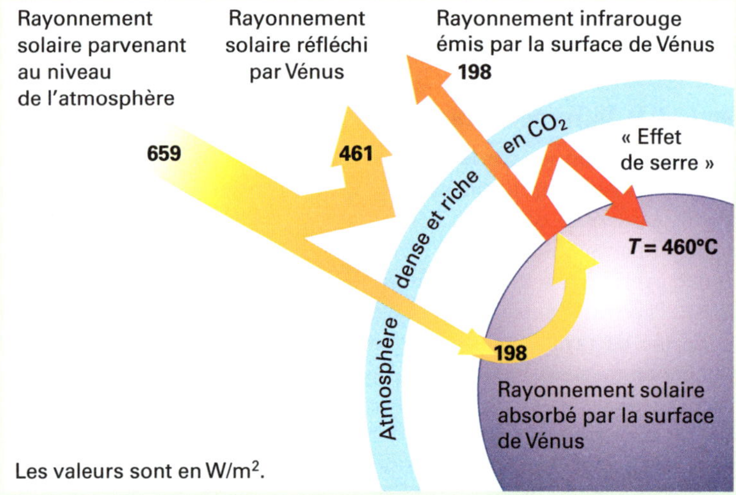

Si Vénus reçoit une puissance solaire de presque le double de la puissance reçue par la Terre (659 W/m^2 pour Vénus contre 342 W/m^2 pour la Terre), elle absorbe du fait de son albédo très élevé une puissance solaire plus faible que la Terre (198 W/m^2 pour Vénus contre 240 W/m^2 pour la Terre). En revanche, l'atmosphère de Vénus est très dense et très riche en CO_2 (96,5 %) comparée à celle de la Terre qui n'en contient que 0,04 %. Elle génère donc un puissant « effet de serre », qui explique la température de 460 °C à sa surface, bien supérieure aux 15 °C en moyenne à la surface de la Terre !

La photosynthèse : une conversion biologique de l'énergie solaire

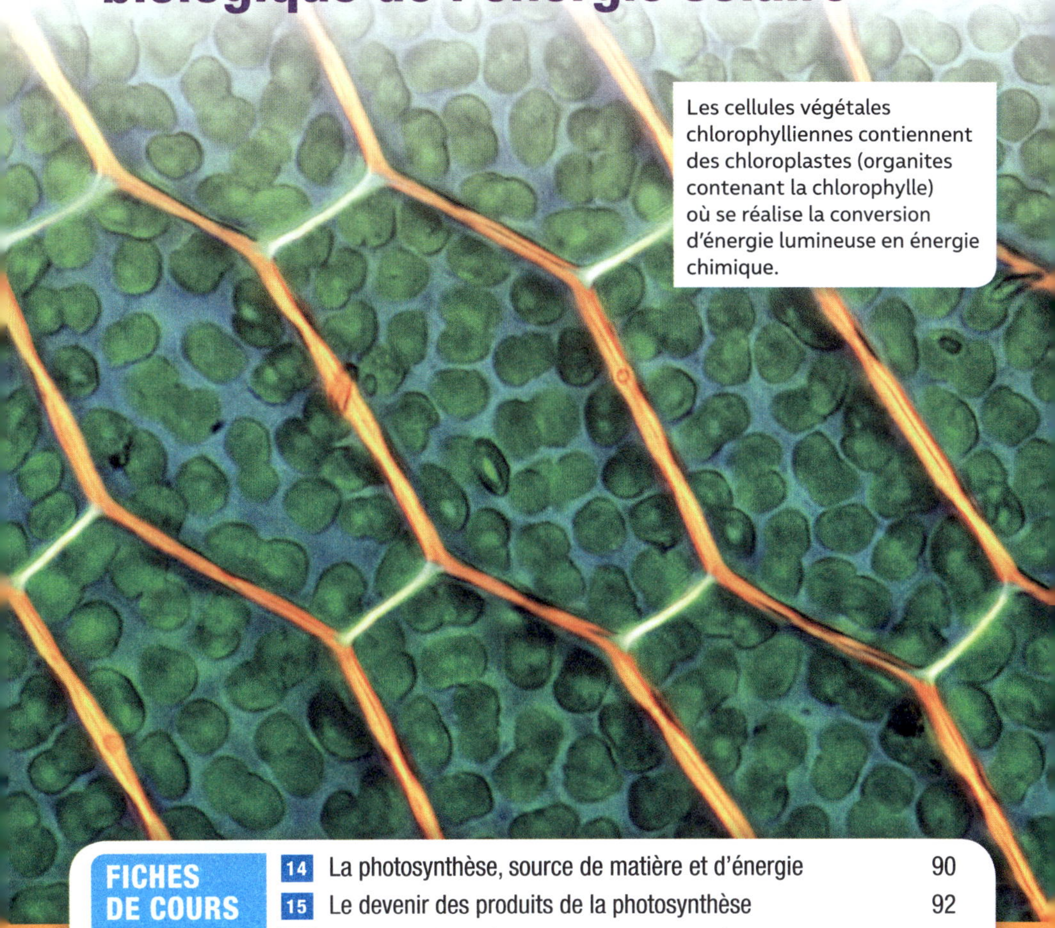

Les cellules végétales chlorophylliennes contiennent des chloroplastes (organites contenant la chlorophylle) où se réalise la conversion d'énergie lumineuse en énergie chimique.

14 La photosynthèse, source de matière et d'énergie

En bref *À la base du fonctionnement des organismes chlorophylliens, la photosynthèse tire profit de l'énergie lumineuse pour accomplir des réactions biochimiques permettant la synthèse de matière organique.*

I La photosynthèse, une conversion énergétique

1 Définition de la photosynthèse

■ La photosynthèse correspond à la synthèse de **matière organique** à partir de matière minérale et d'énergie lumineuse selon la réaction suivante :

$$6\,\mathbf{CO_2} + 6\,\mathbf{H_2O} \xrightarrow{\text{Énergie lumineuse}} \mathbf{C_6H_{12}O_6} + 6\,\mathbf{O_2}$$

(dioxyde de carbone) (eau) (glucose) (dioxygène)

■ Les gaz prélevés (CO_2) ou rejetés (O_2) dans l'atmosphère lors de la photosynthèse transitent par les feuilles, dont la surface est criblée de points d'entrée et de sortie appelés **stomates**.

■ L'énergie lumineuse indispensable aux réactions de la photosynthèse est captée par les cellules végétales chlorophylliennes des feuilles. Les **pigments chlorophylliens**, dont la **chlorophylle**, sont localisés à l'intérieur d'organites appelés **chloroplastes**.

■ L'eau et les sels minéraux sont prélevés dans le sol par les racines.

2 Spectres d'absorption et d'action photosynthétique d'un végétal

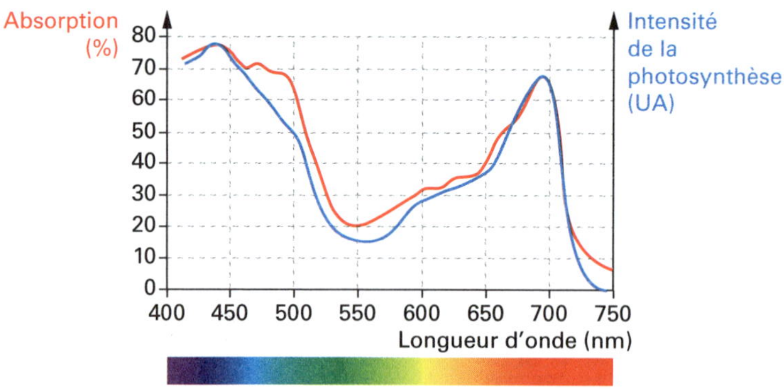

Doc **Spectre d'absorption des pigments chlorophylliens et spectre d'action de la photosynthèse**

■ La superposition du spectre d'absorption des pigments chlorophylliens et du spectre d'action de la photosynthèse montre que ce sont ces pigments qui captent l'énergie des photons de certaines longueurs d'onde.

■ Les rayonnements absorbés par les pigments chlorophylliens se situent dans des gammes de longueurs d'onde correspondant aux couleurs rouge et bleu.

■ La photosynthèse correspond à une conversion d'énergie lumineuse en énergie chimique, en permettant la synthèse de matière organique.

II La photosynthèse, base du fonctionnement des écosystèmes

■ Au sein d'un écosystème, la photosynthèse permet l'entrée de matière minérale en stockant de l'énergie sous forme chimique au sein des molécules organiques. Premier maillon de la chaîne de production de matière organique dans l'écosystème, les végétaux sont qualifiés de **producteurs primaires**. Ils sont dits **autotrophes**, car ils produisent leur propre matière organique.

■ Toute la matière produite par les végétaux par unité de temps est appelée **productivité primaire** : il s'agit principalement des glucides de type glucose et amidon, mais aussi d'autres types de molécules organiques.

■ Les maillons suivants de l'écosystème, appelés **consommateurs**, se nourrissent de la matière organique déjà présente dans l'écosystème et provenant directement ou non des végétaux. Ils sont dits hétérotrophes.

zoOm

La productivité primaire vue par satellite

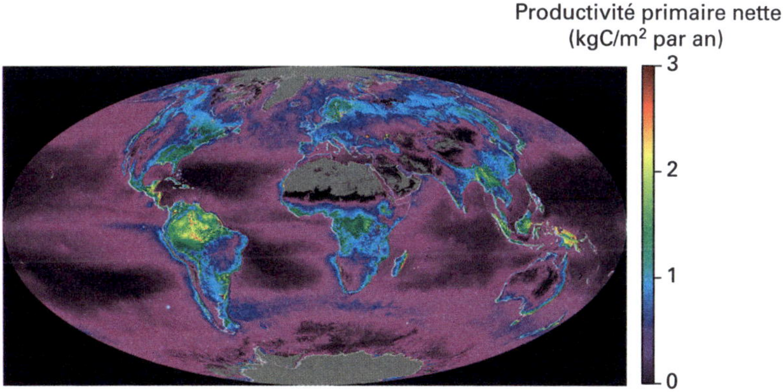

■ Les données des satellites *Terra* et *Aqua* de la Nasa conçus pour récupérer des données biologiques et climatiques permettent de visualiser la productivité primaire nette de la Terre par photosynthèse → FICHE 16.

■ On remarque que les forêts intertropicales sont les zones les plus productives. L'océan, bien qu'en apparence faiblement productif, l'est presque autant que les continents du fait de son immense surface.

15 Le devenir des produits de la photosynthèse

En bref *Les molécules issues de la photosynthèse forment une réserve d'énergie chimique. Cette énergie nécessaire au fonctionnement des êtres vivants peut être libérée lors de réactions biochimiques.*

I La respiration cellulaire, source d'énergie pour la cellule

1 La respiration cellulaire, une oxydation de la matière organique

- Tout être vivant, qu'il soit ou non photosynthétique, se nourrit majoritairement de glucides qui seront convertis en énergie chimique. La respiration cellulaire est la voie principale de dégradation des glucides dans les cellules eucaryotes.
- La respiration conduit à une oxydation totale de la molécule de glucose. Elle nécessite donc de l'oxygène, qui est prélevé dans l'environnement.

$$C_6H_{12}O_6 + 6\ O_2 \rightarrow 6\ CO_2 + 6\ H_2O + \text{Énergie chimique et thermique}$$

- La respiration se déroule au sein d'organites cellulaires spécialisés appelés mitochondries. Celles-ci sont d'autant plus nombreuses dans les cellules que le tissu auquel appartiennent ces cellules est consommateur d'énergie.

2 Bilan énergétique

- Les cellules utilisent comme source d'énergie une molécule nommée **ATP**. Sa synthèse est notamment réalisée lors de la respiration cellulaire.
- La respiration cellulaire correspond à une série de réactions biochimiques qui conduisent à la production de très nombreuses molécules d'ATP par molécule de glucose dégradée.

> **MOT CLÉ**
> **ATP (adénosine triphosphate)** : molécule qui fournit l'énergie nécessaire à toute réaction chimique dans la cellule.

- Par ailleurs, ces réactions étant exothermiques, elles libèrent une grande quantité de chaleur. Cela explique l'échauffement du corps lors d'un effort musculaire, par exemple.

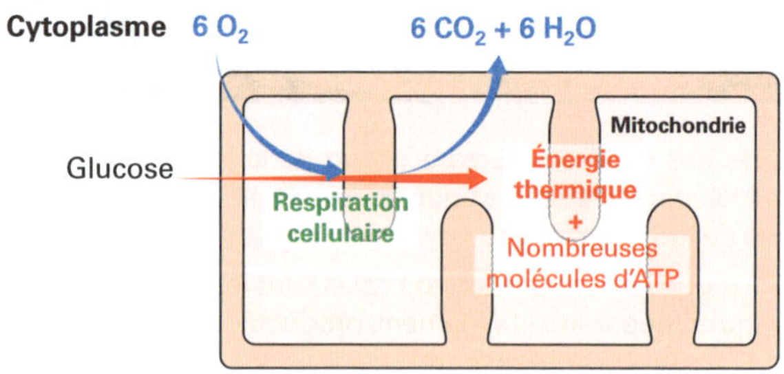

Doc La respiration cellulaire

II Les fermentations, une autre source d'énergie de la cellule

■ Certaines cellules ne sont pas capables de réaliser la respiration cellulaire ou vivent en l'absence de dioxygène (milieu **anaérobie**). Elles ont alors recours à la fermentation pour produire l'énergie indispensable à leur survie.

MOTS-CLÉS
On distingue en métabolisme deux types de milieu selon la présence d'oxygène (milieu **aérobie**) ou son absence (**anaérobie**).

■ Les deux principaux types de fermentation utilisent une molécule, le pyruvate, formée dans le cytoplasme par la glycolyse à partir du glucose :
- la fermentation lactique (au sein des cellules musculaires, par exemple) transforme le pyruvate en acide lactique ;
- la fermentation alcoolique (levures, par exemple) transforme le pyruvate en éthanol et libère du CO_2.

■ Au cours de la fermentation, il n'y a pas de dégradation complète de la molécule de glucose. Le rendement énergétique est donc bien plus faible que lors de la respiration cellulaire ; une faible quantité d'ATP est produite par molécule de glucose dégradée. Elles sont également, mais dans une moindre mesure, source d'énergie thermique.

zoOm
La respiration cellulaire et la fermentation

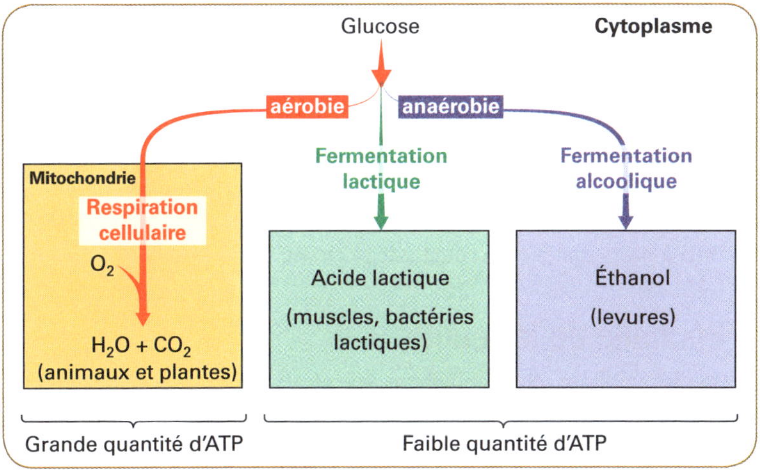

Respiration et fermentation permettent d'extraire l'énergie chimique contenue dans les molécules organiques élaborées par la photosynthèse (mais utilisables par tous les êtres vivants). Les deux processus fournissent l'énergie nécessaire au fonctionnement des êtres vivants.

16 Les bilans énergétiques de la photosynthèse

En bref *La photosynthèse est le point de départ des flux de matière et d'énergie au sein des écosystèmes. Elle assure la vie sur Terre.*

I À l'échelle du globe

■ La **productivité primaire brute annuelle** sur Terre, c'est-à-dire la masse de matière organique produite par photosynthèse, est d'environ 850 **Gt**.

> **À NOTER**
> **Gt** : milliards de tonnes.

■ Les organismes photosynthétiques dégradent 80 % de la matière produite pour leurs propres besoins par respiration cellulaire. Il en résulte une **productivité primaire nette annuelle** de 170 Gt (les 20 % restants), qui correspond à la quantité de matière organique issue de la photosynthèse utilisable après ingestion par les autres organismes de la biosphère (ensemble des êtres vivants de la Terre).

■ La Terre reçoit au sommet de l'atmosphère une quantité d'énergie en provenance du Soleil appelée **constante solaire** de 1 368 $W \cdot m^{-2}$. Mais les végétaux chlorophylliens n'en absorbent qu'une infime partie : 2,35 $W \cdot m^{-2}$. Ainsi, à **l'échelle de la planète**, ils n'utilisent que **0,17 % de la puissance solaire totale disponible** :

$$\frac{2{,}35}{1\,368} \times 100 = 0{,}17\ \%$$

→ FICHES 11 à 13

■ La photosynthèse assure cependant la productivité primaire de tous les écosystèmes du globe ; elle est donc à la base de presque toutes les chaînes alimentaires. La matière organique ainsi produite est ensuite ingérée par les **consommateurs**. La matière organique végétale morte se retrouve quant à elle au sol où elle est retransformée en matière minérale sous l'action des organismes **décomposeurs** (vers de terre, champignons, bactéries), qui se nourrissent de débris végétaux, de cadavres ou d'excréments d'animaux. Consommateurs et décomposeurs se partagent ainsi à parts égales la productivité primaire nette annuelle. → FICHE 14

II À l'échelle de la feuille

■ Comme les végétaux chlorophylliens vivent en surface des continents et des océans, seule une partie de l'énergie arrivant au sommet de l'atmosphère les atteint : une partie est **absorbée** par l'atmosphère et l'autre est **réfléchie** vers l'espace. L'énergie solaire disponible pour les végétaux est de l'ordre de 170 $W \cdot m^{-2}$.

■ Au niveau des feuilles, une partie de l'énergie incidente est **réfléchie** ou **transmise** vers l'atmosphère au travers des feuilles en raison de leur finesse. Finalement, seule l'énergie correspondant aux longueurs d'ondes absorbées par les pigments chlorophylliens (→ FICHE 14) est captée.

■ L'énergie reçue et absorbée par la feuille provoque son **échauffement**. La feuille perd alors de l'énergie thermique par **conduction** (transfert direct de la chaleur de la feuille vers l'air environnant s'il est plus frais).

Cette énergie absorbée favorise également l'évaporation de l'eau depuis l'intérieur de la feuille vers l'atmosphère en passant par les stomates : on parle d'**évapotranspiration foliaire**.

> **À NOTER**
> L'**évapotranspiration foliaire** contribue à la remontée des sèves depuis les racines.

■ En tenant compte de l'énergie reçue par la plante et des différentes pertes qu'elle subit, celle-ci n'utilise en moyenne qu'1 à 2 % de l'énergie reçue au niveau des feuilles pour réaliser la photosynthèse.

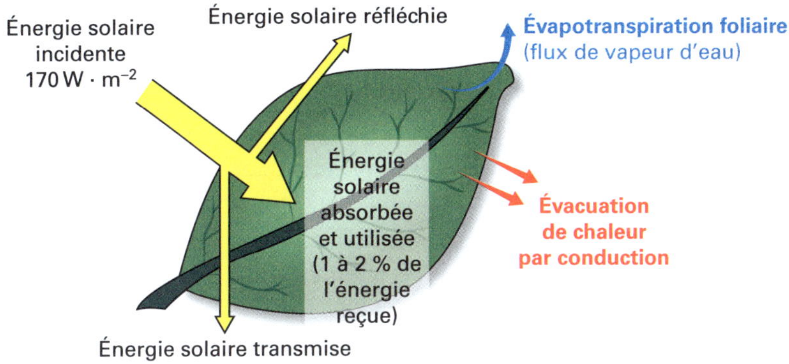

Doc **Bilan énergétique au niveau de la feuille**

zoOm

Flux de matières organiques dans un écosystème

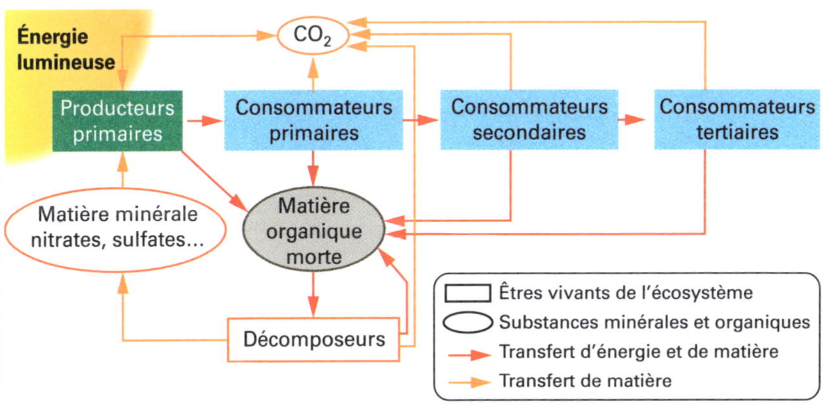

17 De la photosynthèse aux combustibles fossiles

En bref *La majeure partie de la matière organique végétale retourne au sol où elle est décomposée sous l'action des organismes décomposeurs. Une partie y échappe et peut conduire à des combustibles fossiles.*

I Origine biologique des combustibles fossiles

■ Dans des charbons datant du Carbonifère (–299 à –359 Ma env.), on peut observer des vestiges fossiles de nombreux végétaux.

De même, la structure des molécules composant le pétrole présente de fortes similitudes avec celle des molécules organiques constituant les êtres vivants.

■ Charbon, pétrole, gaz révèlent ainsi leur origine biologique : ils correspondent à de la matière organique fossile.

Le pétrole et le gaz dérivent d'une matière planctonique accumulée dans les sédiments marins sur de grandes périodes (plusieurs millions d'années).

Le charbon résulte de l'accumulation de matière organique végétale continentale, piégée dans des milieux de type marécage, pauvres en dioxygène.

II Formation des combustibles fossiles

■ La matière organique (issue d'organismes animaux et végétaux morts) se mélange au sol ou sédimente au fond des océans, lacs et rivières.

■ La majeure partie de cette matière organique est minéralisée, c'est-à-dire transformée en molécules minérales simples sous l'action des organismes décomposeurs (essentiellement bactéries et champignons).

■ Dans des environnements à forte productivité primaire, il est cependant possible d'obtenir une accumulation de matière organique dans les sédiments. Si cette matière organique est rapidement enfouie et soustraite à l'action des décomposeurs, elle peut se transformer en combustibles fossiles.

■ Au cours du temps, la matière organique piégée est recouverte par d'épaisses couches de sédiments et, grâce au phénomène de subsidence (enfoncement progressif du bassin sédimentaire), se retrouve à des profondeurs où règnent des températures et pressions plus élevées.

■ Dans ces conditions, la matière organique piégée se transforme en **kérogènes**. Elle s'appauvrit en oxygène, en magnésium, en azote, ce qui entraîne un enrichissement relatif en carbone.

MOT CLÉ
Les **kérogènes** sont les molécules résultant de la transformation de la matière organique en combustible fossile.

- Plus l'enfouissement est important, plus la température et la pression sont élevées, modifiant ainsi les conditions d'évolution du kérogène. Dans le cas d'une biomasse d'origine planctonique, on obtient soit du pétrole, soit du gaz, selon le degré de transformation ; alors que dans le cas d'une biomasse d'origine continentale, on obtient du charbon.
- Le pétrole se forme majoritairement entre 2 000 et 3 000 mètres de profondeur. À plus grande profondeur, les kérogènes se transforment en gaz.
- Les pétroles les moins denses peuvent quitter la roche où ils se sont formés (roche mère), remonter et être stockés dans une roche (roche réservoir) si leur progression est arrêtée par des couches de roches imperméables.

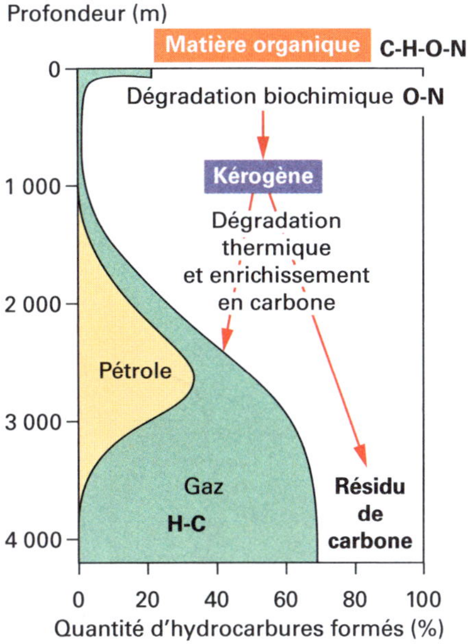

Doc **Évolution de la matière organique au cours de son enfouissement**

zoOm

Similitudes entre molécules du pétrole et molécules biologiques

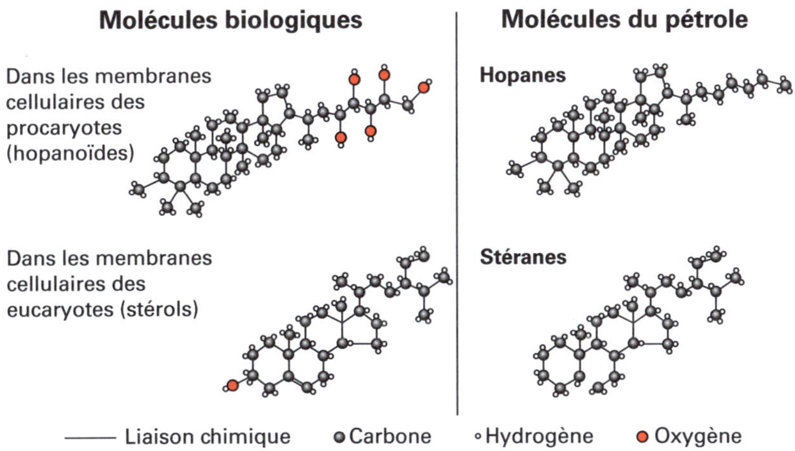

MÉMO VISUEL

LA PHOTOSYNTHÈSE :

Utilisations et devenir des produits de la photosynthèse

Production, par respiration ou fermentation, de l'énergie chimique nécessaire au fonctionnement cellulaire

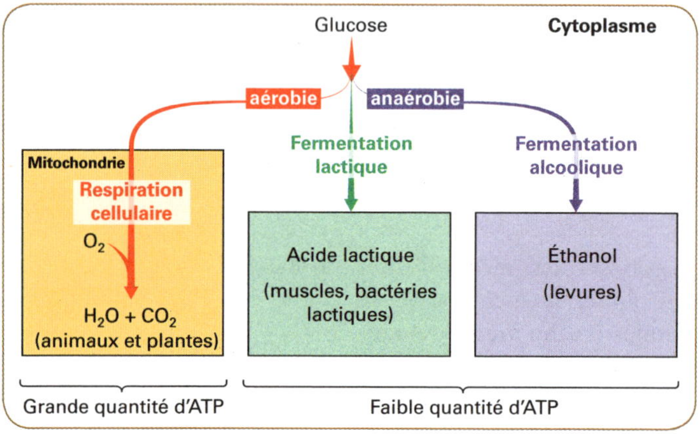

Piégeage et enfouissement de la matière organique sans action des décomposeurs

Source de combustibles fossiles (pétrole, charbon, gaz)

À l'échelle cellulaire

- Photosynthèse au niveau des chloroplastes riches en chlorophylle
- Absorption de l'énergie portée par les longueurs d'onde correspondant au bleu et au rouge
- Conversion de l'énergie lumineuse et de la matière minérale en matière organique (énergie chimique)

UNE CONVERSION BIOLOGIQUE DE L'ÉNERGIE SOLAIRE

À l'échelle de l'écosystème

Producteurs primaires
Organismes réalisant la photosynthèse qui sont la base des chaînes alimentaires dans les écosystèmes

- 80 % de la matière produite est utilisée par les **végétaux** eux-mêmes
- **Consommateurs** et **décomposeurs** se partagent les 20% restants à parts égales

À l'échelle de la feuille

Échanges énergétiques avec le milieu

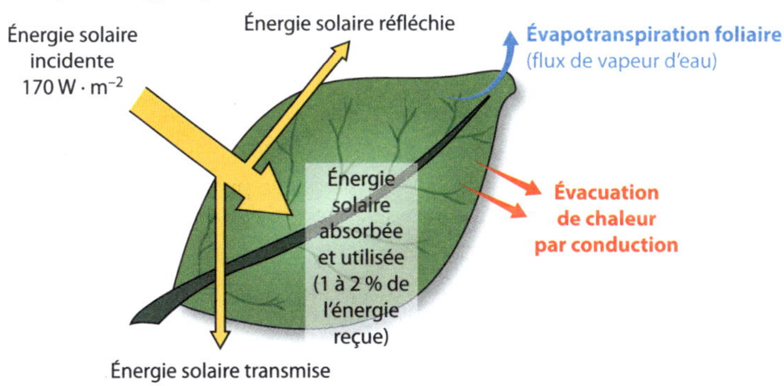

SE TESTER QUIZ

Vérifiez que vous avez bien compris les points clés des **fiches 14 à 17**.

1 La photosynthèse source de matière et d'énergie

→ FICHE 14

1. Laquelle des affirmations suivantes est vraie ?

☐ **a.** La photosynthèse dégage du CO_2.
☐ **b.** Seules les cellules chlorophylliennes réalisent la photosynthèse.
☐ **c.** Les consommateurs utilisent l'énergie lumineuse pour produire leur matière organique.

2 Le devenir des produits de la photosynthèse

→ FICHE 15

1. La respiration est une oxydation :

☐ **a.** partielle de la molécule de glucose
☐ **b.** totale de la molécule de glucose

2. Pour chaque molécule de glucose consommée, la fermentation libère :

☐ **a.** une petite quantité d'ATP
☐ **b.** une grande quantité d'ATP

3 Les bilans énergétiques de la photosynthèse

→ FICHE 16

1. À l'échelle du globe, quel pourcentage de la puissance solaire la photosynthèse utilise-t-elle ?

☐ **a.** 0,17 %
☐ **b.** 1,7 %
☐ **c.** 17 %

2. Que perd une plante par évapotranspiration ?

☐ **a.** de l'eau racinaire
☐ **b.** du CO_2 foliaire
☐ **c.** de l'eau foliaire

4 De la photosynthèse aux combustibles fossiles

→ FICHE 17

1. Parmi les affirmations suivantes, laquelle est vraie ?

☐ **a.** Le charbon se forme à partir de biomasse planctonique.
☐ **b.** Le gaz se forme en majorité à moins grande profondeur que le pétrole.
☐ **c.** Le pétrole se forme en milieu marin.
☐ **d.** La minéralisation est indispensable à la formation de combustibles fossiles.

S'ENTRAÎNER

5 Réviser le cours en 8 questions flash

→ FICHES 14 à 17

1. Quel pigment végétal capte l'énergie lumineuse ?
2. Quelle conversion énergétique est assurée par la photosynthèse ?
3. Quels sont les deux types d'énergies libérés par respiration cellulaire ?
4. Quel(s) métabolisme(s) se déroule(nt) dans les cellules musculaires ?
5. Quelle part de la productivité primaire nette est utilisée par les consommateurs ?
6. Quel déplacement l'évapotranspiration provoque-t-elle au sein de la plante ?
7. Qu'appelle-t-on kérogène ?
8. Quelles sont les conditions propices à la formation de pétrole ?

6 La localisation des métabolismes cellulaires

→ FICHE 15

Associer chaque métabolisme cellulaire à sa localisation.

respiration •	• cytoplasme
photosynthèse •	• chloroplaste
fermentation •	• mitochondrie

7 Définir la photosynthèse

→ FICHES 14 et 16

Compléter le texte avec les mots suivants.

producteurs primaires • chlorophylle • organique • conduction • réflexion • lumineuse • chlorophylliens • transmission • évapotranspiration • photosynthèse

La .... est une réaction qui dépend de l'énergie .... et qui conduit à la production de matière .... chez les êtres vivants .... qualifiés de ....

Seules les longueurs d'onde correspondant aux couleurs bleu et rouge sont absorbées par la ....

Une partie de l'énergie non absorbée est perdue par .... et l'autre par .... au travers des feuilles.

L'énergie absorbée génère d'une part un échauffement de la feuille qui se refroidit par .... et d'autre part un processus d'........................ provoquant la perte d'eau et le mouvement ascendant des sèves.

8 Analyser une expérience historique sur la photosynthèse

→ FICHE 14

En 1941, Ruben et Kamen cherchent à déterminer l'origine du dioxygène produit lors de la photosynthèse et ainsi à améliorer la compréhension de l'équation bilan de cette réaction.

Pour cela, ils ont utilisé des isotopes de l'atome d'oxygène (^{16}O et ^{18}O), dont la proportion dans le milieu naturel et donc dans les molécules est très différente. En effet le ^{16}O étant plus abondant que le ^{18}O, le rapport $^{18}O/^{16}O$ normal dans les molécules naturelles est de 0,2.

Ainsi, afin de tracer l'origine du dioxygène, ils ont décidé d'utiliser des molécules réactifs de la photosynthèse dont le rapport $^{18}O/^{16}O$ est anormal pour déterminer celles à l'origine du dioxygène.

Ils ont placé des chlorelles (algues unicellulaires) dans de l'eau enrichie en ^{18}O et dont le rapport $^{18}O/^{16}O$ est de 0,85.

Par ailleurs, cette eau a été enrichie en ions HCO_3^- dont le rapport $^{18}O/^{16}O$ est de 0,2. En milieu aquatique, ces ions constituent la source de CO_2 indispensable à la photosynthèse.

Ils ont mesuré le rapport isotopique $^{18}O/^{16}O$ du dioxygène libéré par les chlorelles.

Puis une deuxième expérience a été réalisée avec une eau standard et des ions HCO_3^- enrichis en ^{18}O, donc avec un rapport $^{18}O/^{16}O$ élevé.

Le document indique les résultats obtenus.

Doc Résultats des expériences de Ruben et Kamen

Le rapport isotopique des ions HCO_3^- évolue lentement au cours de l'expérience en raison de l'équilibre $CO_2 + H_2O \rightleftharpoons HCO_3^- + H^+$.

		Rapport isotopiques $^{18}O/^{16}O$		
		Eau	**Ions HCO_3^-**	**O_2 produit**
Expérience 1	Début	0,85	0,20	-
	Fin (65 min)	0,85	0,41	0,84
Expérience 2	Début	0,20	0,68	-
	Fin (65 min)	0,20	0,57	0,20

Interpréter l'expérience historique de Ruben et Kamen afin de déterminer l'origine du dioxygène libéré lors de la photosynthèse.

9 Les coraux : un exemple d'association entre métabolismes

→ FICHES 14 et 16

À l'aide des documents fournis, montrer comment le réchauffement climatique conduit au blanchiment et donc à la mort des coraux.

Doc 1 Les coraux, une association symbiotique

Les coraux sont des animaux vivant en colonie et hébergeant dans leurs cellules (par symbiose, association entre deux organismes qui en tirent tous deux un profit) des algues photosynthétiques appelées zooxanthelles. Ces algues disposent de pigments qui donnent sa couleur au corail et sont indispensables à sa survie.

Doc 2 Action de la température de l'eau sur les coraux

Les coraux sont cultivés pendant 25 jours à 27 °C, puis la température de culture est fixée pendant une semaine à 31 °C. On compare la densité de zooxanthelles en fonction de la température.

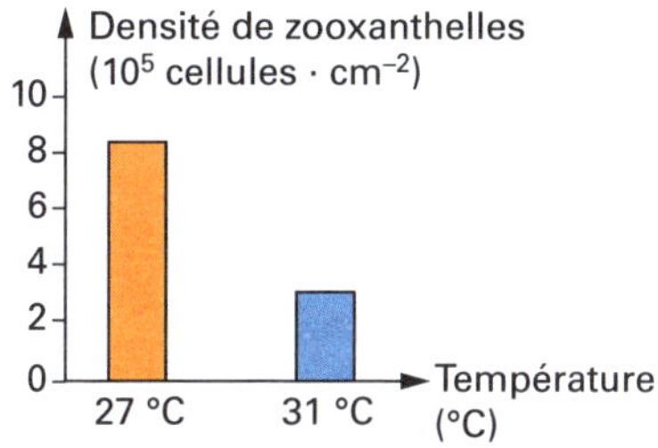

Doc 3 Densité de zooxanthelles en fonction de la température

10 Le contexte de formation des charbons au Carbonifère

→ FICHE 17

À l'aide de vos connaissances et des documents 1 à 3, expliquer pourquoi la majeure partie des gisements de charbon européen et nord-américain datent du Carbonifère (–359 à –299 Ma).

Doc 1 Le rôle des champignons saprophytes

Les champignons saprophytes jouent un rôle majeur dans la dégradation des bois morts en milieux forestiers : ce sont des décomposeurs. Ils seraient apparus il y a 300 Ma et disposent d'un équipement enzymatique capable de dégrader la paroi des cellules végétales.

Doc 2 Conditions de formation du charbon

La matière organique du bois, accumulée et piégée sous des sédiments, se fossilise en charbon par augmentation de la température lors de l'enfouissement.

Doc 3 Contexte climatique au Carbonifère

Des gisements de charbon datant du Carbonifère existent en Europe et en Amérique du Nord. À l'époque, il régnait dans ces régions un climat tropical chaud et humide favorable à la croissance végétale.

OBJECTIF BAC

11 Expliquer la répartition des algues en fonction de la profondeur marine

60 min

Cet exercice permet de travailler la mise en relation de données extraites de documents et de mieux comprendre le mécanisme d'absorption de l'énergie lumineuse pour la réalisation de la photosynthèse.

LE SUJET

En fonction de leur composition pigmentaire, les algues peuvent être classées en trois groupes (vertes, rouges, brunes). Ces pigments leur confèrent des propriétés lors de la photosynthèse selon leur pouvoir d'absorption des rayonnements lumineux.

À l'aide de l'analyse raisonnée des documents, expliquer en quoi la couleur des algues permet de comprendre leur répartition selon la profondeur marine.

LIRE LE SUJET

Il s'agit d'expliquer pourquoi les algues rouges et dans une moindre mesure les algues brunes vivent à plus grande profondeur que les algues vertes.

Doc 1a Répartition des différents groupes d'algues en fonction de la profondeur

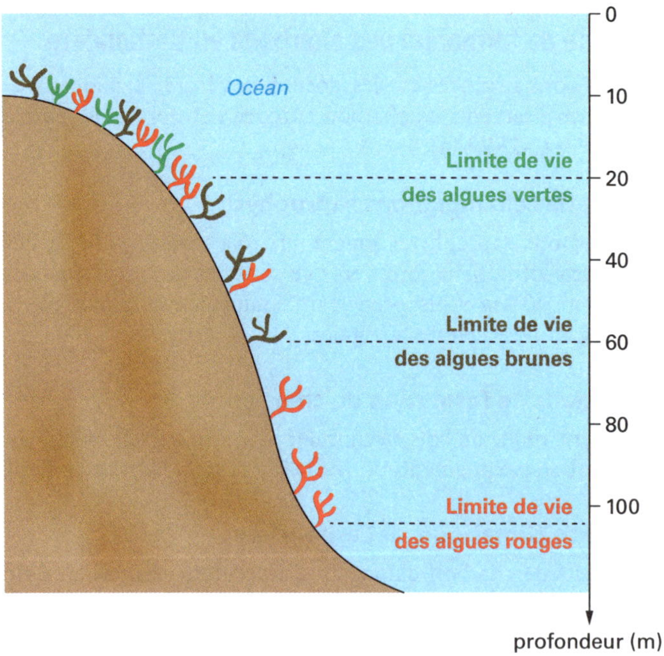

Doc 1b Pourcentage de rayonnement solaire perçu en fonction de la profondeur

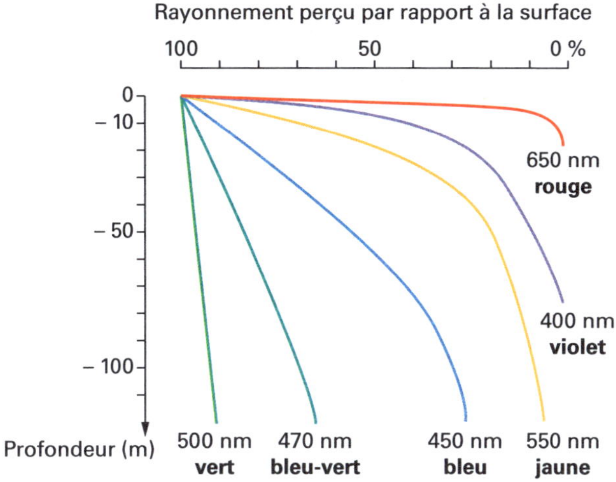

Doc 2 Contenu pigmentaire des différents groupes d'algues

	Chlorophylles		Autres pigments photosynthétiques		
	a	b	Phycoérythrine	Phycocyanine	Fucoxanthine*
Algues vertes	+	+	–	–	–
Algues brunes	+	–	–	–	+
Algues rouges	+	–	+	+	–

* La fucoxanthine est un caroténoïde.

Doc 3 Spectre d'absorption de différents pigments

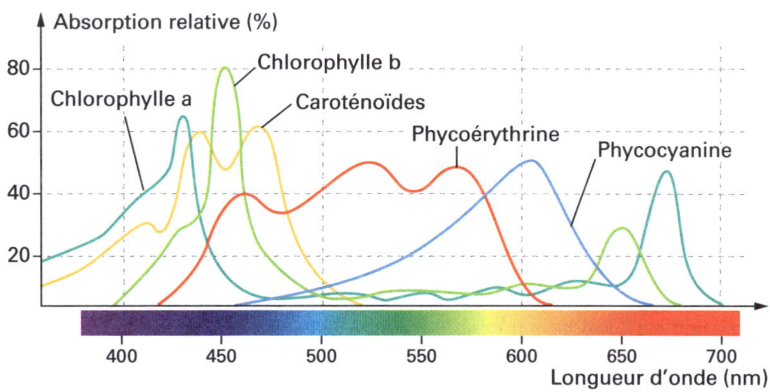

▶▶▶ LA FEUILLE DE ROUTE

1. S'interroger sur les zones de vie de chaque type d'algues

- Repérez les profondeurs minimales et maximales de vie de chaque groupe d'algues dans le doc. 1a.

2. Identifier les rayonnements que chaque groupe d'algues peut recevoir

- Demandez-vous ce que la plante peut recevoir comme rayonnement à chacune des profondeurs étudiées et en quelle quantité. Déterminez la profondeur que chaque rayonnement peut atteindre.
- Reliez les données du document 1b à celles du document 1a. Déduisez-en les rayonnements que chaque groupe d'algues peut recevoir.

3. Déterminer les rayonnements qui peuvent être absorbés par chaque groupe d'algues

- Faites la liste des pigments que possède chaque groupe d'algues.
- Reliez la nature des pigments (doc. 2) à la capacité d'absorption (doc. 3). Déterminez les rayonnements que chaque groupe d'algues peut absorber.

4. En déduire les domaines de vie possible de chaque groupe d'algues en lien avec le document 1

- Reliez les profondeurs atteintes par chaque rayonnement à ce que peut capter chaque groupe d'algues.
- Déduisez-en les domaines de vie possible de chaque groupe d'algues.

CORRIGÉS

▶ SE TESTER QUIZ

1 La photosynthèse source de matière et d'énergie

1. Réponse b.

L'affirmation a est fausse, car la photosynthèse consomme du CO_2 et dégage du dioxygène (O_2). C'est la respiration qui dégage du dioxyde de carbone (CO_2).
L'affirmation c est fausse, car ce sont les producteurs primaires qui utilisent l'énergie lumineuse pour produire leur matière organique. Les consommateurs utilisent la matière organique d'autres organismes pour produire la leur.

2 Le devenir des produits de la photosynthèse

1. Réponse b.

L'affirmation a est fausse, car c'est la fermentation qui est une oxydation partielle de la molécule de glucose.

2. Réponse a.

La fermentation est une réaction qui se fait en absence de dioxygène et ne permet donc pas une oxydation complète de la molécule de glucose. Ainsi elle ne conduit qu'à la production d'une petite quantité d'ATP.

3 Les bilans énergétiques de la photosynthèse

1. Réponse a.

En raison de la très faible quantité d'énergie réellement absorbée par la feuille et des pertes par réflexion ou transmission, seuls 0,17 % de l'énergie reçue par la Terre intervient dans la photosynthèse.

2. Réponse c.

L'affirmation a est fausse, car l'évapotranspiration se fait au niveau des feuilles.
L'affirmation b est fausse car le CO_2 est consommé lors de la photosynthèse et est indépendant de l'évapotranspiration.

4 De la photosynthèse aux combustibles fossiles

1. Réponse c.

L'affirmation a est fausse, car le charbon se forme à partir de biomasse végétale continentale. C'est le pétrole qui se forme à partir de biomasse planctonique marine.
L'affirmation b est fausse, car le pétrole se forme entre 2 000 et 3 000 m de profondeur, alors que le gaz se forme à plus grande profondeur.
L'affirmation d est fausse, car il faut au contraire qu'il n'y ait pas de minéralisation pour que la matière organique se transforme en kérogène, lui-même à la base du combustible fossile.

S'ENTRAÎNER

5 Réviser le cours en 8 questions flash

1. La chlorophylle est le pigment qui capte l'énergie lumineuse.

2. La photosynthèse assure la conversion de l'énergie lumineuse en énergie chimique.

3. Lors de la respiration cellulaire, il y a production d'énergie chimique (ATP) et d'énergie thermique.

4. Tant qu'elles ont assez d'oxygène à leur disposition, les cellules musculaires réalisent la respiration. Quand elles en manquent, elles réalisent la fermentation.

5. Environ 50 % de la productivité primaire nette est utilisée par les consommateurs.

6. L'évapotranspiration participe à la remontée de la sève depuis les racines.

7. On appelle kérogène les molécules résultant de la transformation de la matière organique et qui vont former du combustible fossile.

8. Pour obtenir du pétrole, il faut que de la matière organique planctonique en milieu marin soit enfouie sous des sédiments et soustraite à l'action des décomposeurs.

6 La localisation des métabolismes cellulaires

7 Définir la photosynthèse

La **photosynthèse** est une réaction qui dépend de l'énergie **lumineuse** et qui conduit à la production de matière **organique** chez les êtres vivants **chlorophylliens** qualifiés de **producteurs primaires**.
Seules les longueurs d'onde correspondant aux couleurs bleu et rouge sont absorbées par la **chlorophylle**.
Une partie de l'énergie non absorbée est perdue par **réflexion** et l'autre par **transmission** au travers des feuilles.
L'énergie absorbée génère d'une part un échauffement de la feuille qui se refroidit par **conduction** et d'autre part un processus d'**évapotranspiration** provoquant la perte d'eau et le mouvement ascendant des sèves.

8 Analyser une expérience historique sur la photosynthèse

• Dans l'expérience 1, lorsque l'eau est enrichie en ^{18}O (rapport $^{18}O/^{16}O = 0{,}85$), on constate que l'oxygène produit par photosynthèse présente aussi un taux proche de 0,85.
En fin d'expérience, la légère augmentation du rapport isotopique pour les ions HCO_3^- s'explique par la formation de nouveaux ions HCO_3^- par dissolution de CO_2 dans l'eau enrichie en ^{18}O selon l'équation présentée dans le tableau de résultats.
• L'expérience 2 montre que lorsque l'eau présente un rapport standard (0,2), alors le dioxygène (O_2) produit présente lui aussi un rapport standard.
On peut en déduire que l'oxygène libéré lors de la photosynthèse provient de la molécule d'eau. Chimiquement, cela correspond à une oxydation.

9 Les coraux : un exemple d'association entre métabolismes

• Les coraux vivent en symbiose avec des algues qui leur donnent leur couleur (document 1). Sans les algues, les coraux seraient probablement blancs.
• D'après le document 2, on constate que lorsque la température de l'eau est de 27 °C la quantité de zooxanthelles dans les coraux s'élève à 8×10^5 cellules · cm^{-2}.

Lorsque la température atteint 31 °C, elle chute à 3×10^5 cellules · cm^{-2}. On peut en déduire que l'augmentation de la température de l'eau provoque la diminution du nombre de zooxanthelles présentes dans les coraux. Un tel réchauffement peut être imputable au changement climatique.

• Si les algues meurent en raison du réchauffement de l'eau, les coraux perdent leur couleur et blanchissent, signe qu'ils meurent également.

10 Le contexte de formation des charbons au Carbonifère

• La formation de combustibles fossiles de type charbon implique l'accumulation de matière organique végétale continentale.

• D'après le **document 3**, il régnait au Carbonifère un climat tropical chaud et humide permettant d'envisager une végétation continentale importante. On peut ainsi supposer que de grandes quantités de matière organique végétale ont pu s'accumuler.

• De tels dépôts ont pu conduire à la formation de charbon (**document 2**) par enfouissement et élévation de la température.

• Par ailleurs, pour que cet enfouissement soit possible, il ne faut pas que cette matière organique ait été dégradée. Or, le **document 1** nous indique que les champignons saprophytes capables de décomposer les parois végétales et donc les végétaux morts ne sont apparus qu'il y a 300 Ma, donc à la fin du Carbonifère.

• On peut ainsi supposer qu'au Carbonifère les végétaux morts pouvaient s'accumuler sans être décomposés en raison de l'inexistence des champignons saprophytes. Leur apparition il y a 300 Ma a conduit à une minéralisation de la matière organique des organismes morts et a donc empêché son accumulation. Dès lors, la formation de charbon est devenue moins importante en volume.

OBJECTIF BAC

11 Expliquer la répartition des algues en fonction de la profondeur marine

1. On constate dans le **document 1a** que les algues vertes vivent près de la surface et jusqu'à 20 m de profondeur, les algues brunes jusqu'à 60 m de profondeur et les algues rouges jusqu'à plus de 100 m de profondeur. Toutes les algues peuvent vivre près de la surface, mais pas à toutes les profondeurs.

2. Le **document 1b** nous informe des profondeurs que peut atteindre chaque rayonnement composant le spectre de la lumière blanche.
Le vert (500 nm) et 70 % du bleu-vert (470 nm) atteignent aisément 100 m de profondeur ; mais seulement 30 % du bleu (450 nm) y parviennent.
50 % du jaune (550 nm) et 30 % du violet (400 nm) atteignent la profondeur de 20 m et disparaissent presque totalement à 50 m.
Enfin, le rouge (650 nm) dépasse difficilement les 10 m de profondeur.

Ainsi, entre 0 et 20 m de profondeur, les algues vertes, brunes et rouges peuvent recevoir presque tous les rayonnements, à l'exception du rouge qui ne pénètre que très peu au-delà de 10 m.

Entre 20 et 60 m, les algues brunes et rouges peuvent recevoir des rayonnements vert, bleu-vert et bleu (450 à 500 nm) et un peu de jaune (550 nm).

Entre 60 et 100 m, seuls les rayonnements vert, bleu-vert (470 à 500 nm) et, dans une moindre mesure, bleu (450 nm) sont disponibles pour les algues rouges.

3. Le **document 2**, nous informe sur la composition pigmentaire des trois types d'algues.

Les algues vertes possèdent deux types de chlorophylles (a et b), alors que les autres algues ne possèdent que la chlorophylle a.

Les algues brunes sont riches en fucoxanthine (caroténoïdes).

Les algues rouges sont riches en phycoérythrine et phycocyanine.

Le **document 3** détermine les spectres d'absorption de chacun des pigments évoqués dans le document 2.

Les chlorophylles a et b absorbent des rayonnements entre 400 et 460 nm (bleu et violet) et entre 650-680 nm (rouge).

La fucoxanthine absorbe majoritairement des rayonnements entre 400-480 nm (violet, bleu et bleu-vert).

La phycoérythrine absorbe efficacement de 450 à 580 nm (bleu, bleu-vert, vert et un peu de jaune).

La phycocyanine absorbe de 550 à 640 nm (jaune et rouge).

Mise en relation des informations des documents 2 et 3

Les algues vertes peuvent absorber les rayonnements rouge, bleu et violet (inférieur à 460 nm).

Les algues brunes peuvent absorber les rayonnements de 400 à 480 nm (violet, bleu-vert et bleu).

Les algues rouges peuvent absorber les rayonnements de 400 à 630 nm (violet, bleu, bleu-vert, vert, jaune).

4. Mise en relation de toutes les informations

Les algues vertes possèdent un équipement pigmentaire leur permettant de ne recevoir que les rayonnements traversant une tranche d'eau peu profonde (rouge et violet) à l'exception du bleu qui pénètre plus profondément, mais l'énergie totale reçue restera assez faible. Elles ne peuvent donc pas réaliser la photosynthèse au-delà de 20 mètres de profondeur environ.

Les algues brunes peuvent absorber des rayonnements pénétrant en quantité notable jusqu'aux environs de 60 mètres, mais leur spectre d'absorption reste assez étroit ; plus la profondeur augmente, moins elles capteront d'énergie.

Au-delà de 60 mètres de profondeur, seules des algues rouges, qui ont un spectre d'absorption très large, pourront recevoir des rayonnements vert, bleu, bleu-vert en quantité suffisante pour assurer la photosynthèse.

Ces observations permettent d'expliquer pourquoi les algues rouges et dans une moindre mesure les algues brunes sont capables de vivre plus profondément que les algues vertes.

Le bilan thermique du corps humain

La température du corps humain est de 37 °C : il produit et dégage de la chaleur en permanence. Les images en thermographie permettent de visualiser cette chaleur à la surface du corps.

18 L'équilibre thermique du corps humain

En bref *L'être humain est capable de produire sa propre chaleur et de se maintenir à une température stable. Cette stabilité thermique est le fruit d'un équilibre entre apport et pertes de chaleur.*

I La température, un paramètre corporel stable

■ La **température centrale** du corps humain est sa température interne moyenne. Elle est de 37 °C et globalement constante. Elle résulte d'une régulation qui maintient un équilibre entre la production d'énergie et les pertes de chaleur.

À NOTER
La **température centrale** peut osciller autour de sa valeur. Par exemple, elle augmente légèrement lors de l'ovulation chez la femme.

■ La surface corporelle en contact avec le milieu extérieur est quant à elle de température inférieure à la température centrale.

II Les échanges thermiques entre l'organisme et son milieu

1 La thermogenèse

■ L'organisme humain peut gagner de la chaleur si l'environnement est plus chaud que le corps. Mais la majeure partie de la chaleur corporelle est produite dans le corps par des mécanismes de thermogenèse.

■ La thermogenèse résulte de l'activité métabolique des cellules, comme la respiration cellulaire et les fermentations. L'oxydation des nutriments lors de ces réactions métaboliques constitue la principale source de chaleur (80 % de l'énergie produite lors de ces réactions est de l'énergie calorifique) → FICHE 15.

■ On peut définir une puissance thermique de base (thermogenèse de base) libérée par un être humain. Elle correspond à la chaleur produite lorsqu'il est au repos et à jeun. Elle est en moyenne de 100 watts (W).

La production de chaleur quotidienne mesurée en laboratoire par calorimétrie indirecte → FICHE 19 est de 134,2 kJ · 24 h^{-1} · kg^{-1}. Soit, pour un homme moyen de 65 kg, une énergie calorifique quotidienne de : 65 × 134,2 kJ = 8 723 kJ.

Comme 1 J · s^{-1} = 1 W, le corps humain produit quotidiennement :

$$\frac{8\ 723 \text{ kJ}}{86\ 400 \text{ s}} = 100 \text{ W.}$$

■ Par ailleurs, on peut définir une thermogenèse facultative, associée aux activités (nutrition, activité physique, etc.) entraînant une production de chaleur supplémentaire. Elle est surtout liée à l'augmentation de l'activité des cellules musculaires qui produisent leur énergie par respiration cellulaire → FICHE 19.

2 La thermolyse

■ La thermolyse correspond à l'ensemble des pertes d'énergie calorifique du corps humain. Ces pertes ont lieu majoritairement au niveau de la peau. En se déplaçant dans le corps, le sang diffuse la chaleur interne jusqu'en périphérie, où la chaleur peut se dissiper vers le milieu extérieur selon plusieurs mécanismes : radiation, conduction, convection et perspiration.

■ La radiation est une perte d'énergie calorifique sous forme de rayonnement infrarouge. En effet, tout corps chaud tend à se refroidir en émettant des rayons infrarouges, qui véhiculent de la chaleur.

■ La conduction a lieu par contact avec des objets ou fluides plus froids que le corps et aptes à conduire la chaleur. L'intensité de ces pertes est proportionnelle à l'écart de température ou gradient thermique entre la peau et l'objet en contact. Ce gradient est nul si l'objet (ou l'air) est de même température que la peau.

■ La convection se produit lors du renouvellement d'un fluide (air ou eau) autour du corps. Une exposition au vent ou un déplacement du corps augmente la perte d'énergie calorifique par convection.

■ La perspiration résulte du changement d'état de l'eau, qui passe de liquide à gazeux, l'évaporation étant endothermique, c'est-à-dire qu'elle consomme de la chaleur. Elle se produit notamment lors de la sudation.

zoOm

Échanges d'énergie entre l'être humain et son milieu

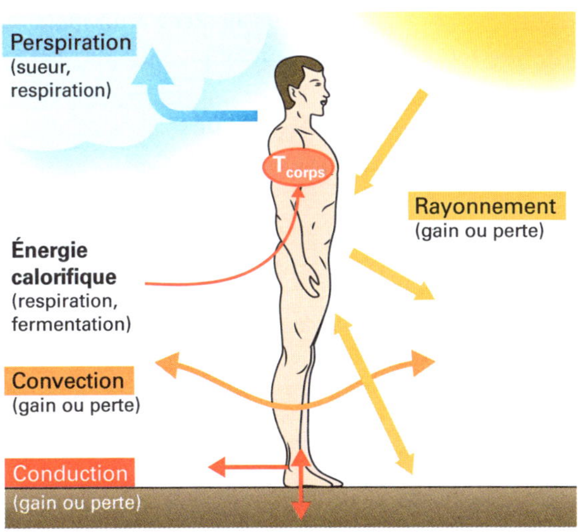

La température corporelle résulte d'un équilibre entre l'énergie produite par le corps humain et les échanges avec l'environnement.

19 Le bilan énergétique du corps humain

En bref *Le corps humain reçoit de l'énergie quotidiennement et la dépense dans la plupart de ses activités en produisant de la chaleur.*

I Des apports énergétiques d'origine alimentaire

■ La matière organique ingérée quotidiennement lors des repas fournit de l'énergie au corps, essentiellement sous la forme de glucides et de lipides.

Ces apports doivent permettre de subvenir aux besoins énergétiques de la vie quotidienne. Comme ils se font de manière discontinue lors des repas, des lieux de stockage sont nécessaires : ce sont notamment les **tissus adipeux**, comme ceux qui existent au niveau de l'abdomen.

MOT CLÉ

Tissus adipeux : tissus formés de cellules spécialisées dans le stockage des lipides. Ces cellules peuvent également transformer les glucides en lipides pour les stocker.

■ Un régime alimentaire est équilibré énergétiquement lorsque l'apport énergétique d'origine alimentaire est équivalent aux dépenses énergétiques quotidiennes. En revanche, des apports supérieurs aux dépenses conduisent à un stockage énergétique excessif sous forme de tissus adipeux et donc à un surpoids.

II Des dépenses énergétiques

■ Les besoins énergétiques quotidiens varient selon le degré d'activité physique. On peut mesurer ces dépenses qui s'ajoutent à un métabolisme de base de 6 300 kJ (pour un homme de 20 ans mesurant 1,80 m et pesant 70 kg).

Doc Variabilité des besoins énergétiques selon le degré d'activité physique

Activité physique	Calcul des besoins énergétiques journaliers	Besoins énergétiques journaliers (en kJ)
Homme/femme sédentaire	Métabolisme de base × 1,37	8 631
Homme/femme actif	Métabolisme de base × 1,55	9 765
Homme/femme sportif	Métabolisme de base × 1,80	11 340

■ Ces besoins énergétiques sont très variables selon le sexe, l'âge, le mode de vie et les activités physiques pratiquées. Plus ces activités physiques sollicitent les muscles, plus la chaleur produite par le corps sera élevée, car 80 % de cette énergie est dégagée sous forme de chaleur → FICHE 18.

Doc Énergies dépensées et perdues selon le type d'activité

Activité	Énergie dépensée (en watts)	Énergie calorifique perdue (en watts)
Sommeil	40	32
Travail intellectuel assis	75	60
Marche lente	150	120
Football	700	560
Natation (rapide)	870	696
Course à pied	930	744

- Lors de l'échauffement du corps dû à un effort physique, l'organisme a recours à une **thermorégulation** pour évacuer cet excédent de chaleur et maintenir le corps à sa température normale.

MOT CLÉ
Thermorégulation : ensemble des mécanismes permettant de maintenir la température centrale de l'organisme à 37 °C.

- Différentes adaptations permettant d'augmenter la thermolyse, comme l'augmentation de la circulation sanguine au niveau de la peau, qui permet d'évacuer la chaleur, ou l'augmentation de la sudation, qui refroidit la peau par évaporation.
- La sudation est le mécanisme de thermolyse le plus efficace. Par exemple, l'évaporation d'un litre de sueur permet d'évacuer 2 700 kJ de chaleur.

zoOm

Mesure des échanges énergétiques lors d'une activité physique

- La calorimétrie indirecte est une technique permettant de déterminer quels sont les échanges énergétiques mis en place lors d'un effort physique en mesurant les échanges respiratoires.
- La mesure des échanges gazeux respiratoires (consommation de dioxygène) permet de déterminer la quantité d'énergie produite par respiration lors de l'effort.

MÉMO VISUEL

LE BILAN THERMIQUE

Bilan énergétique

Apports énergétiques
- Apports variables par l'alimentation (glucides, lipides)
- Stockage de l'énergie dans les tissus adipeux

Dépenses énergétiques
- Métabolisme de base = 6 700 kJ
- Variables selon l'activité

Équilibre énergétique
= apports énergétiques – dépenses énergétiques

Échanges d'énergie entre l'être humain et son milieu

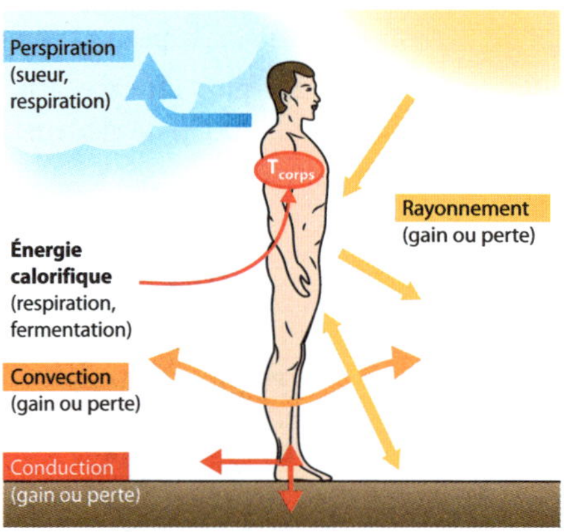

Température normale : 37° C

- Stable par thermorégulation
- Variations dans certaines situations (ovulation, fièvre…)

Thermogenèse

Puissance thermique de base

- Production interne d'énergie calorifique (100 W par jour au repos) et à jeun par respiration cellulaire et fermentation.
- 80 % de l'énergie issue de la respiration cellulaire est de l'énergie calorifique

Thermogenèse facultative

Production d'énergie calorifique lors des activités réalisées au quotidien (nutrition, activité physique…)

DU CORPS HUMAIN

Thermolyse

Convection

Perte d'énergie calorifique associée à un déplacement de matière (air, eau)

Radiation

Perte d'énergie calorifique sous forme de rayonnements infrarouges, évacués par la surface du corps

Conduction

Perte d'énergie calorifique par contact avec un objet ou un fluide

Perspiration

Perte énergétique associée à la sudation et à la respiration, liée au changement d'état de l'eau.

SE TESTER QUIZ

Vérifiez que vous avez bien compris les points clés des **fiches 18 et 19**.

1 L'équilibre thermique du corps humain

→ FICHE 18

1. À quoi correspond la thermogenèse ?

☐ **a.** aux pertes énergétiques au niveau de la peau
☐ **b.** à la production d'énergie calorifique par photosynthèse
☐ **c.** à la production d'énergie calorifique par respiration et fermentation

2. Quelle est la puissance thermique quotidienne de base ?

☐ **a.** 80 W
☐ **b.** 100 W
☐ **c.** 150 W

3. De quoi dépend principalement la thermogenèse facultative ?

☐ **a.** de la perspiration
☐ **b.** de l'activité musculaire
☐ **c.** de la radiation

4. Qu'implique la perte de chaleur par convection ?

☐ **a.** un déplacement de fluide autour du corps
☐ **b.** un transfert de chaleur entre les molécules de fluide autour du corps
☐ **c.** un renouvellement du fluide autour du corps

2 Bilan énergétique du corps humain

→ FICHE 19

1. Que se passe-t-il lors d'un effort physique ?

☐ **a.** Le métabolisme basal augmente en intensité.
☐ **b.** La thermogenèse est constante.
☐ **c.** La dépense énergétique augmente.

2. Pourquoi un individu sédentaire a-t-il des besoins énergétiques plus faibles qu'un individu actif ?

☐ **a.** Car son activité musculaire est plus faible.
☐ **b.** Car ses pertes d'énergie calorifique sont plus faibles.
☐ **c.** Car ses stocks énergétiques sont plus faibles.

3. Que sont les tissus adipeux ?

☐ **a.** un lieu de stockage de l'énergie sous forme de protéines
☐ **b.** un lieu de stockage de l'énergie sous forme de lipides
☐ **c.** un lieu de stockage de l'énergie sous forme de glucides

S'ENTRAÎNER

3 Réviser le cours en 8 questions flash

→ FICHES 18 et 19

1. Quelle est l'origine de l'énergie calorifique interne du corps humain ?
2. Pourquoi la thermogenèse est-elle permanente ?
3. De quoi dépend l'intensité de la thermogenèse ?
4. Quels sont les mécanismes associés à la thermolyse ?
5. Quel est l'intérêt de l'équilibre entre thermogenèse et thermolyse ?
6. Dans quelle situation la perspiration devient-elle un mécanisme important ?
7. Pourquoi la natation engendre-t-elle plus de chaleur qu'une activité intellectuelle assise.
8. Qu'est-ce que la thermorégulation ?

4 Les unités du bilan thermique

→ FICHES 18 et 19

Relier chaque expression au nombre et à l'unité qui lui correspondent.

pertes calorifiques lors de la respiration cellulaire •	• 37 °C
métabolisme de base •	• 6 300 kJ
énergie calorifique évacuée par litre de sueur •	• 80 %
puissance thermique de base •	• 2 700 kJ
température centrale •	• 100 W

5 Température et équilibre thermique

→ FICHES 18 et 19

Compléter le texte avec les mots suivants :

calorifique • centrale • facultative • perspiration • physique • respiration • puissance thermique • thermolyse • sudation

Lors d'un effort ...., les cellules musculaires réalisent une production accrue d'énergie par .... cellulaire. 80 % de cette énergie correspond à de l'énergie .... Ainsi, à la .... de base s'ajoute une thermogenèse .... Une augmentation de la .... se met alors en place, permettant d'éviter une élévation excessive de la température corporelle au-dessus de la température ...., qui doit être maintenue autour de 37 °C. Lors d'une activité physique, c'est surtout l'augmentation des pertes par .... et plus particulièrement la .... qui conduisent à maintenir l'équilibre thermique du corps.

OBJECTIF BAC

6 Le risque d'hypothermie en plongée profonde

60 min

Cet exercice permet de travailler l'analyse de documents et plus particulièrement la mise en relation des informations entre les documents.

LE SUJET

L'un des risques majeurs pour les plongeurs qui pratiquent la plongée à grande profondeur est l'hypothermie. Pour l'éviter, il est nécessaire de bien comprendre les mécanismes à l'origine des pertes de chaleur et l'intérêt de porter une combinaison.

À l'aide de l'analyse raisonnée des documents fournis, expliquer en quoi le risque d'hypothermie est majeur lors de plongée en milieu aquatique profond. Montrer en quoi les combinaisons « sèches » permettent de limiter ce risque.

LIRE LE SUJET

Le sujet comporte deux problématiques. La première implique de déterminer en quoi la plongée profonde, donc de longue durée, favorise le risque d'hypothermie. La deuxième nécessite de montrer l'intérêt des combinaisons « sèches » en néoprène.

Doc 1 La température de neutralité thermique

La température de neutralité thermique correspond à la température du milieu extérieur pour laquelle le corps humain sans protection est à l'équilibre thermique. Les pertes d'énergie calorifique par thermolyse sont alors équivalentes à la production de cette même énergie par thermogenèse.

La température de neutralité se situe entre 25 et 28 °C dans l'air tandis que dans l'eau elle se situe entre 33 et 35 °C.

Doc 2 Le phénomène d'hypothermie

L'hypothermie résulte d'une forte baisse de la température centrale du corps. C'est le résultat d'une perte excessive de chaleur qui peut se révéler fatale.

Dans une eau à 10 °C, par exemple, les premiers signes d'hypothermie apparaissent au bout d'une heure et demie. La mort peut survenir au bout de 3 heures.

Doc 3 Données physiques concernant les pertes d'énergie calorifique

a. Le flux thermique

Lors d'une plongée, les pertes d'énergie calorifique se font essentiellement par la peau. Elles sont d'autant plus élevées que l'écart de température entre le corps et le milieu est grand, comme l'indique la formule du flux thermique :

$$\text{Flux thermique} = \frac{\lambda \times \Delta T}{e}$$

λ correspond à la conductivité thermique du matériau ou du milieu, S représente l'aire de la surface d'échange, ΔT est la différence de température entre les deux milieux et e l'épaisseur de la zone d'échange.

b. Données de conductivité thermique

$\lambda_{eau} = 0{,}6\ W \cdot m^{-1} \cdot K^{-1}$ | $\lambda_{air} = 0{,}025\ W \cdot m^{-1} \cdot K^{-1}$ | $\lambda_{néoprène} = 0{,}2\ W \cdot m^{-1} \cdot K^{-1}$

Ainsi, à température égale, l'eau conduit 24 fois plus l'énergie calorifique que l'air.

Doc 4 Mécanismes de perte d'énergie calorifique avec ou sans combinaison

a. Sans combinaison **b. Avec combinaison**

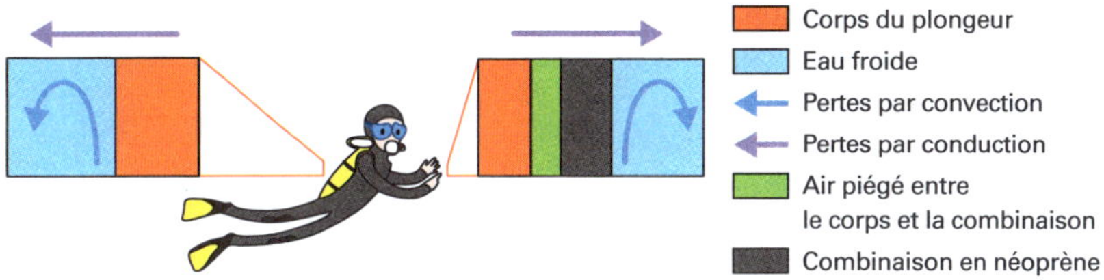

▶▶▶ LA FEUILLE DE ROUTE

1. Comprendre l'intérêt de la température de neutralité thermique et la relier au risque d'hypothermie

- À partir de la vitesse de refroidissement, expliquez pourquoi la température de neutralité thermique est supérieure dans l'eau.
- Comparez les températures de neutralité (doc. 1) afin de comprendre pourquoi le risque d'hypothermie est plus élevé dans l'eau que dans l'air (doc. 2).

2. Expliquer physiquement le risque d'hypothermie lors de la plongée

- À l'aide des paramètres λ et ΔT du document 3, justifiez scientifiquement que le corps se refroidit plus vite dans l'eau que dans l'air.
- Rédigez une conclusion sur le lien entre la plongée profonde et le risque d'hypothermie.

3. Relier les données de conductivité à la présence ou l'absence d'une combinaison dans l'eau lors de la plongée

- Comparez l'épaisseur et la composition des zones d'échanges avec ou sans combinaison.
- Reliez la différence d'épaisseur de la zone d'échange en présence de combinaison à la formule du flux thermique.
- Comparez également les différences de conductivité thermique avec ou sans combinaison pour fournir un argument supplémentaire à l'intérêt de la combinaison en les reliant au flux thermique.

CORRIGÉS

SE TESTER QUIZ

1 L'équilibre thermique du corps humain

1. Réponse c.
La réponse a est fausse, car les pertes au niveau de la peau forment la thermolyse.
La réponse b est fausse, car ce sont les plantes qui réalisent la photosynthèse.

2. Réponse b.

3. Réponse b.
Plus l'activité musculaire est intense, plus les cellules musculaires réaliseront une respiration cellulaire source d'énergie calorifique.
Les réponses a et c sont fausses, car elles correspondent à des mécanismes de pertes de chaleur.

4. Réponses a. et c.
La réponse b est fausse, car un transfert de chaleur entre les molécules correspond à la conduction.

2 Bilan énergétique du corps humain

1. Réponse c.
La réponse a est fausse, car une dépense énergétique supplémentaire s'ajoute à la dépense constante (le métabolisme basal).
La proposition b est fausse puisque la thermogenèse augmente fortement lors d'un effort physique par augmentation de la respiration cellulaire.

2. Réponse a.
Les réponses b et c sont fausses, car la dépense énergétique est proportionnelle au degré d'activité musculaire.

3. Réponse b.
Au sein des tissus adipeux sont stockés seulement des lipides. Toutefois des réactions de conversion des glucides en lipides peuvent s'y dérouler.

S'ENTRAÎNER

3 Réviser le cours en 8 questions flash

1. L'énergie calorifique interne du corps humain provient des réactions associées à la respiration cellulaire ainsi qu'aux fermentations.

2. Le corps humain produit quotidiennement de la chaleur pour assurer son fonctionnement normal (réactions métaboliques, etc.).

3. L'intensité de la thermogenèse augmente avec l'intensité de la pratique d'une activité physique ou pour lutter contre le froid (pour compenser une thermolyse accrue).

4. La thermolyse est obtenue par quatre mécanismes : radiation, conduction, convection et perspiration.

5. Un équilibre entre la thermogenèse (production d'énergie calorifique) et la thermolyse (pertes) permet de maintenir une température corporelle constante.

6. En cas d'activité physique, la production accrue de chaleur est évacuée par sudation (perspiration) qui constitue alors un processus efficace de thermolyse.

7. La natation est associée à une activité musculaire et donc à une production d'énergie calorifique plus forte que celle d'une activité intellectuelle.

8. La thermorégulation est l'ensemble des mécanismes permettant de maintenir constante la température du corps.

4 Les unités du bilan thermique

pertes calorifiques lors de la respiration cellulaire	80 %
métabolisme de base	6 300 kJ
énergie calorifique évacuée par litre de sueur	2 700 kJ
puissance thermique de base	100 W
température centrale	37 °C

5 Température et équilibre thermique

Lors d'un effort **physique**, les cellules musculaires réalisent une production accrue d'énergie par **respiration** cellulaire. 80 % de cette énergie correspond à de l'énergie **calorifique**. Ainsi, à la **puissance thermique** de base s'ajoute une thermogenèse **facultative**. Une augmentation de la **thermolyse** se met alors en place, permettant d'éviter une élévation excessive de la température corporelle au-dessus de la température **centrale** qui doit être maintenue autour de 37 °C. Lors d'une activité physique, c'est surtout l'augmentation des pertes par **perspiration** et plus particulièrement la **sudation** qui conduisent à maintenir l'équilibre thermique du corps.

OBJECTIF BAC

6 Justifier le risque d'hypothermie en plongée profonde

1. D'après le document 1, la température de neutralité thermique est plus élevée dans l'eau que dans l'air (35 °C contre 25 °C). On peut alors émettre l'hypothèse que le corps humain se refroidit plus vite au contact de l'eau que de l'air.
Le document 2 explique qu'en cas d'hypothermie le risque de refroidissement corporel peut conduire à la mort et que, dans une eau très froide, l'hypothermie survient rapidement.

2. Le document 3 explique pourquoi l'eau froide provoque plus rapidement une hypothermie que l'air froid. On constate que le flux thermique qui conduit au refroidissement du corps dépend de trois paramètres. Le flux thermique et donc la perte de chaleur sont d'autant plus élevés que le paramètre λ est élevé.

Dans l'eau, ce coefficient est 24 fois plus élevé que dans l'air : 0,6 contre 0,025 $W \cdot m^{-1} \cdot K^{-1}$. Ainsi, le corps humain perd 24 fois plus rapidement son énergie calorifique dans l'eau que dans l'air. C'est pourquoi le risque d'hypothermie est accru lors d'une plongée de longue durée, ce qui est le cas de la plongée profonde. Par ailleurs, le flux thermique est d'autant plus important que l'écart de température entre le corps et l'eau est grand, or la plongée profonde a lieu en eau froide, aggravant ainsi le risque et l'ampleur de l'hypothermie.

> **À NOTER**
> La comparaison de constantes par leur rapport permet de visualiser efficacement l'écart des proportions.

En conclusion, lors d'une plongée profonde, le flux de chaleur perdu par le corps est très élevé, car l'eau conduit très facilement la chaleur. La température de l'eau est très basse en comparaison de celle du corps, par conséquent le risque d'hypothermie est majeur.

3. Le document 4 montre que lorsqu'il n'a pas de combinaison le plongeur perd sa chaleur par conduction directe au contact de l'eau froide et par convection en raison du mouvement de l'eau autour de lui. On est ici dans une situation où le flux thermique est maximal, puisque l'épaisseur de la zone d'échange est minimale.

> **À NOTER**
> L'air piégé dans la combinaison isole le plongeur et limite les échanges ; de même, la combinaison isole cet air de l'eau.

À l'inverse, en présence d'une combinaison, la zone d'échange est plus grande : une couche d'air et l'épaisseur de la combinaison isolent le corps de l'eau environnante. Le flux thermique par conduction est donc plus faible. Par ailleurs, la combinaison en néoprène et la couche d'air ont un coefficient de conductivité thermique nettement plus faible que celui de l'eau : 0,025 $W \cdot m^{-1} \cdot K^{-1}$ pour l'air, 0,2 $W \cdot m^{-1} \cdot K^{-1}$ pour le néoprène contre 0,6 $W \cdot m^{-1} \cdot K^{-1}$ pour l'eau. On peut en déduire que lorsqu'un plongeur porte une combinaison sèche, l'épaisseur ajoutée entre sa peau et l'eau réduit les échanges thermiques, d'autant que l'air et le néoprène ont une faible conductivité thermique et sont donc isolants.
Le risque d'hypothermie est ainsi réduit au maximum avec une combinaison de plongée.

L'histoire de la Terre

Photo de la Terre prise par le satellite DSCOVR.
Depuis l'Antiquité, la Terre fait l'objet de nombreuses études qui se sont affinées au fur et à mesure de l'amélioration des techniques.

20 L'histoire de la forme de la Terre

En bref *Aujourd'hui, on sait que la Terre est quasi sphérique, bien que cela ne soit pas perceptible à l'échelle humaine.*
Pourtant, dès l'Antiquité, des savants avaient déduit cette forme particulière de leurs observations.

I La forme de la Terre

- Des civilisations anciennes considéraient la Terre comme un disque. Ce n'est que dans l'Antiquité, il y a près de 2 000 ans, que des savants grecs comme Aristote évoquent la possibilité que la Terre soit de forme sphérique → FICHE 21.

- Aristote remarque que lors des éclipses de Lune (la Terre s'interpose entre le Soleil et la Lune) l'ombre de la Terre sur la Lune est courbe : il explique cette courbure par la forme sphérique de la Terre.

L'observation des astres dans le ciel lui fournit un argument supplémentaire : si l'on se déplace vers le nord ou vers le sud, la position de ces astres dans le ciel change.

Doc 1 Éclipse lunaire du 27 juillet 2018

- D'autres observateurs remarquent que, lorsqu'un bateau s'éloigne de la côte, sa coque est la première à disparaître sous la ligne d'horizon. Ils constatent également que cette ligne d'horizon est plus éloignée si l'observateur se place en hauteur (en haut d'une montagne, par exemple).

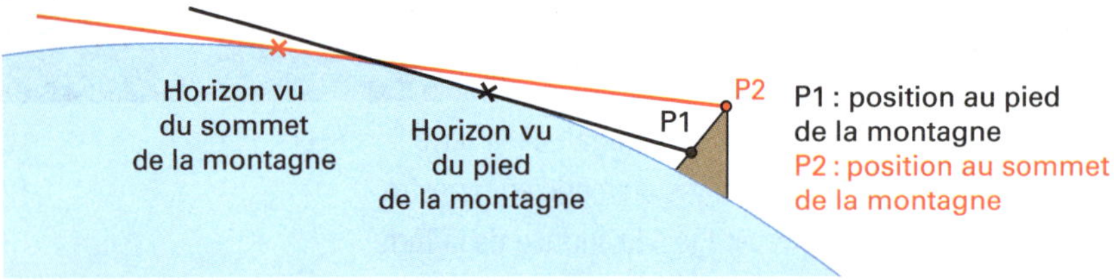

Doc 2 Ligne d'horizon suivant la position d'un observateur

- Toutes ces observations ne s'expliquent que si la Terre est une sphère.

- Au cours du XVIIIe siècle, différents travaux sont effectués par des scientifiques pour préciser la forme du globe : ils la représentent comme un **sphéroïde** aplati aux pôles.

> **MOT CLÉ**
> **Sphéroïde** : se dit d'un objet ayant une forme proche de celle d'une sphère.

II Le découpage de la surface terrestre

- Afin de mieux se repérer, les hommes ont défini dès l'Antiquité des lignes imaginaires à la surface du globe : les méridiens et les parallèles → FICHE 22.

- Suivant l'axe nord-sud, la Terre est découpée en **méridiens** : il s'agit de demi-cercles qui rejoignent les pôles Nord et Sud. Ils donnent la position d'un point relativement à l'est ou à l'ouest.

- Le **méridien de Greenwich**, désigné méridien de référence en 1884, lors d'une conférence à Washington, passe par l'observatoire royal de Greenwich, situé dans la banlieue de Londres. C'est à partir du méridien de Greenwich que sont définis tous les autres méridiens.

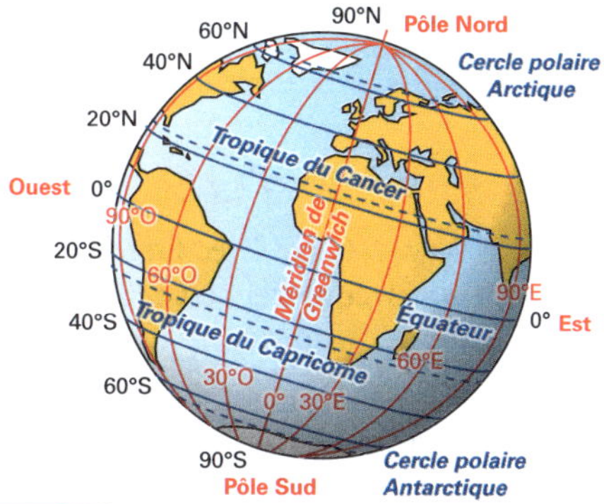

Doc 3 Représentation des méridiens et des parallèles à la surface du globe terrestre

- Les **parallèles** sont de grands cercles perpendiculaires aux méridiens qui entourent le globe. Ils donnent la position d'un point à la surface terrestre par rapport à l'équateur, et par rapport au nord et au sud.

- L'**équateur** est le parallèle qui sépare la Terre en deux hémisphères : nord et sud. Il est à mi-chemin entre les deux pôles : c'est le parallèle le plus long.

zoOm

La forme de la Terre vue de l'espace

À quelque 400 km d'altitude, la sphéricité de la Terre est bien visible, comme en témoigne cette photo prise depuis la station spatiale internationale (ISS).

21 Les mesures du méridien terrestre

En bref *Dès l'Antiquité, considérant la Terre comme une sphère, des savants ont cherché à en déterminer le rayon en mesurant la longueur du méridien terrestre.*

I La méthode d'Ératosthène

- Vers 200 av. J.-C., le Grec Ératosthène utilise une méthode géométrique pour déterminer la circonférence de la Terre.
- Il part des hypothèses suivantes : la Terre est une sphère et le Soleil est considéré comme suffisamment éloigné pour que ses rayons soient parallèles en arrivant à la surface de la Terre (doc. 1).

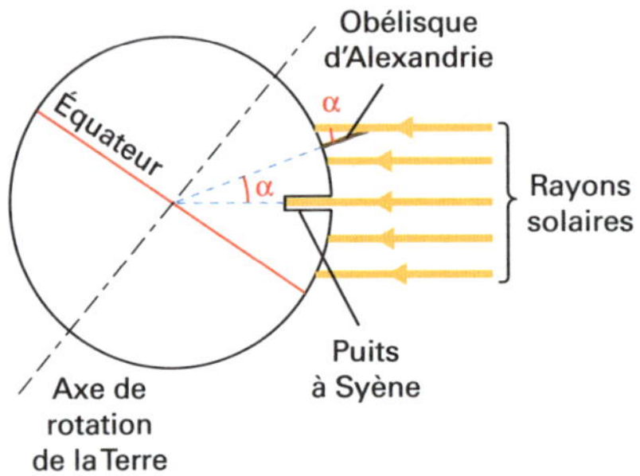

Doc 1 Situation globale

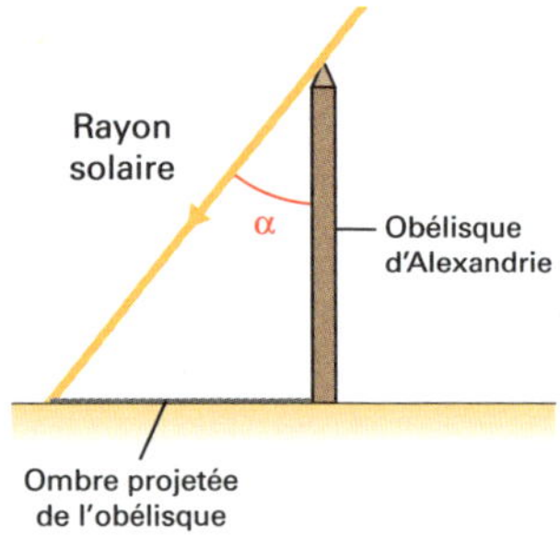

Doc 2 Schéma de la situation à Alexandrie

- La ville de Syène (aujourd'hui Assouan) se situe à peu près sur un parallèle appelé tropique du Cancer. De ce fait, à midi, au solstice d'été, le soleil est exactement à la verticale (au zénith) et peut éclairer le fond d'un puits.
- Le même jour et à midi, à Alexandrie, ville éloignée de 5 000 stades (environ 800 km), les rayons du soleil font un angle α avec la verticale que l'on peut calculer en mesurant l'ombre d'un obélisque dont la hauteur est connue, l'ensemble formant un triangle rectangle (doc. 2).

On utilise la relation trigonométrique :

$$\alpha = \arctan\left(\frac{\text{longueur de l'ombre projetée}}{\text{hauteur de l'obélisque}}\right)$$

À NOTER

$$\tan\alpha = \left(\frac{\text{côté opposé}}{\text{côté adjacent}}\right)$$

$$\alpha = \arctan\left(\frac{\text{côté opposé}}{\text{côté adjacent}}\right)$$

- L'angle α ainsi mesuré est égal à l'angle au centre de la Terre interceptant l'arc Alexandrie-Syène, car il s'agit d'angles alternes-internes et les rayons solaires sont parallèles (doc. 1).
- La circonférence P correspond à un angle de 360°.

Par une relation de proportionnalité :

Angles (en °)	7,2	360
Longueur (en km)	800	P

D'où : $P = \dfrac{800 \times 360}{7,2} = 4,0 \times 10^4$ km, soit 40 000 km environ.

- Cette méthode est valable si les deux villes se situent sur le même méridien.

II La triangulation plane

- Le principe de la triangulation repose sur la connaissance de deux angles et de la longueur d'un côté d'un triangle. Ainsi, on peut déterminer le troisième angle et la longueur des deux autres côtés.
- Dans un triangle ABC, la somme des angles est égale à 180°. La mesure des deux angles ($\widehat{BAC}$) et ($\widehat{ABC}$) permet donc de déduire l'angle ($\widehat{ACB}$).

La connaissance d'un côté, par exemple [AC], permet de calculer les côtés [BC] et [AB] :

$$[BC] = [AC] \times \frac{\sin(\widehat{BAC})}{\sin(\widehat{ABC})}$$

À NOTER

Loi des sinus :

$$\frac{[BC]}{\sin(\widehat{BAC})} = \frac{[AC]}{\sin(\widehat{ABC})} = \frac{[AB]}{\sin(\widehat{ACB})}$$

- De 1792 à 1798, cette méthode a été utilisée par Jean-Baptiste Delambre et Pierre Méchain pour mesurer la longueur du méridien entre Dunkerque et Barcelone.

zoOm

Mesure d'une distance par triangulation plane

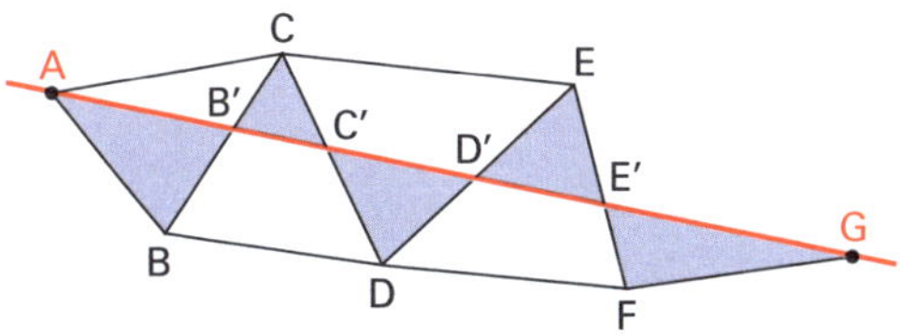

- Le segment [AG] représente l'arc de méridien entre Dunkerque et Barcelone. Une série de triangles adjacents au segment le découpe en différents segments [AB′], [B′C′], jusqu'à G. Connaissant la distance entre deux villes (le côté d'un triangle) et grâce à des visées (en haut de clochers, de tours...), les deux astronomes ont mesuré les angles des triangles ainsi que chaque segment les composant, calculant au fur et à mesure chaque portion du segment [AG].
- Connaissant la différence de latitude entre les deux villes (9,5°) et la longueur du segment [AG] (1 075 km), ils ont calculé, grâce une relation de proportionnalité (comme pour la méthode d'Ératosthène), la longueur du méridien terrestre et ont trouvé 20 522 960 toises, soit 39 999,24904 km.

22 Le repérage à la surface de la Terre

En bref *Le GPS (Global Positioning System) est un système satellitaire qui permet de se repérer sur le globe terrestre en donnant deux coordonnées géographiques : la latitude et la longitude.*

I Les coordonnées à la surface du globe

1 La latitude et la longitude

■ Méridiens et parallèles forment un quadrillage de la Terre permettant de déterminer deux coordonnées géographiques : la latitude et la longitude. Ces deux grandeurs se définissent respectivement par rapport à l'équateur et au méridien de Greenwich → FICHE 20.

■ La latitude d'un point correspond à l'angle qu'il forme par rapport à l'équateur. Elle permet donc de se positionner vers le nord ou le sud. Elle est graduée de 0° (à l'équateur) à 90° (90° N au pôle Nord et 90° S au pôle Sud).

■ La longitude d'un point est définie par rapport au méridien de Greenwich. Elle permet de connaître sa position vers l'ouest ou l'est. Elle est graduée de 0° (au méridien) à 180° (180° E ou 180° O).

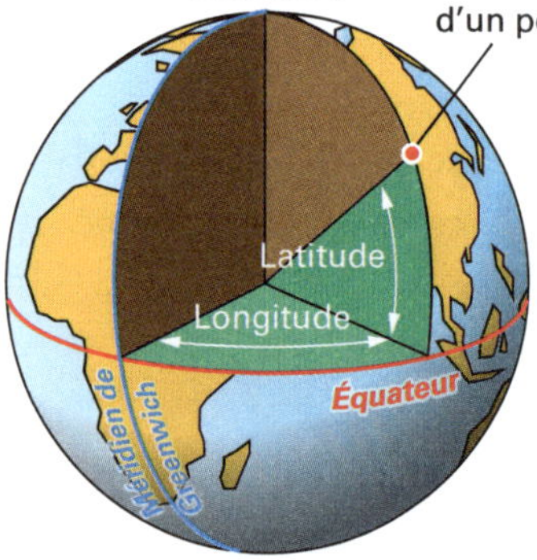

Doc Représentation de la latitude et de la longitude sur la sphère terrestre

2 La lecture d'une position

■ Pour situer un lieu à la surface du globe, il est nécessaire d'indiquer sa latitude et sa longitude.

Par exemple, la tour Eiffel a pour coordonnées géographiques :
Latitude : 48° 51′ 30″ N : 48 degrés 51 minutes et 30 secondes nord.
Longitude : 2° 17′ 40″ E : 2 degrés 17 minutes 40 secondes est.

À NOTER
Pour les angles : 1 degré (1°) est égal à 60 minutes d'angle de symbole « ′ » et 1 minute d'angle est égale à 60 secondes d'angle de symbole « ″ ».
Les coordonnées géographiques peuvent être exprimées dans le système décimal (base 10) ou sexagésimal (base 60) : la latitude de la tour d'Eiffel est de 48° 51′ 30″ N dans le système sexagésimal et de 48,86° dans le système décimal.

II Distances à la surface de la Terre

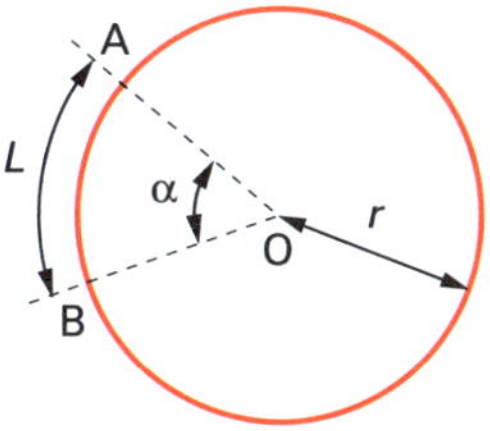

- Les méridiens et l'équateur sont de grands cercles, ayant pour rayon le rayon terrestre et pour centre celui de la Terre.
- La distance la plus courte entre deux points à la surface d'une sphère est une portion de cercle, c'est-à-dire un arc de cercle.
- Pour calculer la longueur L de l'arc $\widehat{AB}$ d'un cercle de centre O et de rayon r, on utilise la formule suivante, α étant en degrés :

$$L = \frac{r \times \pi \times \alpha}{180}$$

À NOTER
La longueur L a la même unité que le rayon r.
Si r est exprimé en mètres, alors L sera également exprimé en mètres.

zoOm

Le plus court chemin entre Paris et New York

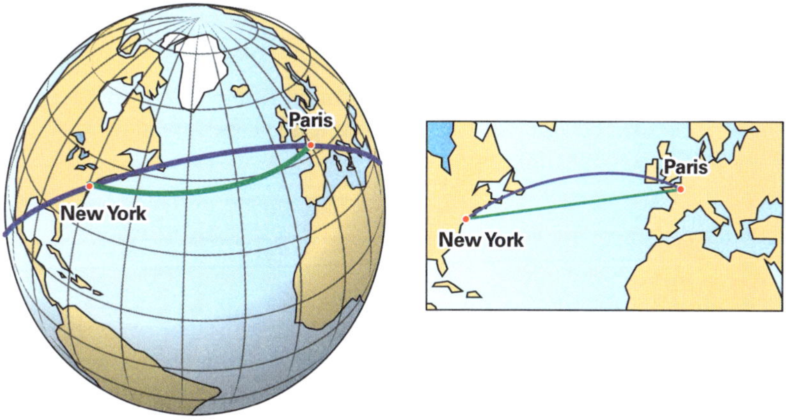

Représentation sur un globe (à gauche) et sur une carte (à droite) de la distance Paris-New York.

En violet, arc de cercle d'un grand cercle passant par les deux villes ; en vert, courbe coupant les méridiens selon un angle constant.

La distance en violet (5 840 km) est plus courte que la distance en vert (6 070 km). On constate que les distances sur une sphère sont déformées lors de leur projection sur une carte.

23 L'histoire de l'âge de la Terre

En bref *Tout comme la compréhension de sa forme, la détermination scientifique de l'âge de la Terre n'a été possible qu'après un long cheminement d'idées.*

I Des croyances aux premiers arguments géologiques

■ Pour les philosophes grecs tel Aristote et jusqu'à la fin du Moyen Âge, la Terre est éternelle : il n'y a aucun début et donc aucun âge à calculer !

■ Puis, du XVIe au XVIIIe siècle, des savants se risquent à donner un âge à la Terre. À l'époque, le récit biblique, incontestable, est la seule référence possible. Le calcul le plus célèbre est dû à James Ussher qui affirme, en 1650, et en se basant sur les textes de l'Ancien testament, que la Terre s'est formée au début de la nuit précédant le 23 octobre de l'an 4004 avant J.-C. !

■ À partir de la seconde moitié du XVIIIe siècle, les premiers géologues estiment à plusieurs millions d'années le temps de formation des couches sédimentaires ou d'ablation des reliefs, en supposant ces phénomènes constants dans le temps.

À NOTER
Par exemple, si on estime qu'il faut 100 ans pour déposer une couche d'argile de 1 millimètre d'épaisseur, une couche d'un mètre d'épaisseur nécessitera 100 000 ans.

Cependant, si l'idée que la Terre a une très longue histoire commence à émerger, peu d'auteurs osent encore l'affirmer, craignant une condamnation de la part de l'Église.

II L'approche expérimentale de l'âge de la Terre au XVIIIe siècle

■ Georges Louis Leclerc, comte de Buffon, peut être considéré comme le père de la datation scientifique. En effet, il est le premier à aborder la détermination de l'âge de la Terre de manière expérimentale en 1778.

■ Selon l'hypothèse de Buffon, la Terre était en fusion au début de son histoire. Le globe actuel serait donc le résultat de son refroidissement.

■ Afin de tester cette hypothèse, il chauffe au rouge des sphères de rayons différents et composées de matériaux variés, puis mesure les durées de refroidissement nécessaires pour atteindre la température ambiante.

■ En extrapolant ses résultats à une sphère aux dimensions terrestres, il trouve qu'il faudrait environ 75 000 ans pour que le globe arrive à sa température actuelle. Ses carnets d'expérience donnent cependant un âge de plus de 10 millions d'années à la Terre, chiffre qu'il n'a jamais publié, car difficile à croire à l'époque.

III Au XIXe siècle, les querelles entre scientifiques

- Le XIXe siècle est marqué par une controverse scientifique sur l'âge de la Terre : les calculs effectués par les physiciens ne donnent pas les mêmes âges que ceux estimés par les géologues ou les biologistes.
- Charles Darwin estime, en 1859, en calculant le temps mis par l'érosion pour creuser une vallée dans le sud de l'Angleterre, que 300 millions d'années (Ma) se sont écoulées depuis la fin de l'ère secondaire. Cette durée lui semble compatible avec les lents processus de l'évolution biologique.
- Lord Kelvin reprend, en 1862, l'hypothèse de Buffon. Il calcule la durée de la solidification de la Terre en utilisant les lois physiques et propose un âge compris entre 20 et 400 Ma, réduit ensuite à 24 Ma en accord avec d'autres physiciens.
- En 1900, John Joly parvient à 90 Ma pour la formation des océans en calculant le temps mis pour atteindre leur salinité actuelle.

IV Le XXe siècle et la datation radiochronologique

- La découverte de la radioactivité → FICHE 3 par Henri Becquerel en 1896 permet à Ernest Rutherford de dater, en 1905, deux minéraux riches en uranium, l'un à 140 Ma, un autre à 500 Ma. Lord Rayleigh, par la même méthode, est le premier, en 1905, à proposer un âge dépassant le milliard d'années pour la Terre.
- En 1953, Clair Patterson date une météorite à 4,55 milliards d'années, un âge proche de celui de la Terre aujourd'hui estimé à 4,57 milliards d'années.

zoOm

Histoire des estimations de l'âge de la Terre

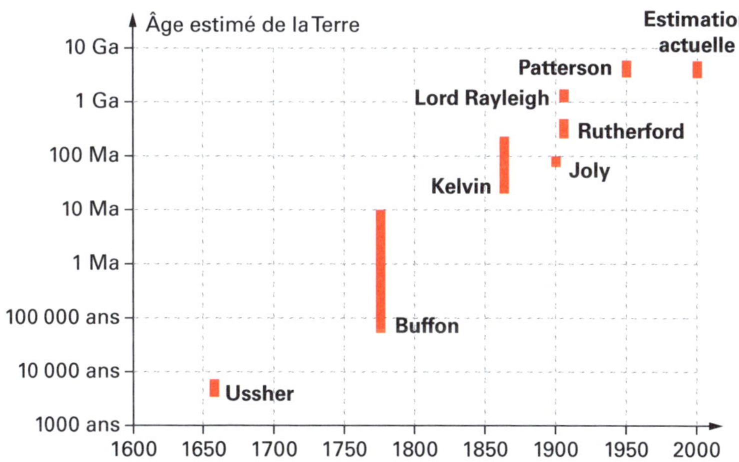

1 Ma = 1 million d'années ; 1 Ga = 1 milliard d'années (G = giga)

MÉMO VISUEL

La Terre est perçue comme un disque
Avant toute observation scientifique, la Terre est considérée plate.

Forme de la Terre

La Terre est perçue comme une sphère
Dès l'Antiquité, des observations prouvent la sphéricité de la Terre.
Ératosthène calcule la circonférence du globe et obtient 40 000 km.

FORME ET ÂGE

La Terre est un sphéroïde
À partir du XVIIIe siècle, les observations scientifiques montrent que la Terre est une sphère légèrement aplatie aux pôles.

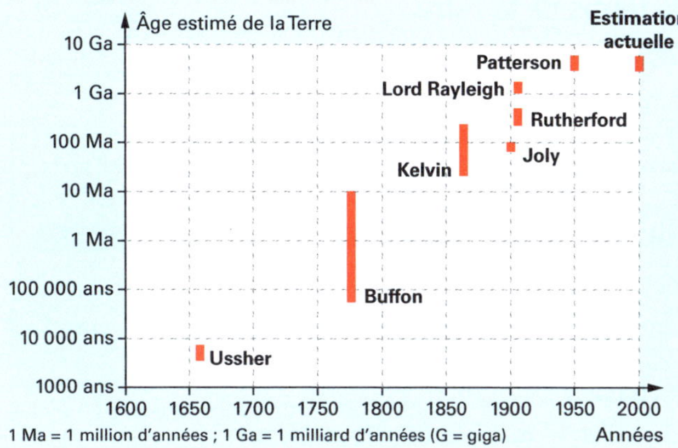

Âge de la Terre

DE LA TERRE

Âge biblique

Ussher estime que la Terre est née le 23 octobre de l'an 4004 avant J.-C.

Temps des géologues

- Buffon estime un âge entre 75 000 ans et 10 Ma à partir du temps de refroidissement de différentes sphères.
- Des géologues estiment que les couches géologiques et l'érosion des roches nécessitent des centaines de millions d'années.

Temps des physiciens

Lord Kelvin est en désaccord avec les géologues (controverse) et propose, avec d'autres physiciens, un âge de 24 Ma.

Aujourd'hui

Depuis le XXe siècle, l'âge de la Terre est précisément estimé à 4,57 milliards d'années.

SE TESTER QUIZ

Vérifiez que vous avez bien compris les points clés des **fiches 20 à 23**.

1 L'histoire de la forme de la Terre

→ FICHE 20

Parmi les affirmations suivantes, lesquelles sont vraies ?

☐ **a.** La Terre a une forme sphérique.
☐ **b.** Aristote pensait que la Terre était un disque aplati.
☐ **c.** Les parallèles et les méridiens sont des lignes réelles visibles sur Terre.

2 Les mesures du méridien terrestre

→ FICHE 21

1. Parmi les affirmations suivantes, lesquelles sont vraies ?

☐ **a.** Les méridiens permettent de se repérer relativement au nord ou au sud.
☐ **b.** Le méridien de Paris est le méridien de référence.
☐ **c.** L'équateur est un parallèle.

2. La longueur d'un méridien terrestre est égale à environ :

☐ **a.** 4 000 m ☐ **b.** 40 000 km ☐ **c.** 6 371 km ☐ **d.** 40 000 m

3 Le repérage à la surface de la Terre

→ FICHE 22

1. Parmi les affirmations suivantes, lesquelles sont vraies ?

☐ **a.** La latitude représente l'angle entre la position d'un point et l'équateur.
☐ **b.** La longitude varie de 0° à 90°.
☐ **c.** Le centre de la Terre est toujours le centre d'un grand cercle.

2. Où se situe un objet dont les coordonnées géographiques sont (45° 2′ S ; 25° 15′ O) ?

☐ **a.** Dans l'hémisphère Nord, à l'ouest du méridien de Greenwich.
☐ **b.** Dans l'hémisphère Sud, à l'est du méridien de Greenwich.
☐ **c.** Dans l'hémisphère Sud, à l'ouest du méridien de Greenwich.

4 L'histoire de l'âge de la Terre

→ FICHE 23

1. De quand datent les grandes controverses entre physiciens d'une part, et géologues et biologistes d'autre part sur l'âge de la Terre ?

☐ **a.** du XVIIIe siècle
☐ **b.** du XIXe siècle
☐ **c.** du XXe siècle

2. De quand datent les premières estimations de l'âge de la Terre dépassant le milliard d'années ?

☐ **a.** du XIXe siècle
☐ **b.** du XXe siècle
☐ **c.** du XXIe siècle

S'ENTRAÎNER

5 Réviser le cours en 8 questions flash

→ FICHES 20 à 23

1. Quelle est la forme de la Terre ?
2. Comment nomme-t-on les coordonnées géographiques servant à se repérer à la surface du globe ?
3. À quoi sert la triangulation plane utilisée par Delambre et Méchain ?
4. Quel est le plus court chemin entre deux points à la surface de la Terre ?
5. Quelles sont les lignes de référence pour les méridiens et les parallèles ?
6. Citer trois méthodes ayant permis d'estimer l'âge de la Terre avant le XXe siècle.
7. Par quelle méthode l'âge de la Terre a-t-il été précisément déterminé ?
8. Quel est l'âge de la Terre aujourd'hui reconnu ?

6 Les coordonnées à la surface de la Terre

→ FICHES 20 et 22

1. Compléter le schéma ci-dessous avec les termes suivants :

un méridien • un parallèle • l'équateur • le méridien de Greenwich

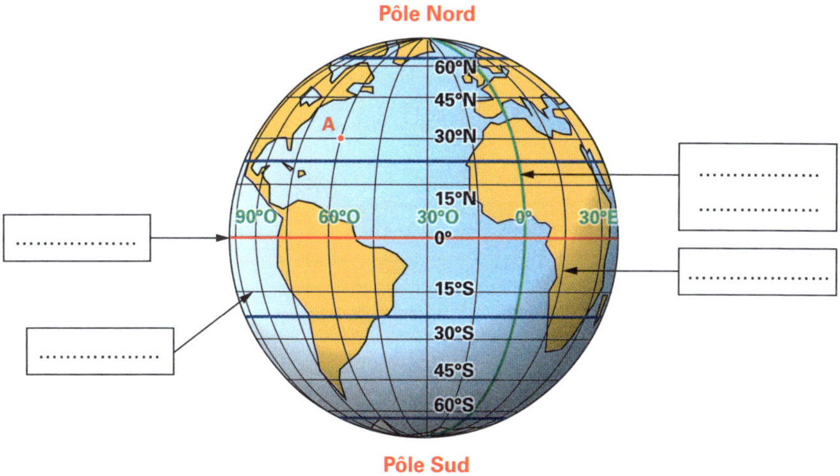

2. Donner les coordonnées géographiques du point A.

7 Distance la plus courte

→ FICHE 22

Un avion doit relier Madrid et New York. Les deux trajets possibles sont représentés sur les documents 1 et 2 :
- en rouge, le trajet suit un arc de cercle dont le centre est celui de la Terre (T) et dont le rayon est égal au rayon terrestre : $R_T = 6\ 371$ km ;
- en vert, le trajet suit un arc de cercle longeant la latitude 40,7°.

L'arc vert appartient à un cercle de centre O et de rayon $r = 4\ 830$ km (doc. 2).

Coordonnées géographiques de Madrid : 40,7° N ; 3,7° O.
Coordonnées géographiques de New York : 40,7° N ; 74° O.

À NOTER
Les coordonnées géographiques sont ici exprimées en coordonnées décimales. Si elles étaient exprimées dans le système sexagésimal (degrés, minutes, secondes), il serait nécessaire de les convertir pour faire les calculs.

Doc 1 Trajets entre New York et Madrid

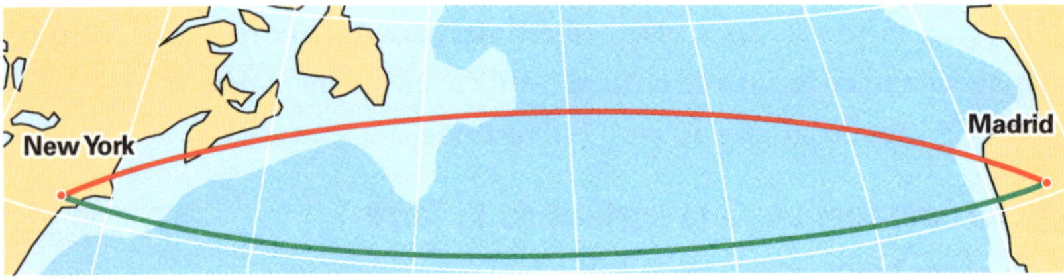

Doc 2 Arcs de cercles entre les deux villes

Formule pour calculer la longueur L d'un arc de cercle correspondant à un angle α :

$$L = \frac{r \times \pi \times \alpha}{180}$$

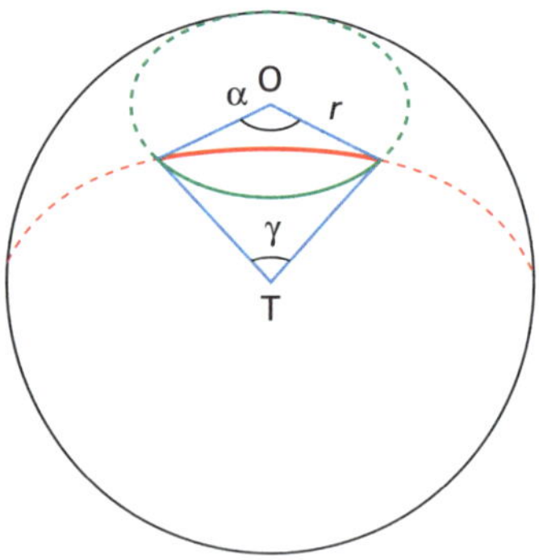

1. Déterminer l'angle α qui définit l'arc de cercle vert.

2. En déduire la longueur de l'arc de cercle vert, notée L_1, en vous aidant du document 2.

3. Sachant que l'angle γ est égal à 51,7°, déterminer la longueur de l'arc de cercle rouge, notée L_2.

4. Comparer les deux longueurs L_1 et L_2. Conclure → FICHE 22.

8 Mesure d'une longueur par triangulation

→ FICHE 21

Des élèves ont décidé de calculer la distance AG (doc. 1) en utilisant la triangulation plane. Ils ont trouvé les longueurs des segments [EG] = 132 m et [CE] = 65,8 m. Par ailleurs, on sait que [AD] = 250 m.

Le document présente leurs différentes mesures d'angle.

Doc 1 Figure dessinée par les élèves

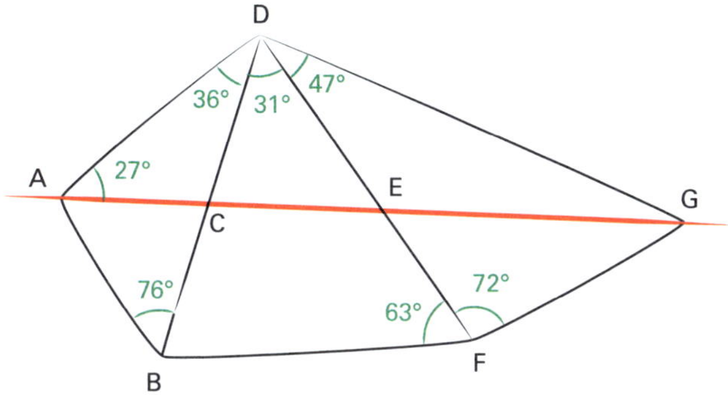

Doc 2 Loi des sinus dans le triangle ACD

$$\frac{[AD]}{\sin(\widehat{ACD})} = \frac{[AC]}{\sin(\widehat{ADC})} = \frac{[CD]}{\sin(\widehat{CAD})}$$

1. À partir de la valeur des deux angles connus, calculer l'angle $\widehat{ACD}$.
2. Avec la formule des sinus, déterminer [AC].
3. En déduire la valeur du segment [AG].

9 Calcul d'une durée de sédimentation

→ FICHE 23

Dès le XVIIIe siècle, les géologues proposent d'utiliser les vitesses de sédimentation, supposées constantes dans le temps, pour évaluer l'âge de la Terre. Le principe du calcul est le suivant : si le taux de sédimentation est de l'ordre de 1 mm/an, il faut 1 000 ans pour déposer une couche de 1 mètre d'épaisseur et donc 1 million d'années pour atteindre 1 000 mètres d'épaisseur.

Doc Données utilisées par quelques géologues pour estimer des durées de sédimentation

Année	Auteur	Épaisseur des sédiments (en km)	Vitesse de sédimentation (en 10^{-2} mm par an)	Durée (en Ma)
1860	Philipps	22	22,9	96
1890	De Lapparent	46	51,1	90
1892	Geike	30	4 à 44	68 à 750

1. Retrouver le calcul effectué par Philipps pour trouver la durée de 96 Ma nécessaire au dépôt des sédiments.

2. a. En quoi les résultats de Geike se distinguent-ils de ceux des deux autres géologues ?

b. Quelle critique peut-on formuler à propos de cette méthode de datation ?

10 L'âge de la Terre déduit de la salinité des océans

→ FICHE 23

Le chlorure de sodium est le constituant principal du sel que l'on trouve dans les océans et que l'on utilise aussi pour saler nos aliments.

John Joly, géologue irlandais, supposait que, lors de leur formation, les océans étaient initialement composés d'eau non salée et que, petit à petit, l'eau des rivières avait apporté le sel. Pour lui, la salinité actuelle des océans traduit le temps écoulé depuis leur formation.

En 1900, John Joly a ainsi évalué à $1{,}44 \times 10^{16}$ tonnes la quantité de sodium contenue dans les océans et à $1{,}57 \times 10^{8}$ tonnes la quantité de sodium apportée chaque année par les rivières.

Calculer un âge minimal de la Terre si, comme John Joly, on suppose que tout le sodium des océans provient des rivières.

OBJECTIF BAC

11 Mesure de la circonférence de la Terre
60 min

Dans cet exercice, vous allez analyser des documents, exprimer et calculer des longueurs à partir de la mesure d'un angle en vous appuyant sur la méthode d'Ératosthène. → FICHE 21

LE SUJET

À l'aide de vos connaissances et des documents 1 et 2, répondre aux questions en argumentant.

Doc 1 Observations et mesures d'Ératosthène

Au IIIe siècle avant notre ère, Ératosthène, astronome et géographe grec, fait l'hypothèse que la Terre est une boule et entreprend alors d'en calculer la circonférence.

Ératosthène sait, d'après les récits des voyageurs qui parcourent l'Égypte, que, le jour du solstice d'été à midi, à Syène, les rayons du soleil frappent la Terre à la verticale, car on peut voir l'astre se refléter au fond des puits de la ville.

À Alexandrie, le même jour et à la même heure, il mesure l'ombre d'un obélisque et relève 3,07 m. La hauteur de l'obélisque est de 24,3 m. On considère que les deux villes se trouvent sur le même méridien.

Par des calculs, Ératosthène détermine que l'obélisque à Alexandrie forme un angle de 7,20° avec les rayons solaires.

Doc 2 Schématisation de la situation

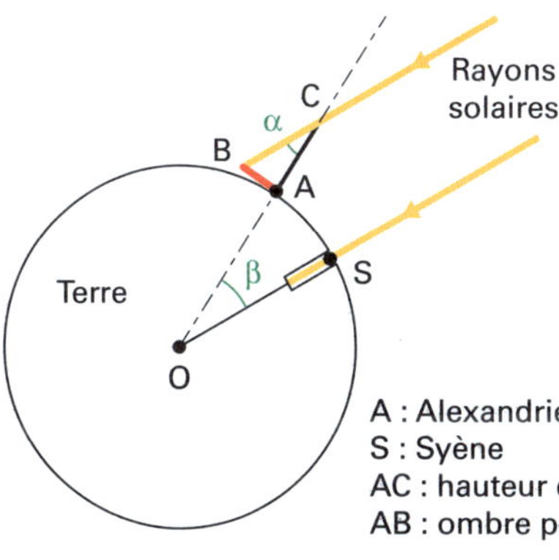

A : Alexandrie
S : Syène
AC : hauteur de l'obélisque
AB : ombre portée de l'obélisque

1. Détermination de l'angle α

On note $\alpha = \widehat{ACB}$; $\beta = \widehat{COS}$; le triangle ABC est rectangle en A.

a. À l'aide des documents, expliquer pourquoi on observe une ombre de l'obélisque à Alexandrie alors que les rayons solaires arrivent verticalement à Syène ?

b. Calculer la valeur en degrés de l'angle α (au dixième de degré). Retrouve-t-on la valeur donnée dans le document 1 ?

c. En déduire la valeur de l'angle β.

2. Mesure de la circonférence de la Terre

Un **bématiste** indique à Ératosthène que la distance entre Alexandrie et Syène est d'environ 5 000 stades de l'époque.

a. Sachant qu'un stade est égal à 157,5 m, exprimer la distance *d*, entre Alexandrie et Syène, en km.

> **À NOTER**
> **Bématiste** : personne chargée de mesurer la distance entre les villes.

b. À partir des mesures précédentes, déterminer la circonférence de la Terre.

c. En déduire la valeur du rayon terrestre, arrondie au kilomètre. La comparer avec la valeur moyenne $R_T = 6\ 371$ km.

LA FEUILLE DE ROUTE

1. a. S'approprier et analyser les documents

Dans le document 2, repérez les deux informations importantes concernant les rayons solaires et la forme de la Terre. Ératosthène formule une hypothèse en ce sens dans le document 1.

1. b. S'aider d'un schéma et comparer des résultats avec des documents

À partir du document 2, formulez la relation trigonométrique qui lie l'angle α et les segments AB (opposé à l'angle) et AC (adjacent à l'angle).

Vérifiez que vous avez trouvé la même valeur que celle du doc 1. Si ce n'est pas le cas, reprenez le calcul de l'angle α.

1. c. Utiliser une propriété mathématique

Les deux angles α et β sont des **angles alternes-internes** et les rayons solaires sont parallèles.

> **À NOTER**
> Quand deux droites parallèles sont coupées par une sécante, alors elles forment des angles alternes-internes de même valeur.

2. a. Convertir une distance dans une unité adaptée

Appliquez la conversion donnée d'un stade à la distance entre deux villes en donnant un résultat final en km.

2. b. Utiliser une relation de proportionnalité

L'angle β correspond à l'arc de cercle reliant Alexandrie à Syène dont vous connaissez la longueur. En vous aidant du document 2 et sachant que la circonférence de la Terre correspond à un angle de 360°, par une relation de proportionnalité, exprimez cette grandeur en fonction des trois connues.

2. c. Calculer le rayon d'un cercle à partir de son périmètre

Utilisez la formule du périmètre d'un cercle *P* en fonction de son rayon *R* :

$$P = 2\pi R$$

Faites preuve d'esprit critique sur la valeur trouvée en vous appuyant sur l'énoncé.

CORRIGÉS

SE TESTER QUIZ

1 L'histoire de la forme de la Terre

Réponse a.
L'affirmation b est fausse, car Aristote apporte des arguments en faveur d'une forme sphérique de la Terre. L'affirmation c est fausse, car les méridiens et les parallèles sont des lignes imaginaires permettant aux hommes de se repérer à la surface de la Terre.

2 Les mesures du méridien terrestre

1. Réponse c.
L'affirmation a est fausse, car les méridiens permettent de se repérer à la surface de la Terre relativement à l'ouest ou à l'est. L'affirmation b est fausse, car c'est le méridien de Greenwich qui est le méridien de référence depuis 1884.

2. Réponse b.
La réponse c est fausse, car 6 371 km est la valeur moyenne du rayon terrestre. Les réponses a et d sont fausses.

3 Le repérage à la surface de la Terre

1. Réponse a
L'affirmation b est fausse, car la longitude est graduée de 0° à 180°.

2. Réponse c. L'affirmation a est fausse, car la latitude de l'objet est celle de l'hémisphère Sud (45° 2' S). L'affirmation b est fausse, car la longitude de l'objet est à l'ouest (25° 15' O).

4 L'histoire de l'âge de la Terre

1. Réponse b.
Les affirmations a et c sont fausses, car, au XVIIIe siècle, l'âge de la Terre proposé (ou supposé) par Buffon reste du même ordre de grandeur que celui estimé par les géologues dans la seconde moitié du XVIIe siècle. Au XXe siècle, la datation radiochronologique met fin à la controverse.

2. Réponse b.
L'affirmation a et c sont fausses, car c'est Lord Rayleigh qui a été le premier, en 1905, à proposer un âge dépassant le milliard d'années pour la Terre.

S'ENTRAÎNER

5 Réviser le cours en 8 questions flash

1. La Terre est de forme sphérique, légèrement aplatie aux pôles.
2. On se repère à la surface du globe grâce à la latitude et la longitude.

3. Cette méthode a permis de calculer la longueur du méridien terrestre par une relation de proportionnalité.

4. Le plus court chemin entre deux points à la surface de la Terre est l'arc du grand cercle qui passe par les deux points.

5. La référence des méridiens est le méridien de Greenwich et celle des parallèles est l'équateur.

6. L'âge de la Terre a été estimé à partir :
- du temps de refroidissement du globe ;
- des vitesses de dépôts des sédiments et d'érosion des reliefs ;
- de l'accroissement de la salinité des océans.

7. L'âge de la Terre a été déterminé en mesurant la proportion d'isotopes radioactifs d'une météorite supposée du même âge que les planètes du système solaire.

8. L'âge de la Terre est aujourd'hui précisément estimé à 4,57 milliards d'années.

6 Les coordonnées à la surface de la Terre

1.

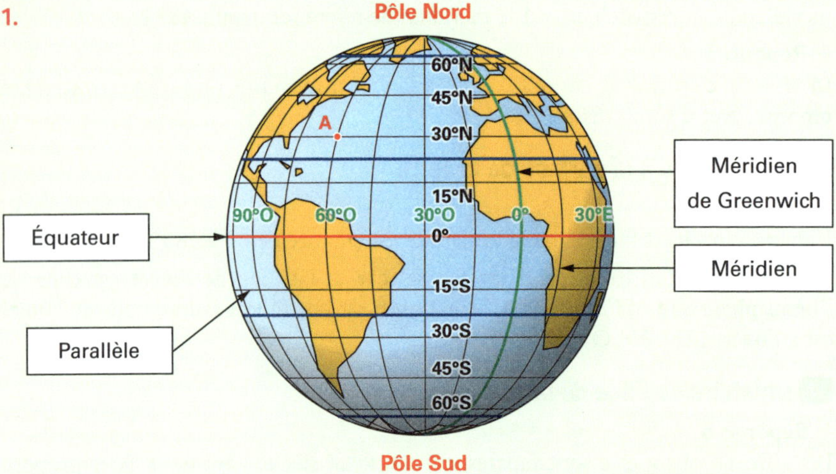

2. Le point A a pour coordonnées : latitude : 30° N ; longitude : 60° O.

7 Distance la plus courte

1. Comme les deux villes se situent à l'ouest du méridien de Greenwich, pour déterminer l'angle de l'arc qui relie ces deux villes, il faut soustraire la plus petite longitude de la plus grande.
L'angle α est égal à la différence de longitude entre les deux villes :

$$\alpha = 74 - 3{,}7 = 70{,}3°.$$

2. En utilisant la relation $L_1 = \frac{r \times \pi \times \alpha}{180}$, on peut déterminer la longueur de l'arc de cercle vert :

$$L_1 = \frac{4\,830 \times \pi \times 70{,}3}{180} = 5\,926 \text{ km.}$$

3. Soit $L_2 = \dfrac{R_T \times \pi \times \gamma}{180}$, on obtient $L_2 = \dfrac{6\,371 \times \pi \times 51{,}7}{180} = 5\,749$ km.

4. On constate que $L_2 < L_1$, car L_2 correspond à la longueur de l'arc d'un grand cercle qui est le plus court chemin entre deux points à la surface de la Terre.

8 Mesure d'une longueur par triangulation

1. Dans le triangle ACD : $\widehat{CAD} = 27°$ et $\widehat{ADC} = 36°$.
Dans un triangle, la somme des angles est égale à 180°.
Donc :

$$\widehat{ACD} = 180 - (36 + 27) = 117°.$$

2. En utilisant la formule des sinus, on a :

$$\frac{[AD]}{\sin(\widehat{ACD})} = \frac{[AC]}{\sin(\widehat{ADC})}$$

$$[AC] = [AD] \times \frac{\sin(\widehat{ADC})}{\sin(\widehat{ACD})}$$

Donc :

$$[AC] = 250 \times \frac{\sin(36)}{\sin(117)} = 165 \text{ m.}$$

3. La valeur du segment [AG] correspond à la somme des trois segments :
[AG] = [AC] + [CE] + [EG] = 165 + 65,8 + 132 = 362,8 m.

9 Calcul d'une durée de sédimentation

1. Pour calculer la durée nécessaire à la sédimentation de 22 km de sédiments, il suffit d'utiliser un produit en croix.
Si $22{,}9 \times 10^{-2}$ mm de sédiments se déposent en 1 an.
Par conséquent, 22 km, soit 22×10^6 mm de sédiments, nécessitent : $\dfrac{22 \times 10^6}{22{,}9 \times 10^{-2}}$,
soit $0{,}96 \times 10^8$ ans, c'est-à-dire 96 Ma.

2. a. Les valeurs estimées par Geike en 1892 révèlent des durées de sédimentation très variables et donc de très grands écarts dans l'estimation des âges.
b. Les calculs effectués par les géologues partent du principe que les vitesses de sédimentation sont constantes dans le temps. Or, les valeurs estimées par Geike en 1892 montrent que ces vitesses ne le sont pas. Ces calculs sont donc approximatifs, mais ils ont permis à l'époque d'apporter une contradiction aux calculs de Lord Kelvin et d'autres physiciens qui évaluaient, à la fin du XIXe siècle, un âge de 24 Ma pour la Terre.

10 L'âge de la Terre déduit de la salinité des océans

Si on suppose que l'océan était initialement composé d'eau douce, alors la masse de sodium dans l'océan actuel serait égale à l'âge de l'océan multiplié par le taux annuel d'apport de sodium. L'âge de l'océan serait donc égal à la masse de sodium dans l'océan actuel divisé par le taux annuel d'apport de sodium, soit : $\dfrac{1{,}44 \times 10^{16}}{1{,}57 \times 10^8} = 0{,}92 \times 10^8$ ans, soit 92 Ma.

OBJECTIF BAC

11 Mesure de la circonférence de la Terre

1. Détermination de l'angle α

a. S'approprier et analyser les documents

D'après les documents 1 et 2, les rayons solaires arrivent parallèles entre eux sur Terre et verticalement à Syène. Si la Terre était plate, aucune ombre de l'obélisque à Alexandrie ne serait observable.

Il se forme une ombre de l'obélisque, car les deux villes se situent à des latitudes différentes et la Terre est de forme sphérique.

b. S'aider d'un schéma et comparer des résultats avec des documents

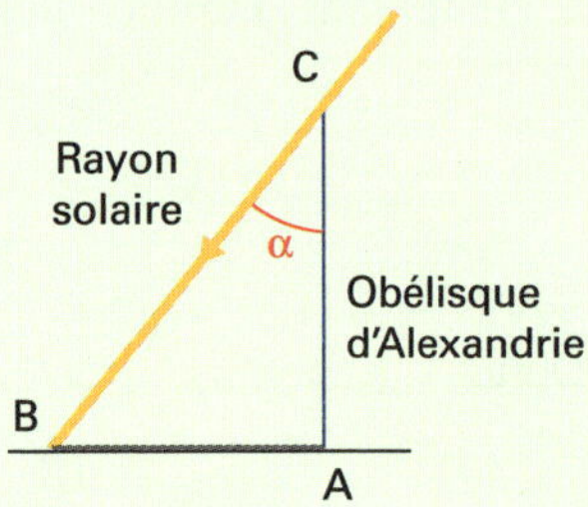

À l'aide du schéma, on peut exprimer l'angle α dans le triangle ABC par la relation suivante :

$\tan \alpha = \frac{AB}{AC}$, soit $\alpha = \arctan\left(\frac{AB}{AC}\right)$;

$\alpha = \arctan\left(\frac{3{,}07}{24{,}3}\right) = 7{,}20°$.

Cette valeur est en accord avec celle indiquée dans le document 1.

c. Utiliser une propriété mathématique

Les angles α et β sont alternes-internes et les rayons solaires sont parallèles, donc $\alpha = \beta = 7{,}20°$.

2. Mesure de la circonférence de la Terre

a. Convertir une distance dans une unité adaptée

En utilisant les règles de proportionnalité, la distance d entre les deux villes est :

$$d = \frac{157{,}5 \times 5\,000}{1} = 787\,500 \text{ m} = 787{,}5 \text{ km.}$$

b. Utiliser une relation de proportionnalité

La circonférence de la Terre C correspond à un angle de 360°, l'arc de cercle Alexandrie-Syène correspond à un angle de 7,20° et sa longueur est de 787,5 km. Par une relation de proportionnalité, on trouve :

$$C = \frac{787{,}5 \times 360}{7{,}20} = 39\,375 \text{ km} = 3{,}94 \times 10^4 \text{ km}$$

c. Calculer le rayon d'un cercle à partir de son périmètre

La relation entre la circonférence et le rayon est : $C = 2 \times \pi \times R_T$.

Donc : $R_T = \frac{C}{2 \times \pi} = \frac{39\,375}{2 \times \pi} = 6\,267$ km.

La valeur trouvée est proche de celle donnée par le sujet, la différence s'explique par l'imprécision de la mesure effectuée par Ératosthène, notamment sur la distance entre les deux villes : « environ 5 000 stades ».

La Terre dans l'Univers

Certains clichés, comme ce lever de Terre vu depuis la Lune diffusé par la Nasa en 2015, participent à modifier la perception que l'être humain a de son environnement.

24 L'avènement de la théorie héliocentrique

En bref *Il y a 2 000 ans, la Terre était considérée comme le centre de l'Univers. Ce n'est qu'à la Renaissance que des savants ont remis en cause cette vision et proposé une nouvelle théorie : l'héliocentrisme.*

I Le géocentrisme

■ Au IVe siècle avant J.-C., Aristote (384-322 av. J.-C.), philosophe grec de l'Antiquité, est l'un des premiers à défendre le **géocentrisme** avec un système de sphères emboîtées les unes dans les autres. Les mouvements circulaires uniformes lui semblent être les seuls mouvements célestes possibles.

> **MOT CLÉ**
> **Géocentrisme :** théorie plaçant la Terre au centre de l'Univers, considérant qu'elle est immobile et que les autres astres tournent autour d'elle.

■ Claude Ptolémée (vers 90-168 ap. J.-C.) approuve et précise cette vision géocentrique du système solaire. Il rédige un traité d'astronomie, l'*Almageste*, dans lequel il développe un système constitué de différents cercles pour expliquer le mouvement apparent des planètes et du Soleil dans le ciel.

II Une nouvelle vision : l'héliocentrisme

■ Au XVIe siècle, l'astronome polonais Nicolas Copernic (1473-1543) remet en question la théorie géocentrique. Il développe sa conception du monde dans son ouvrage en latin *De Revolutionibus Orbium Coelestium* (« Révolutions de sphères célestes ») qu'il termine vers 1530 et qui ne sera publié qu'en 1543, à sa mort, par crainte des instances religieuses.

Dans ce traité d'astronomie, Copernic place le Soleil au centre du système solaire : les planètes sont en rotation autour du Soleil. C'est l'héliocentrisme.

> **À NOTER :**
> Aristarque de Samos (IIIe s. av. J.-C.) avait déjà proposé un modèle héliocentrique.

■ Ce n'est qu'au début du XVIIe siècle que les visions géocentrique et héliocentrique commencent à s'opposer. Elles sont à l'origine de l'une des **controverses** les plus importantes de l'histoire des sciences.
Les dogmes religieux et philosophiques de l'époque imposent une vision géocentrique du monde, alors que certains scientifiques défendent la théorie héliocentrique.

> **MOT CLÉ**
> **Controverse :** discussion argumentée, motivée par des opinions ou des interprétations divergentes.

■ Johannes Kepler (1571-1630), convaincu par le modèle de Copernic, établit des relations mathématiques pour décrire le mouvement des planètes autour du Soleil. Une de ses lois stipule que l'orbite des planètes ne peut être ni un cercle ni une combinaison de cercles, mais une ellipse.

■ Galilée (1564-1642), grâce à ses observations à la lunette astronomique (avec laquelle il découvre notamment quatre satellites de Jupiter), est également convaincu par l'héliocentrisme. Il publie ses travaux dans lesquels il réfute l'idée du géocentrisme. Il est condamné par l'Inquisition en 1633 pour ses idées contradictoires avec celles de l'Église.

■ À la fin du XVIIe siècle, grâce aux travaux d'Isaac Newton sur la mécanique céleste, la plupart des pays européens admettent la théorie de l'héliocentrisme. Depuis, le mouvement des planètes et des corps célestes du système solaire est défini dans le référentiel héliocentrique.

Doc Mouvement de la Terre dans le référentiel héliocentrique

Le référentiel héliocentrique a pour origine le centre du Soleil, ses axes orthogonaux pointant vers trois étoiles éloignées considérées comme fixes.

La Terre décrit une trajectoire quasi circulaire dans ce référentiel.

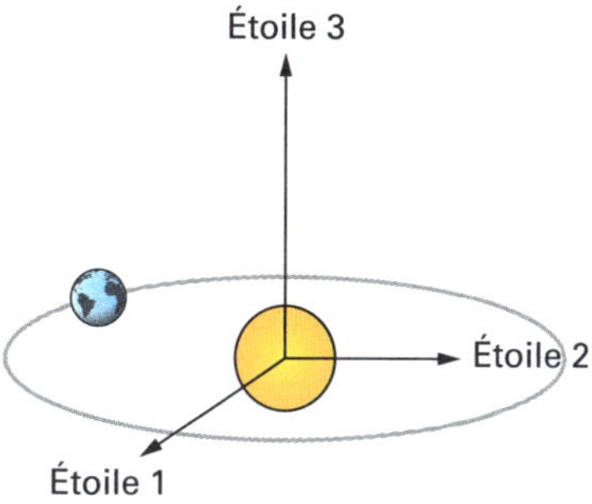

zoOm

Carte illustrant le système géocentrique de Ptolémée

Tirée de l'*Atlas céleste de Cellarius* (1660), cette carte représente la Terre et les différents cercles correspondant aux trajectoires des astres connus à l'époque.

25 Le système Terre-Lune

En bref *Par sa proximité, sa luminosité, ses différentes phases, la Lune fascine les hommes depuis toujours. Elle constitue un point de repère majeur dans le ciel.*

I Caractéristiques du système Terre-Lune

■ La Lune est le seul **satellite naturel** de la Terre. La question de son origine est toujours débattue, mais on sait qu'elle s'est formée peu de temps après notre planète, il y a près de 4,5 milliards d'années. (→ FICHE 23)

> **MOT CLÉ**
> **Satellite naturel** : astre en orbite autour d'un autre corps céleste.

■ Le diamètre de la Lune (3 475 km) représente le quart de celui de la Terre (12 740 km) ; la Terre dispose ainsi d'un satellite naturel massif qui est à l'origine de phénomènes remarquables comme les éclipses, les marées ou encore le maintien de l'inclinaison de la Terre sur son axe de rotation, qui est essentiel à l'alternance des saisons et à l'équilibre climatique terrestre.

■ La période de rotation de la Lune sur elle-même (27,32 jours) est précisément égale à la **période de révolution sidérale de la Lune**.

C'est pourquoi la Lune présente toujours la même face à la Terre. Elle possède ainsi une face « visible » et une face « cachée ».

> **MOT CLÉ**
> **Période de révolution sidérale de la Lune** : temps mis par notre satellite pour effectuer un tour complet autour de la Terre.

■ La trajectoire de la Lune autour de la Terre décrit une orbite quasi circulaire (doc. 1).

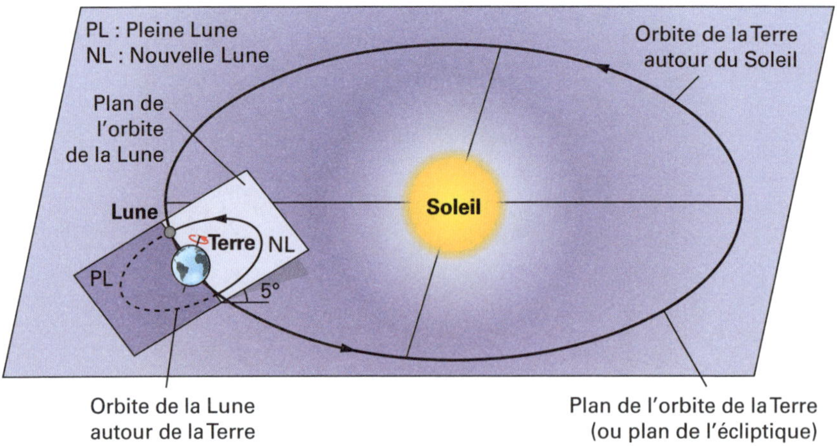

Doc 1 Orbites de la Terre et de la Lune

II Le cycle des phases lunaires

■ Le mouvement de la Lune autour de la Terre se combine à celui de la Terre autour du Soleil. La position de la Lune change ainsi par rapport au Soleil et, sur Terre, on ne voit qu'une fraction de son hémisphère éclairé. On appelle phase lunaire cette portion illuminée de la Lune vue depuis la Terre.

■ À mesure que la Lune se déplace sur son orbite autour de la Terre, la phase lunaire change. L'intervalle de temps qui sépare deux phases semblables – deux pleines lunes successives par exemple – s'appelle une **lunaison** ou **période synodique**. Elle dure 29,53 jours en moyenne. En toute fin de lunaison, la configuration Soleil-Terre-Lune est identique à celle du début. Il s'agit bien d'un phénomène cyclique.

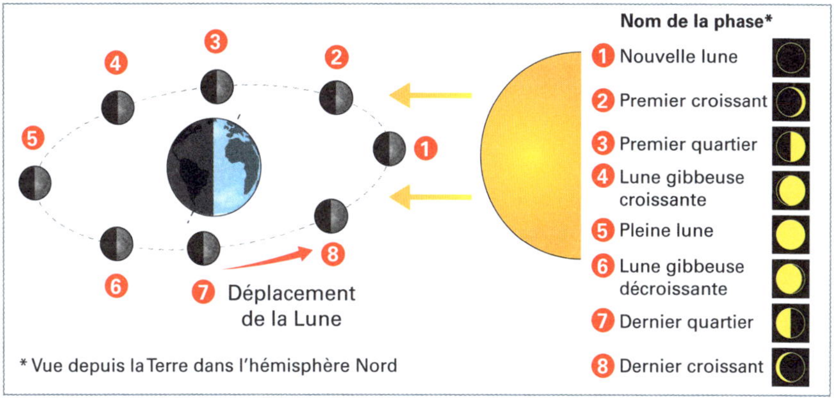

Doc 2 Configurations Soleil–Terre–Lune et phases lunaires

zoOm

La trajectoire de la Lune dépend du référentiel choisi

■ Le référentiel géocentrique a son origine au centre de la Terre, ses axes orthogonaux pointent vers des étoiles lointaines qui apparaissent fixes. La Lune décrit une trajectoire quasi circulaire dans ce référentiel.

■ Dans le référentiel héliocentrique, la Lune décrit une trajectoire plus complexe : vue du Soleil, la course de la Lune décrirait une sorte de spirale.

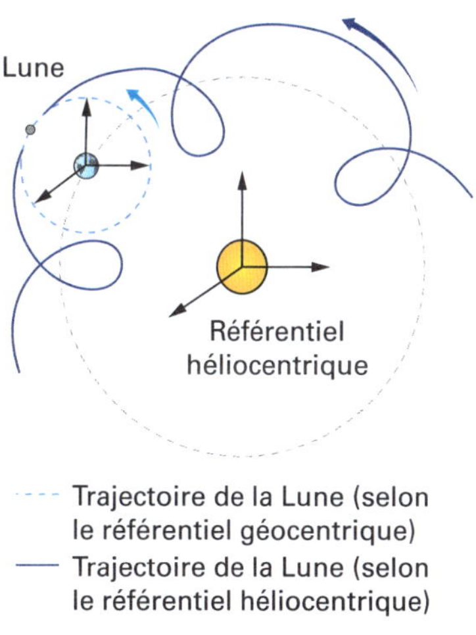

MÉMO VISUEL

Le géocentrisme et l'héliocentrisme

Le géocentrisme
Dès l'Antiquité (Aristote, Ptolémée) et pendant près de 2 000 ans, la Terre est considérée comme immobile et placée au centre de l'Univers.

L'héliocentrisme
L'héliocentrisme est défendu par Copernic au XVIe siècle, puis par Galilée et Kepler au XVIIe siècle. La Terre décrit une trajectoire quasi circulaire dans le référentiel héliocentrique : elle tourne autour du Soleil.

LA TERRE DANS

Le référentiel géocentrique
Référentiel lié au centre de la Terre dont les axes sont orientés vers trois étoiles lointaines considérées comme fixes.

Le référentiel héliocentrique
Référentiel lié au centre du Soleil et dont les axes sont orientés vers trois étoiles lointaines considérées comme fixes.

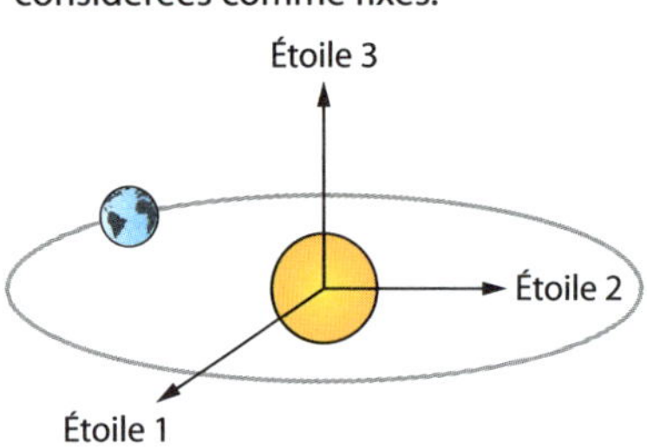

L'UNIVERS

La Terre et son satellite naturel, la Lune

Les mouvements de la Lune

La Lune décrit une orbite quasi circulaire autour de la Terre (vue dans le référentiel géocentrique). Elle tourne également sur elle-même.

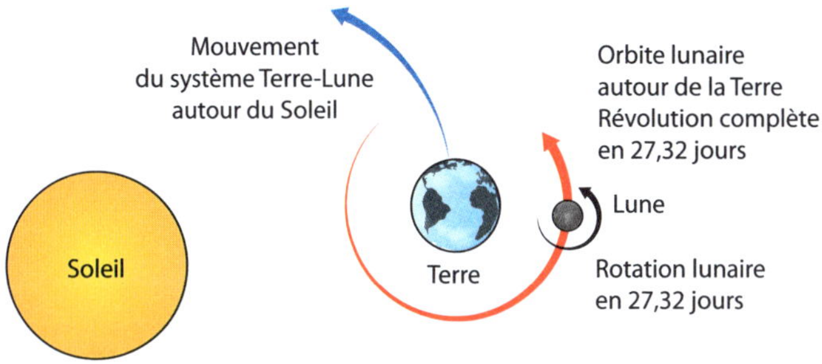

Une face visible, une face cachée

La Lune présente à la Terre toujours la même face, car les mouvements de rotation de la Lune sur elle-même et de révolution autour de la Terre sont synchrones (27,32 jours).

Les phases lunaires

Depuis la Terre nous ne voyons qu'une partie de l'hémisphère éclairé de la Lune. On parle des phases lunaires.
Le cycle dure environ 29 jours : c'est la lunaison.

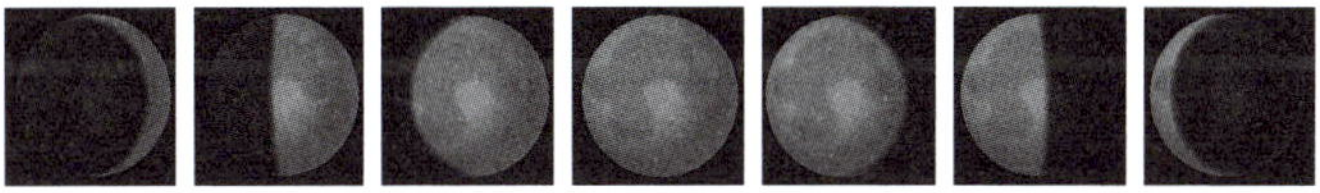

SE TESTER QUIZ

Vérifiez que vous avez bien compris les points clés des **fiches 24 et 25**.

1 L'avènement de la théorie héliocentrique

→ FICHE 24

1. Cocher les informations correctes concernant le géocentrisme :

☐ **a.** La Terre est placée au centre de l'Univers.
☐ **b.** La Terre tourne sur elle-même.
☐ **c.** Le Soleil tourne autour de la Terre.
☐ **d.** Dans l'Antiquité, on pensait que les mouvements célestes étaient circulaires uniformes.
☐ **e.** La théorie du géocentrisme a été proposée par Copernic.

2. Cocher les informations correctes concernant l'héliocentrisme :

☐ **a.** Les planètes sont en orbite autour du Soleil.
☐ **b.** La Terre décrit une trajectoire quasi circulaire dans le référentiel héliocentrique.
☐ **c.** Ptolémée, Kepler et Galilée sont des scientifiques convaincus par l'héliocentrisme.
☐ **d.** L'héliocentrisme est accepté dès la publication des travaux de Copernic par l'ensemble de la communauté scientifique.

3. Que peut-on dire de la controverse entre les visions géocentrique et héliocentrique de l'Univers :

☐ **a.** Elle date de l'Antiquité.
☐ **b.** Elle a été suscitée par les apports scientifiques de Galilée et Kepler.
☐ **c.** Elle oppose une approche philosophique et religieuse à des travaux scientifiques.

2 Le système Terre-Lune

→ FICHE 25

1. Cocher les informations correctes concernant la Lune :

☐ **a.** C'est un satellite artificiel de la Terre.
☐ **b.** Elle présente à la Terre toujours la même face.
☐ **c.** Son diamètre est quatre fois plus petit que celui de la Terre.
☐ **d.** Elle tourne sur elle-même en 24 heures.
☐ **e.** Elle a une trajectoire quasi circulaire dans le référentiel géocentrique.

2. Comment s'expliquent les phases lunaires ?

☐ **a.** Par la rotation de la Lune sur elle-même.
☐ **b.** Par la rotation de la Terre sur elle-même.
☐ **c.** Par la position relative de la Lune par rapport au Soleil et à la Terre.
☐ **d.** Par la distance variable entre la Lune et la Terre.

S'ENTRAÎNER

3 Réviser le cours en 8 questions flash

→ FICHES 24 et 25

1. Quel astre, immobile, est placé au centre du système géocentrique ?
2. De quelle époque date le géocentrisme ?
3. Quelle forme de trajectoire suit la Terre dans le référentiel héliocentrique ?
4. Pourquoi Galilée et Kepler réfutent-ils le modèle géocentrique ?
5. Dans quel référentiel la Lune a-t-elle une trajectoire quasi circulaire ?
6. Qu'est-ce qu'une lunaison ?
7. Pourquoi la Lune nous montre-t-elle toujours la même face ?
8. À quoi sont dues les phases lunaires ?

4 L'atlas céleste d'Andreas Cellarius

→ FICHE 24

Ces deux cartes sont issues de l'atlas céleste, *Harmonia Macrocosmica*, rédigé en 1660 par Andreas Cellarius, mathématicien et cartographe néerlando-allemand.

Doc Représentations du système solaire par Cellarius

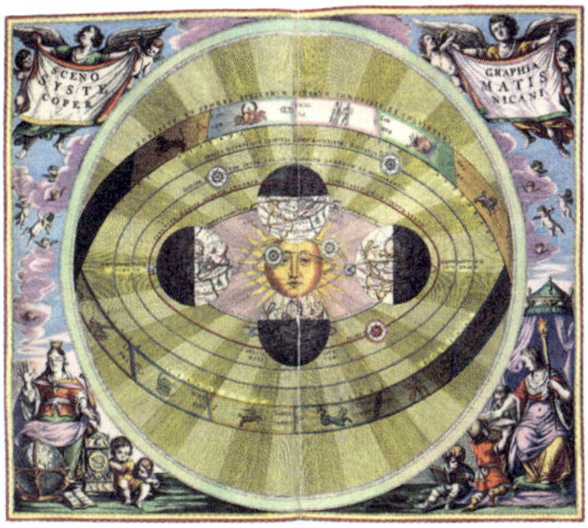

1. Identifier la vision de l'Univers représentée sur chaque carte. Justifier votre réponse.

2. Pourquoi Cellarius représente-t-il deux visions différentes de l'Univers ? Expliquer votre réponse.

> **CONSEIL**
> Pour la question 2, appuyez-vous sur la date de publication de l'atlas.

5 L'essentiel sur la Lune

→ FICHE 25

Compléter le texte avec les mots suivants :

lunaison • sidérale • face • pleines • trajectoire • satellites • rotation

La Lune fait un tour complet autour de notre planète en 27,32 jours, soit 27 jours 7 heures et 40 minutes. Au bout de ce laps de temps, on dit que la Lune a effectué une révolution .... Observée dans un référentiel géocentrique, la .... de la Lune autour de la Terre est quasi circulaire. Il faut aussi 27,32 jours pour que la Lune effectue une .... complète sur elle-même. Ces deux mouvements synchrones font que la Lune nous présente toujours la même .... Cet équilibre n'est pas propre à la Lune ; on le retrouve pour la grande majorité des .... naturels proches de la planète autour de laquelle ils gravitent. Deux .... lunes sont espacées de 29,53 jours en moyenne ; cette durée s'appelle une ....

6 Les aspects de la Lune au cours d'une lunaison

→ FICHE 25

Remettre dans l'ordre les phases lunaires a à h pour chacune des huit positions relatives du Soleil, de la Terre et de la Lune – la position 9 étant déjà attribuée.

CONSEIL
Imaginez-vous sur Terre, face à la Lune, pour retrouver la bonne image de la Lune.

Doc 1 Positions relatives du Soleil, de la Terre et de la Lune au cours d'une lunaison

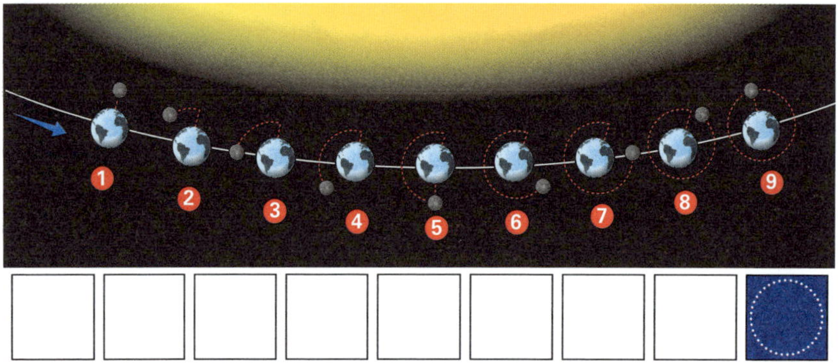

Doc 2 Les principales phases lunaires dans le désordre

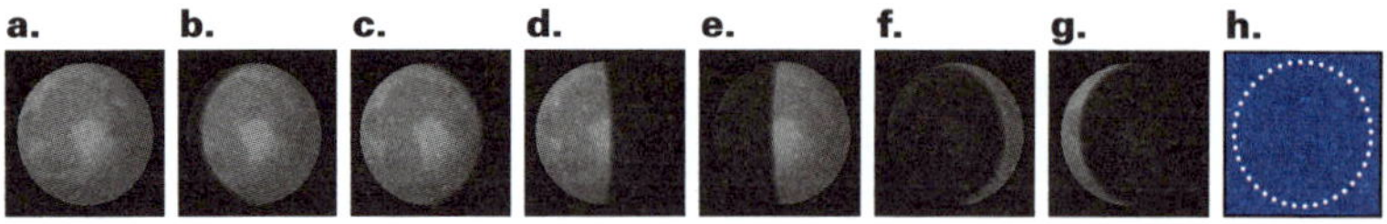

OBJECTIF BAC

7 Galilée et la révolution copernicienne

60 min

Ce sujet va vous permettre de revenir sur les fondements scientifiques théoriques et expérimentaux qui ont abouti au changement de représentation de l'Univers aux XVIe et XVIIe siècles. → FICHES 24 et 25

LE SUJET

À l'aide des documents 1 à 3 et de vos connaissances, répondre aux questions suivantes en argumentant.

1. La théorie Copernicienne

Expliquer en quoi le système de Copernic remet en cause la théorie dominante en place jusqu'alors.

À NOTER
À l'époque de Copernic, les astres sont considérés comme de grandes sphères lisses, sans aucune imperfection.

2. Les observations astronomiques de Galilée

À partir des observations astronomiques de Galilée, donner différents arguments en faveur de la théorie de Copernic.

3. Les phases de la Lune

a. Comment expliquer les différentes phases lunaires observées par Galilée ?

b. Représenter sur un schéma les positions du Soleil, de la Terre et de la Lune pour pouvoir observer le premier croissant et le dernier quartier de Lune dessinés par Galilée.

Doc 1 La théorie copernicienne

« Après de longues recherches, je me suis enfin convaincu : que le Soleil est une étoile fixe, entourée de planètes qui tournent autour d'elle et dont elle est le centre et le flambeau ; le Soleil demeurant immobile, tout ce qui apparaît être un mouvement du Soleil est en vérité plutôt un mouvement de la Terre ; que tous les phénomènes des mouvements diurnes et annuels, le retour périodique des saisons, sont les résultats de la rotation de la Terre autour de son axe et de son mouvement autour du Soleil.
Bien que toutes ces choses soient presque impensables et assurément contraires à l'opinion de la multitude, néanmoins, nous les clarifierons, du moins pour ceux qui n'ignorent pas les mathématiques. »

Nicolas Copernic, *De la révolution des orbes célestes*, 1543.

Doc 2 Galilée, observateur de l'Univers

« Le 7 janvier 1610, à une heure du matin, alors que j'explorais le ciel avec ma lunette, Jupiter se présenta à moi ; et parce que j'avais construit un instrument puissant, je pus apercevoir trois petites étoiles à côté de lui. »
Quelques jours plus tard, Galilée découvre un quatrième astre près de Jupiter.
« Nous n'avons plus seulement une planète tournant autour d'une autre, tandis que l'ensemble tourne autour du Soleil. Nous voyons de nos propres yeux quatre astres qui tournent autour de Jupiter comme la Lune autour de la Terre, tandis que l'ensemble tourne autour du Soleil. »

D'après Galilée, *Le Messager des étoiles*, 1610.

Doc 3 Dessins d'observations de Galilée

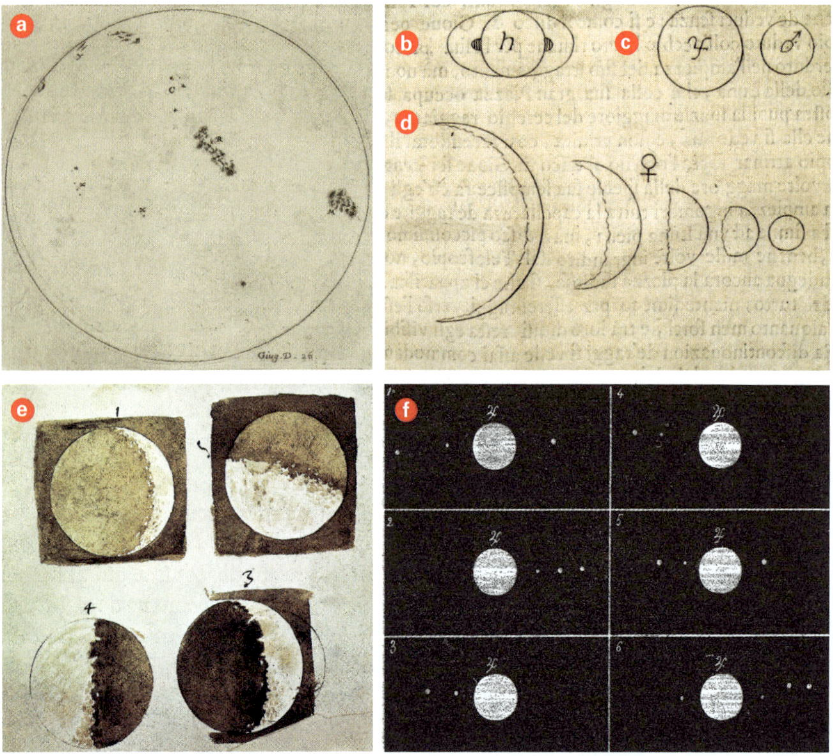

ⓐ Le Soleil et les taches solaires observés à la lunette × 30 (1613).
ⓑ Saturne.
ⓒ Jupiter et Mars.
ⓓ Les phases de Vénus.
ⓔ Les phases de la Lune, les cratères visibles.
ⓕ Jupiter et ses « étoiles », leur évolution.

▶▶▶ LA FEUILLE DE ROUTE

1. Lire et analyser attentivement la question posée

- Repérez les mots clés : théorie de Copernic, vision de l'Univers, théorie dominante.

Cette question doit vous orienter vers l'exploitation du document 1.

- Notez au brouillon des informations, des indices : Copernic développe sa représentation de l'Univers ; on est en 1543 ; une théorie est en déjà place, elle domine.
- Mobilisez vos connaissances en les mettant en relation avec les informations du document 1. Vous devez ici nommer la théorie de Copernic, la théorie dominante, et expliquer en quoi les deux théories s'opposent. → FICHE 24.
- Rédigez la réponse en veillant à être précis et concis.

2. Identifier et analyser les informations

- Lisez attentivement la question. Elle vous oriente vers les documents 2 et 3. Repérez les mots-clés : observations, Galilée, théories, astres parfaits.
- Croisez les informations des documents 2 et 3. Observez les dessins de Galilée et faites ressortir les informations que vous utiliserez dans votre argumentation en faveur de la théorie de Copernic présentée dans le document 1. Regardez plus particulièrement les informations sur l'imperfection des astres (fig. a, c et e), leur taille qui « change » (fig. d) ; les astres tels Jupiter et « ses étoiles » qui fonctionnent à l'image du système Soleil-Terre-Lune (fig. f et document 2).
- Mobilisez vos connaissances et rédigez la réponse.

3. Mobiliser des connaissances

a. Expliquez les phases lunaires en général et pas seulement celles représentées par Galilée.

b. Positionnez correctement les astres en y portant les zones de lumière et d'ombre.

CORRIGÉS

▶ SE TESTER QUIZ

1 L'avènement de la théorie héliocentrique

1. Réponses a, c et d.

L'affirmation b est fausse, car la Terre est considérée comme immobile dans la vision géocentrique de l'Univers. L'affirmation e est fausse, car la théorie du géocentrisme a été émise à l'Antiquité par des philosophes grecs, tels qu'Aristote et Ptolémée.

2. Réponses a et b.

L'affirmation c est fausse, car Ptolémée propose un modèle géocentrique. L'affirmation d est fausse, car entre la publication du traité d'astronomie de Copernic (1543) et les travaux de Newton (fin du XVIIe s.), il s'écoule près de 150 ans avant que la théorie héliocentrique ne s'impose.

3. Réponses b et c.

L'affirmation a. est fausse, car l'opposition entre géocentrisme et héliocentrisme date du XVIIe siècle.

2 Le système Terre-Lune

1. Réponses b, c et e.

L'affirmation a est fausse, car la Lune est un satellite naturel de la Terre et non artificiel. L'affirmation d est fausse, car la période de rotation de la Lune est de 27,32 jours ; c'est la Terre qui tourne sur elle-même en 24 heures.

2. Réponse c.

Les réponses a, b et d sont fausses, car les différents aspects que nous percevons de notre satellite résultent de sa position par rapport à la Terre et au Soleil. Le Soleil éclaire la Lune ; la Lune tourne autour de la Terre, qui tourne elle-même autour du Soleil ; la partie visible de l'hémisphère éclairé de la Lune varie donc constamment.

S'ENTRAÎNER

3 Réviser le cours en 8 questions flash

1. Dans la théorie géocentrique, la Terre est placée au centre de l'Univers.
2. Le géocentrisme date de l'Antiquité (Aristote et Ptolémée).
3. Dans le référentiel héliocentrique, la Terre décrit une trajectoire quasi circulaire.
4. Galilée et Kepler ont réfuté le géocentrisme, car leurs observations et leurs calculs s'accordent mieux avec une vision héliocentrique.
5. Dans le référentiel géocentrique, la trajectoire de la Lune peut être considérée comme un cercle dont le centre est confondu avec celui de la Terre.
6. La lunaison est l'intervalle de temps entre deux nouvelles lunes successives, soit en moyenne 29 jours 12 heures et 44 minutes.
7. La Lune nous montre toujours la même face, car les mouvements de révolution autour de la Terre et de rotation sur elle-même sont synchrones.
8. Les phases lunaires observées depuis la Terre sont dues aux positions relatives du Soleil, de la Terre et de la Lune.

4 L'atlas céleste d'Andreas Cellarius

1. La carte de gauche, où la Terre est placée au centre du système, représente la vision géocentrique. La carte de droite, avec le Soleil au centre, représente la vision héliocentrique.

2. L'atlas céleste de Cellarius date de 1660. À cette époque, le géocentrisme est un modèle conforme aux idées religieuses et convient toujours à un certain nombre de savants. Mais certains scientifiques comme Kepler et Galilée ont déjà adopté la vision copernicienne et défendent un modèle héliocentrique. C'est pourquoi Andreas Cellarius représente les deux visions de l'Univers en vigueur à son époque.

5 L'essentiel sur la Lune

La Lune fait un tour complet autour de notre planète en 27,32 jours, soit 27 jours 7 heures et 40 minutes. Au bout de ce laps de temps, on dit que la Lune a effectué une **révolution sidérale**. Observée dans un référentiel géocentrique, la **trajectoire** de la Lune autour de la Terre est quasi circulaire. Il faut aussi 27,32 jours pour que la Lune effectue une **rotation** complète sur elle-même. Ces deux mouvements synchrones font que la Lune nous présente toujours la même **face**. Cet équilibre n'est pas propre à la Lune ; on le retrouve pour la grande majorité des **satellites** naturels proches de la planète autour de laquelle ils gravitent.

Deux **pleines** lunes sont espacées de 29,53 jours en moyenne ; cette durée s'appelle une **lunaison**.

À NOTER

Il faut bien différencier la lunaison (ou révolution synodique) de la révolution sidérale.

6 Les aspects de la Lune au cours d'une lunaison

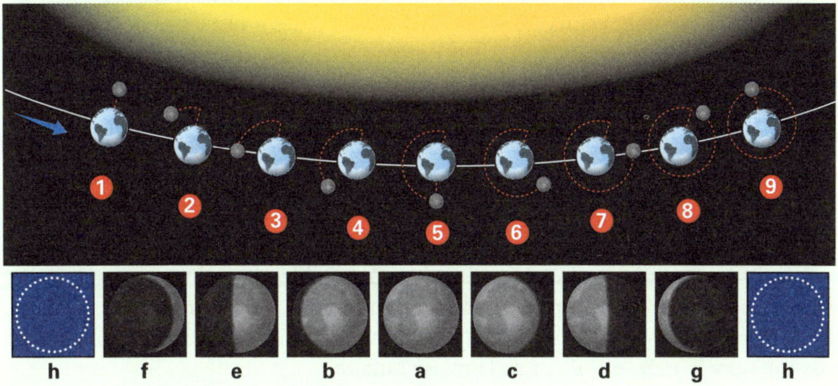

Lorsque la Lune est entre le Soleil et la Terre (position 1), un observateur terrestre ne voit pas l'hémisphère éclairé de la Lune : c'est la nouvelle lune (**phase h**). Au cours de la lunaison, la fraction visible de l'hémisphère éclairé croît à partir de la droite de l'astre (**phases f, e et b**) jusqu'à la pleine lune (**phase a**, position 5). Ensuite, la fraction visible décroît par la droite (**phases c, d** puis **g**). La lunaison passe alors en position 9, équivalente à la position 1, puis le cycle recommence.

À NOTER

La Terre, le Soleil et la Lune sont rarement parfaitement alignés. Quand c'est le cas, il y a soit une éclipse de Lune, soit une éclipse de Soleil.

OBJECTIF BAC

7 Galilée et la révolution copernicienne

1. La théorie Copernicienne

Dans son ouvrage (doc. 1), Copernic évoque une nouvelle vision de l'Univers. D'après lui, le Soleil, immobile, est placé au centre de l'Univers et les planètes tournent autour de lui. Il invoque une nouvelle théorie, l'**héliocentrisme**. Il précise que cette théorie sera clarifiée par les mathématiques, c'est-à-dire par des hommes de sciences.

En 1543, date de parution de l'ouvrage, la grande majorité des hommes pense que la Terre est au centre de l'Univers, la théorie dominante était alors le **géocentrisme**.

2. Les observations astronomiques de Galilée

Dans le document 3, Galilée observe de nombreuses imperfections sur les astres, contrairement aux idées reçues : le Soleil n'est pas une sphère lisse ; ses dessins mettent en évidence des taches ; la Lune est représentée avec des cratères : elle montre une surface irrégulière et Saturne est entourée d'anneaux.

Par ailleurs, sur ses dessins, il note que la taille de Vénus varie. Or, si la taille de Vénus change, c'est que la distance entre Vénus et la Terre varie beaucoup. Preuve que Vénus gravite autour du Soleil et non autour de la Terre. L'orbite circulaire de Vénus autour de la Terre présentée dans le modèle géocentrique ne tient pas. De plus, comme la Lune, Vénus change d'aspect : elle a des « phases ».

Galilée observe également (doc. 2 et 3) quatre astres qui tournent autour de Jupiter, comme la Lune autour de la Terre. Par analogie, il en conclut que les planètes tournent autour du Soleil.

Par ses observations astronomiques, Galilée apporte des preuves scientifiques en faveur de la théorie héliocentrique tout en fragilisant la représentation géocentrique de l'Univers.

3. Les phases de la Lune

a. Les différentes **phases lunaires** observées par Galilée sont dues au mouvement de la Lune autour de la Terre combiné au mouvement de la Terre autour du Soleil. Depuis la Terre, la partie visible de l'hémisphère lunaire éclairé par le Soleil n'est pas toujours la même. Il s'agit de la phase lunaire.

b. Depuis la Terre, on observe un premier croissant de Lune en configuration 1 et un dernier quartier en configuration 2.

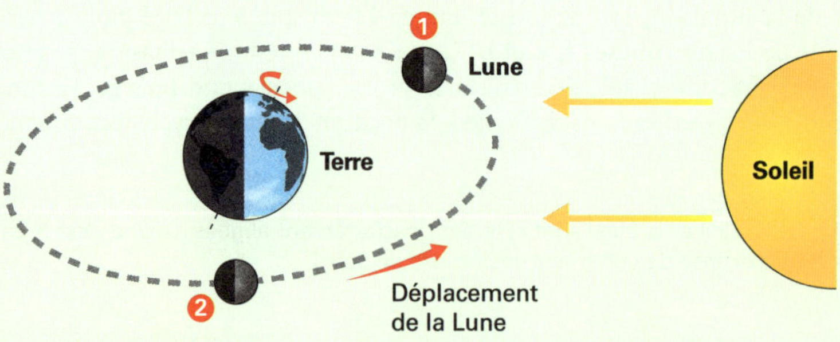

Le son, phénomène vibratoire

Lorsqu'un luthier confectionne un violon, il choisit avec soin les cordes qu'il va tendre pour que l'instrument émette des vibrations et crée un son juste.

26 Caractéristiques du son

En bref *Le son d'un instrument de musique ne doit pas être confondu avec un bruit. Des grandeurs physiques permettent de le caractériser.*

I Les grandeurs physiques du son

1 L'onde sonore

■ Une onde sonore est une vibration mécanique qui se propage dans tout milieu matériel **élastique** (solide, liquide ou gazeux). Pendant la propagation de l'onde, les molécules constituant ce milieu ne se déplacent pas, mais oscillent autour d'une position d'équilibre. La propagation s'accompagne de faibles variations de pression (doc. 1).

À NOTER
Un matériau est dit **élastique** s'il reprend sa forme initiale quand cessent les forces qui lui sont appliquées.

2 Son pur, son complexe

■ Un son est un phénomène **périodique**, tandis qu'un bruit est un phénomène apériodique.

■ Le son produit par un diapason est un son pur. Sa représentation graphique est une fonction sinusoïdale du temps (doc. 2), de période temporelle T, qui s'exprime en secondes (s).

MOT CLÉ
Un phénomène physique est **périodique** lorsqu'il se répète identique à lui-même à intervalles de temps réguliers.

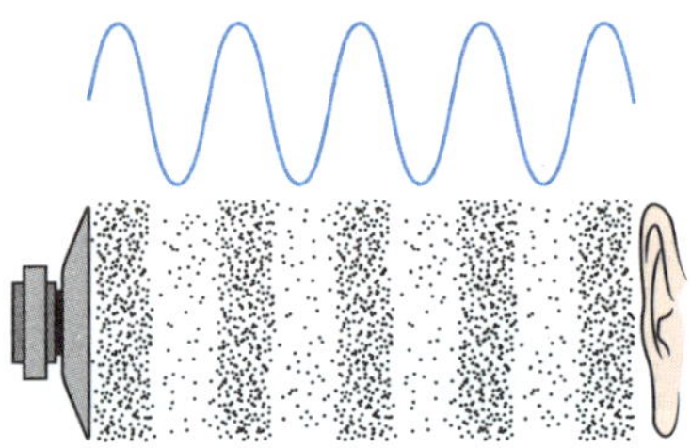

Doc 1 Dilatation-compression de la matière

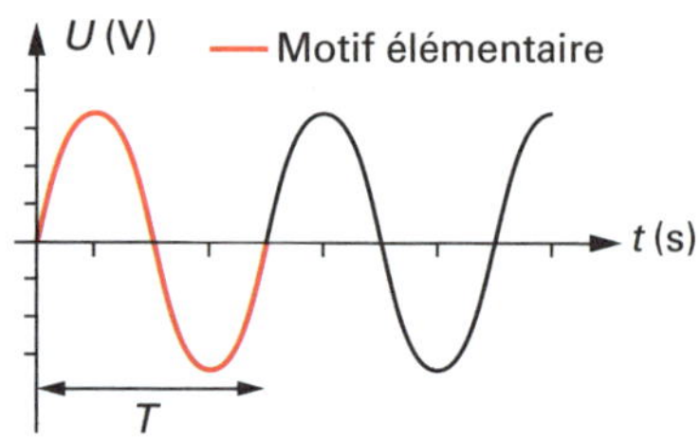

Doc 2 Représentation graphique d'un son pur

■ La plupart des sons de notre environnement sont des sons complexes. Leur signal demeure périodique, mais est une somme de sinusoïdes.

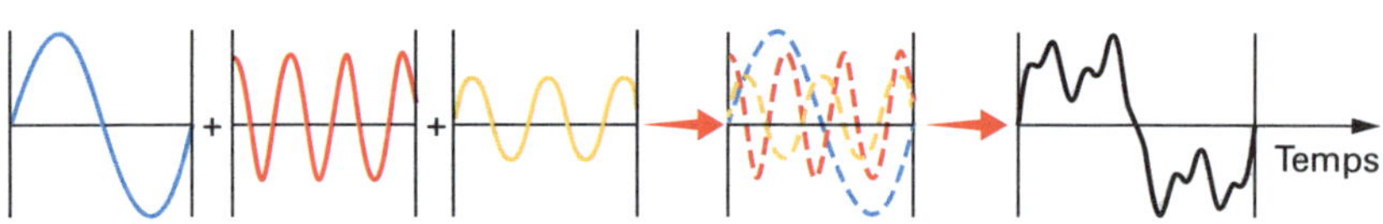

Doc 3 Représentation graphique d'un son complexe

II Analyse spectrale d'un son

■ Un son est caractérisé par sa **fréquence** f, qui est l'inverse de la période :

$$f = \frac{1}{T}$$

L'unité de la fréquence est le hertz (Hz).

■ L'analyse spectrale d'un son de fréquence f_1 permet de connaître les fréquences f_n des sinusoïdes qui le composent et qui sont des multiples de f_1 :

$$f_n = n \times f_1$$

Sur le spectre, chaque sinusoïde ou **harmonique** est représentée par un segment de droite dont l'abscisse correspond à la fréquence. Le premier harmonique de fréquence f_1 est la **fréquence fondamentale**.

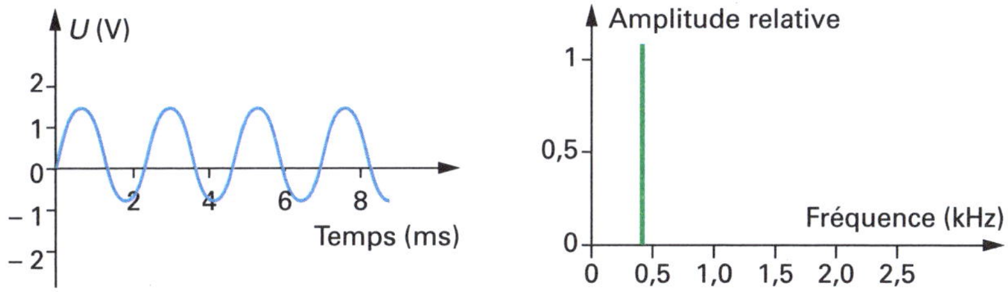

Doc 4 Son pur (à gauche) et son analyse spectrale (à droite)

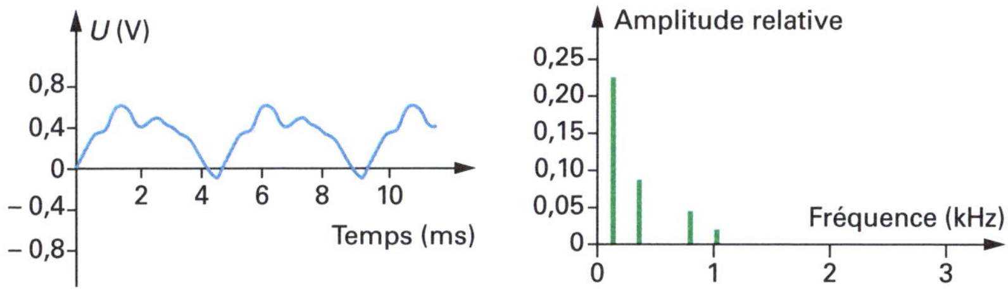

Doc 5 Son complexe (à gauche) et son analyse spectrale (à droite)

zoOm

Les harmoniques d'une corde excitée périodiquement

On observe différents modes de vibration correspondant aux différents harmoniques : la fréquence fondamentale f_1 et les harmoniques suivants $f_2 = 2 \times f_1$ et $f_3 = 3 \times f_1$. On distingue des nœuds (N) et des ventres (V).

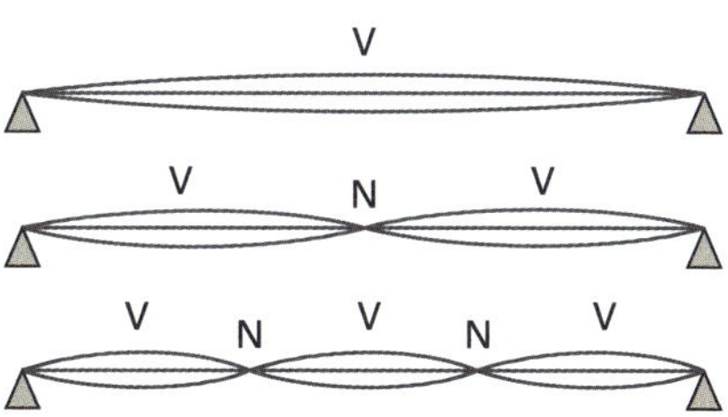

27 Puissance et niveau d'intensité sonore

En bref *Une onde sonore se propage dans toutes les directions et peut être quantifiée par deux grandeurs : la puissance et l'intensité sonore.*

I Pression acoustique et puissance sonore

1 Pression acoustique

- Notre oreille est capable de détecter des variations de pression provoquées par la propagation d'un son. La pression s'exprime en pascals (Pa). → FICHE 26
- Si un son est plus fort, c'est que la pression acoustique augmente.

2 Puissance sonore

- La puissance sonore s'exprime en watts (W).

Source	Orchestre complet	Orgue	Cymbales	Piano	Flûte	Voix humaine
Puissance (W)	70	13	10	0,4	0,06	0,001

Doc 1 Puissance émise par différentes sources sonores

II Intensité sonore et niveau d'intensité sonore

1 Intensité sonore

- L'intensité sonore (I) est égale à la puissance sonore reçue (P) par unité de surface (S) :

$$I = \frac{P}{S}$$

- Elle s'exprime en watts par mètre carré ($W \cdot m^{-2}$). Le plus petit niveau sonore audible (seuil d'audibilité) est égal à $I_0 = 10^{-12}$ $W \cdot m^{-2}$.
- Sans obstacle, la puissance émise par une source sonore se répartit dans l'espace. En s'éloignant de la source sonore, elle se répartit sur une plus grande surface, donc l'intensité du son diminue.

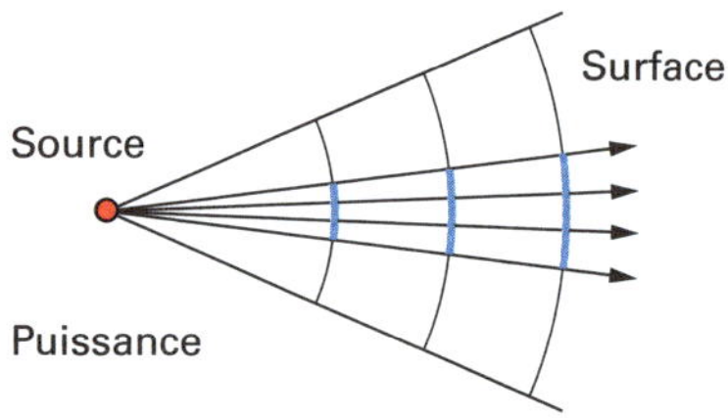

Doc 2 Répartition de la puissance sonore dans l'espace

2 Niveau d'intensité sonore

■ Pour mieux prendre en compte les sensations physiologiques de l'oreille, on définit une grandeur appelée niveau d'intensité sonore (notée L) qui est liée à l'intensité sonore I par la relation :

$$L = 10 \times \log\left(\frac{I}{I_0}\right)$$

L s'exprime en **décibels** (dB) et se mesure avec un sonomètre.

■ Si l'on double le nombre de sources, on double l'intensité sonore, mais notre oreille n'entend pas deux fois plus fort. On peut montrer que notre oreille percevra une augmentation du niveau d'intensité sonore de 3 dB, en raison d'une progression logarithmique.

À NOTER

Propriétés mathématiques de la fonction logarithme décimal :

- $\log\left(\frac{a}{b}\right) = \log a - \log b$
- $\log(a \times b) = \log a + \log b$
- $\log(10^x) = x$
- $10^{\log x} = x$

zoOm

Échelle de l'intensité et du niveau d'intensité sonore

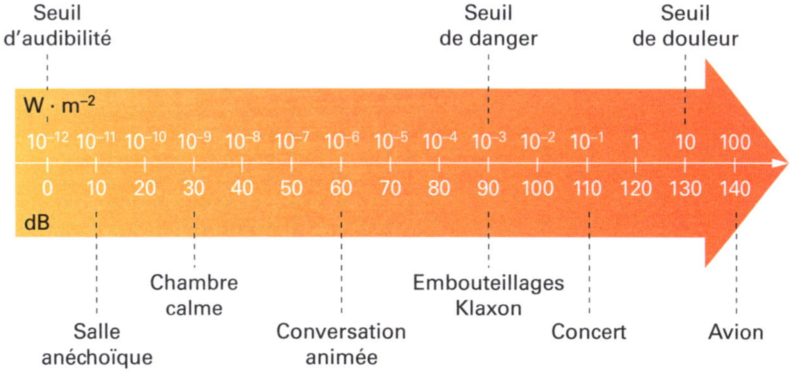

Cette figure montre la correspondance entre l'échelle de l'intensité sonore (en $W \cdot m^{-2}$) et celle du niveau d'intensité sonore (en dB). Les deux échelles sont liées par une relation logarithmique.

28 Les instruments de musique

En bref *Les instruments de musique émettent des sons au moyen de phénomènes vibratoires. Les cordes vibrent, ainsi que les colonnes d'air des instruments à vent.*

I Timbre et hauteur d'un son

■ Lorsque deux instruments différents émettent une même note, le son obtenu est différent bien que de **même fréquence**. Seuls les **harmoniques** diffèrent par leur nombre et leur amplitude. La forme du signal n'est pas la même. On dit que les deux sons n'ont pas le même **timbre**.

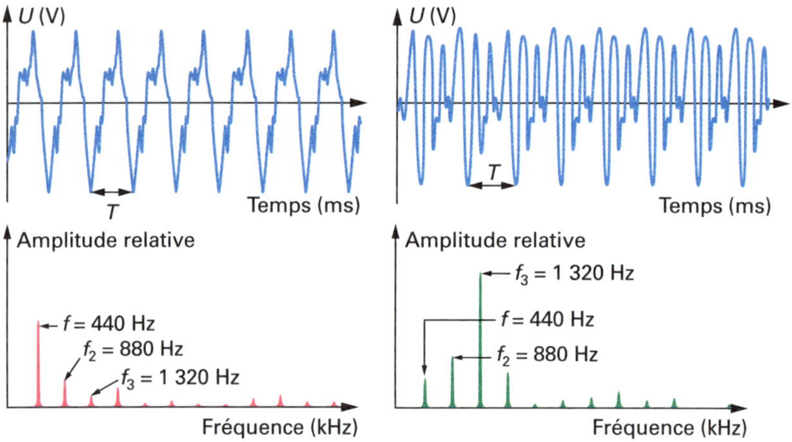

Doc **Signaux et spectres d'un la_3 joué par une flûte et un violon**

■ La **hauteur du son** permet de distinguer un **son grave** d'un **son aigu**. Lorsque la fréquence fondamentale est élevée, on dit que le son est aigu : sa hauteur est grande. La fréquence fondamentale correspond aussi à la note jouée. Par exemple, une fréquence de 440 Hz correspond au la_3.

■ Hauteur et timbre sont des **propriétés physiologiques** du son.

II Deux types d'instruments

1 Les instruments à cordes

■ Les instruments à cordes sont constitués :
- d'un excitateur (les cordes), qui détermine la hauteur du son ;
- d'un résonateur (la caisse et l'air qu'elle contient), qui amplifie le son et joue un rôle important dans le timbre du son.

■ Lorsqu'on fait vibrer la corde, en la grattant, en la frappant ou en la pinçant, celle-ci émet un son périodique et complexe. La fréquence du son dépend des caractéristiques de la corde : **tension**, **longueur** et **masse linéique** (masse de la corde par unité de longueur).

■ Si on augmente la **tension** de la corde, le son devient plus aigu, la fréquence fondamentale augmente.

■ Si on diminue la **longueur** de la corde, le son devient aussi plus aigu. Pour modifier la hauteur du son, le musicien positionne ses doigts sur le manche de la guitare à des endroits précis, derrière les frettes, qui correspondent aux nœuds de vibrations.

À NOTER
La fréquence fondamentale est donnée par la relation $f = \frac{1}{2 \times L} \times \sqrt{\frac{T}{\mu}}$ où L est la longueur de la corde (en m), T sa tension (en N) et μ sa masse linéique (en $kg \cdot m^{-1}$).

Sur le schéma ci-contre, la longueur de la corde se situe entre la septième frette et le chevalet, donc $L = \frac{2}{3} L_0$. La fréquence obtenue sera plus élevée qu'avec la corde à vide.

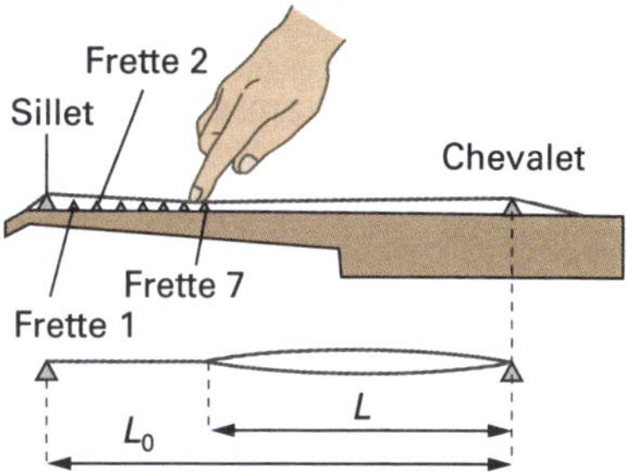

2 Les instruments à vent

■ L'air insufflé dans un instrument à vent peut rencontrer un biseau (flûte) ou mettre en vibration des lamelles ou anches (clarinette, saxophone…) : ce sont les **excitateurs**.

■ Le **résonateur** (la colonne d'air présente dans le tuyau) répercute alors les vibrations des excitateurs sur la colonne d'air, ce qui donne le timbre du son.

zoom

Influence de la longueur de la corde

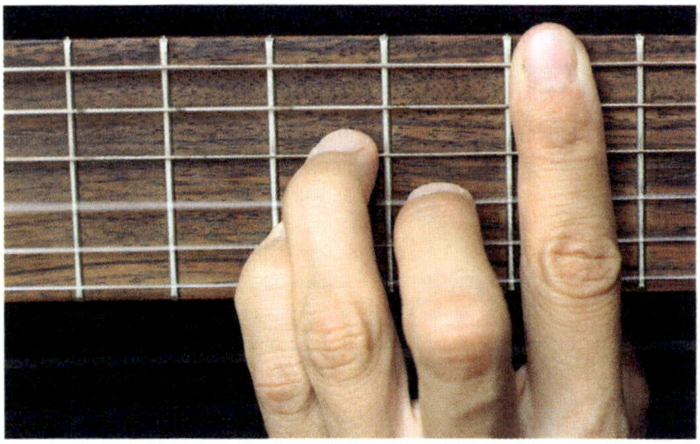

Lorsque la corde d'une guitare est excitée, elle vibre librement sur toute sa longueur, entre le sillet et le chevalet. Mais si on place son doigt entre les frettes, la corde vibre entre la frette et le chevalet.

MÉMO VISUEL

SONS ET

Instruments à cordes

Tension
Plus la tension de la corde est grande, plus la fréquence fondamentale est grande et le son aigu.

Longueur de corde
Plus la corde est courte, plus la fréquence fondamentale est grande et le son aigu.

Masse linéique
La masse linéique dépend du diamètre et de la matière de la corde.

Instruments à vent

La fréquence fondamentale dépend de la longueur du tuyau.

Qualités physiologiques du son

Hauteur
La hauteur du son correspond à la fréquence fondamentale.

Timbre
La forme du signal est différente suivant les instruments pour une même note de par la présence d'harmoniques.

Puissance sonore

Intensité sonore $I = \frac{P}{S}$

Niveau d'intensité sonore

$$L = 10 \times log\left(\frac{I}{I_0}\right)$$

INSTRUMENTS

Analyse d'un son

Son pur

Un son pur est représenté par une sinusoïde.

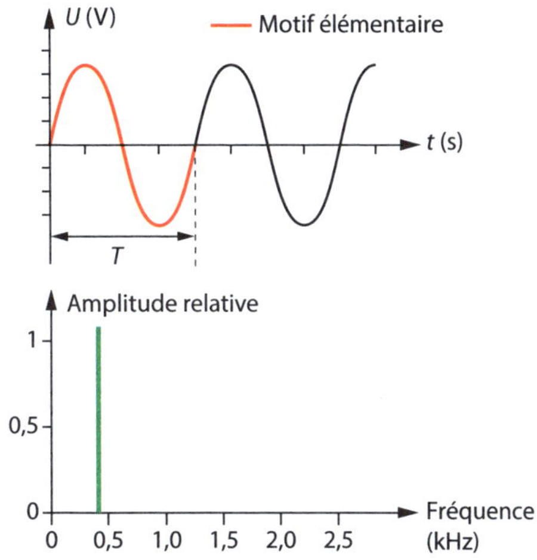

Son complexe

La fréquence des harmoniques est un multiple de la fréquence fondamentale.

$$f_n = n \times f_1$$

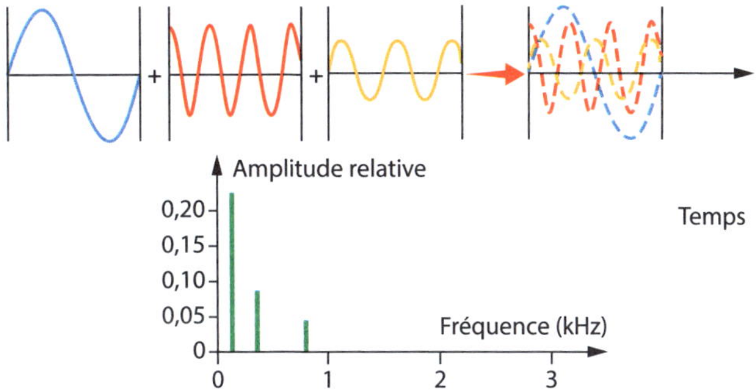

SE TESTER QUIZ

Vérifiez que vous avez bien compris les points clés des **fiches 26 à 28**.

1 Caractéristiques du son

→ FICHE 26

1. Parmi les affirmations suivantes, lesquelles sont vraies ?

☐ **a.** Un son musical est périodique.
☐ **b.** Un son pur est une somme de sinusoïdes.
☐ **c.** La fréquence du signal est appelée fréquence fondamentale.
☐ **d.** La fréquence des harmoniques peut prendre n'importe quelle valeur.
☐ **e.** La période est la plus petite durée au bout de laquelle un phénomène périodique se répète identique à lui-même.

2. Comment nomme-t-on la plus petite fréquence d'un spectre ?

☐ **a.** principale
☐ **b.** fondamentale
☐ **c.** harmonique

2 Puissance et niveau d'intensité sonore

→ FICHE 27

1. Parmi les affirmations suivantes, lesquelles sont vraies ?

☐ **a.** La puissance s'exprime en pascals (Pa).
☐ **b.** L'intensité sonore est égale à la puissance sonore par unité de surface.
☐ **c.** Le niveau d'intensité sonore s'exprime en watts (W).

2. L'intensité sonore s'exprime en :

☐ **a.** hertz (Hz) ☐ **b.** $W \cdot m^{-2}$ ☐ **c.** décibels (dB) ☐ **d.** secondes (s)

3 Les instruments de musique

→ FICHE 28

1. À quoi la hauteur d'un son est-elle directement liée ?

☐ **a.** à la forme du signal
☐ **b.** à la fréquence fondamentale

2. Parmi les affirmations suivantes, lesquelles sont vraies ?

☐ **a.** La fréquence du son émis par une guitare dépend de la longueur de la corde.
☐ **b.** La fréquence du son émis par une guitare dépend de la tension de la corde.
☐ **c.** La position du doigt sur le manche de la guitare ne change pas la fréquence du son émis.
☐ **d.** Dans le cas d'une flûte, les vibrations se propagent dans le tuyau.
☐ **e.** La longueur du tuyau d'une trompette ne change pas la fréquence du son émis.

S'ENTRAÎNER

4 Réviser le cours en 8 questions flash

→ FICHES 26 à 28

1. Qu'est-ce qu'un spectre ?
2. Quelle est la différence entre un son pur et un son complexe ?
3. À quoi correspond la fréquence du signal sonore ?
4. Qu'appelle-t-on harmoniques ?
5. Quelle est la relation entre l'intensité sonore et la puissance sonore ?
6. Quelle est l'unité du niveau d'intensité sonore ?
7. Y a-t-il une analogie de longueur entre les instruments à cordes et à vent ?
8. De quoi dépend la fréquence fondamentale du son émis par une corde de guitare ?

5 Les grandeurs physiques liées aux sons

→ FICHES 26 et 27

Associer chaque grandeur physique à l'unité correspondante.

intensité sonore •	• hertz
fréquence •	• secondes
période •	• watts par mètre carré
niveau d'intensité sonore •	• watts
puissance sonore •	• décibels

6 Les caractéristiques d'un son

→ FICHES 26 et 28

Compléter le texte avec les mots suivants :

complexe • corde • fondamentale • grave • harmoniques • longueur • petite • pur • somme • vibratoire • multiple • fréquence

• Le son émis par les instruments de musique est lié à un phénomène ....

• Un son .... est représenté par une sinusoïde. Lorsqu'il est ...., le son est représenté par une .... de sinusoïdes.

• Sur le spectre associé, on détermine la fréquence ...., qui est la plus .... et celles des .... Sur une guitare, la fréquence fondamentale dépend de la .... de la .... Plus celle-ci est longue, plus le son est ....

• La fréquence d'un harmonique est toujours un .... de la .... fondamentale.

7 Enregistrements et spectres

→ FICHE 26

Un guitariste accorde sa guitare avec un diapason qui émet un son pur de 440 Hz. Les sons émis par la guitare et par le diapason ont été enregistrés séparément.

Doc 1 Son d'un diapason et d'une guitare en accord

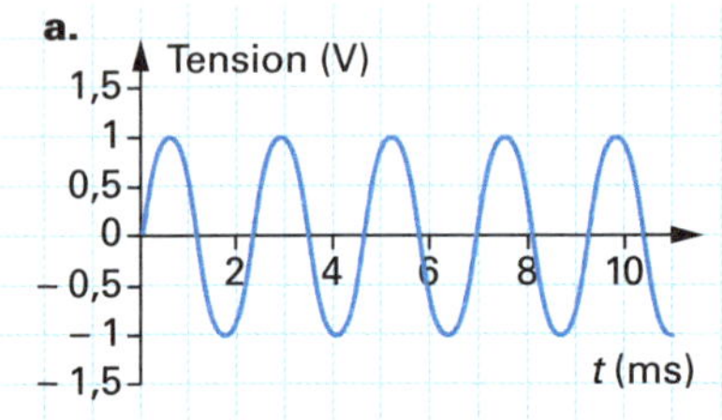

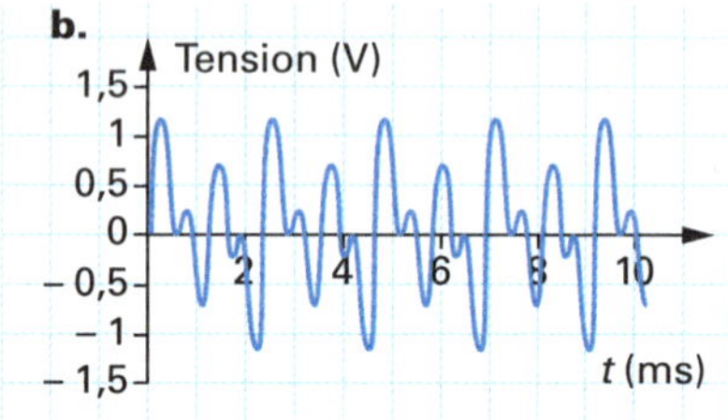

1. Attribuer chaque courbe à son instrument en justifiant.

2. Déterminer la fréquence fondamentale du son émis par la guitare.

3. La guitare est-elle bien accordée (à 5 Hz près) ?

4. L'analyse spectrale du son de la guitare est fournie par le document 2.

À quoi correspondent les différents pics ? Quelle propriété physiologique du son traduit la présence des pics ?

Doc 2 Analyse spectrale du son de la guitare

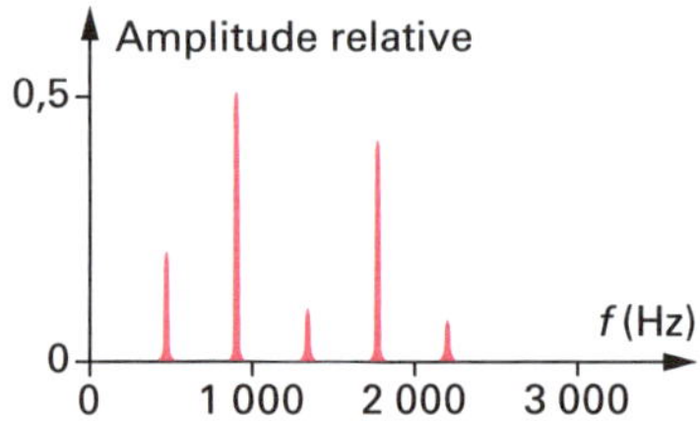

8 Intensité et niveau d'intensité sonores

→ FICHE 27

L'intensité sonore I du son émis par un saxophone à un mètre de votre oreille est de l'ordre de 3×10^{-3} W · m^{-2}.

1. Calculer le niveau d'intensité sonore correspondant.

2. Lorsque plusieurs sources sonores émettent en même temps le même son, les intensités sonores s'ajoutent.

Combien faudrait-il de saxophones près de votre oreille pour que le son devienne dangereux, c'est-à-dire pour que $L > 100$ dB ?

On donne : $I = 10^{\left(\frac{L}{10}\right)} \times I_0$ avec $I_0 = 10^{-12}$ W · m^{-2}.

9 La puissance sonore

→ FICHE 27

Une corne de brume utilisée pour signaler un danger en mer peut émettre une puissance sonore $P = 90 \times 10^3$ W. On suppose que le son produit se propage dans toutes les directions, sans changement de milieu et sans obstacle.

À NOTER
La surface d'une sphère de rayon R est donnée par $S = 4 \times \pi \times R^2$.

1. Exprimer l'intensité sonore I à une distance d de la corne en fonction de P.

2. En déduire l'expression du niveau d'intensité sonore L en fonction de I, d et P.

3. Calculer le niveau d'intensité sonore à une distance de 100 m, 1 km et 10 km.

4. La puissance de cette corne est-elle suffisante ?

10 La longueur d'une corde et la fréquence

→ FICHE 28

Doc Le manche d'une guitare

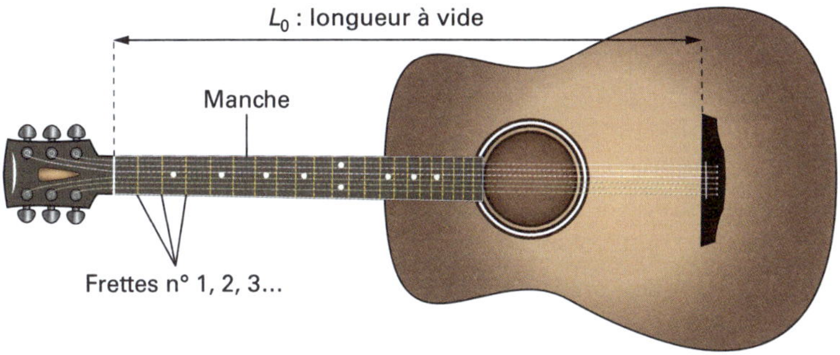

1. Sur un manuel de guitare, on peut lire que le guitariste doit raccourcir la longueur L de la corde s'il veut passer d'un do_3 (262 Hz) à un $ré_3$ (294 Hz). Sachant que la fréquence d'une note est donnée par $f = \frac{1}{2 \times L} \times \sqrt{\frac{T}{\mu}}$, la préconisation de raccourcir la corde est-elle correcte ?

2. Montrer que la relation précédente peut s'écrire $f = \frac{a}{L}$.
Déterminer la valeur de a (en Hz · cm) pour la troisième corde, de longueur à vide $L_0 = 65{,}2$ cm et qui émet un ré ($f = 146{,}8$ Hz).

3. La longueur à vide de la troisième corde et la position des frettes sur le manche permettent d'avoir les longueurs de corde suivantes.

Sillet	Frette 1	Frette 2	Frette 3	Frette 4
65,2 cm	60,3 cm	58,5 cm	54,8 cm	52,4 cm

Entre quelles frettes le guitariste devra-t-il poser son doigt pour pouvoir jouer sur cette corde un fa de fréquence égale à174 Hz ?

OBJECTIF BAC

11 Étude physique du son émis par des instruments à cordes

60 min

Cet exercice reprend les notions les plus importantes du chapitre : la différence entre son pur et son complexe, les caractéristiques du son (timbre, hauteur, harmoniques), le niveau d'intensité sonore et l'influence des caractéristiques d'une corde sur le son. → FICHES 26 à 28

LE PROBLÈME

Le violon fait partie des instruments à cordes frottées.

Le frottement de l'archet produit une vibration de la corde.

On obtient des sons plus ou moins graves en faisant varier plusieurs paramètres de la corde vibrante :

- la masse linéique de la corde μ (les cordes épaisses produisent un son grave, les cordes fines un son aigu) ;
- la longueur de la corde L ;
- la tension de la corde T.

Le réglage de la tension de la corde se fait par l'intermédiaire de chevilles : « Plus la corde est tendue, plus le son est aigu. »

Pour une corde donnée, on peut montrer que la fréquence fondamentale est donnée par la relation :

$$f_1 = \frac{1}{2 \times L} \times \sqrt{\frac{T}{\mu}}.$$

1. a. Justifier l'affirmation du texte d'introduction : « Plus la corde est tendue, plus le son est aigu. »

b. Comment, sans modifier la tension T, le violoniste peut-il jouer un son plus aigu sur une même corde ?

2. On réalise un enregistrement du son émis par la corde d'un violon, frottée par un archet (doc. 1).

> **LIRE LE SUJET**
>
> **1.** Décomposez la formule : que se passe-t-il si telle grandeur augmente ou diminue ?
>
> **1.a** Quelle grandeur correspond à la tension de la corde ?

Doc 1 Oscillogramme du son émis par la corde d'un violon

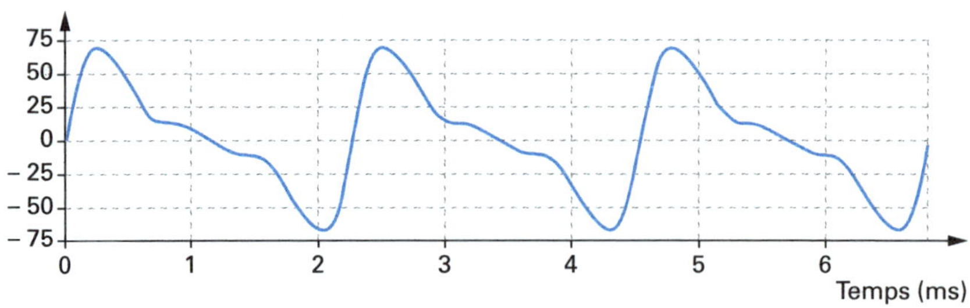

a. A-t-on affaire à un son ou un bruit ?

b. Déterminer la période T du signal le plus précisément possible.

c. En déduire la fréquence f_1 du mode fondamental.

3. Par un traitement numérique, on obtient le spectre du son (doc. 2).

a. Retrouver graphiquement la fréquence fondamentale f_1.

b. Indiquer les fréquences f_2 et f_3 des deux premiers harmoniques.

c. Montrer, en vous aidant des deux questions précédentes, que la relation entre la fréquence fondamentale et les harmoniques est vérifiée.

4. Un deuxième enregistrement a été effectué avec un autre instrument (doc. 3).

a. Ces deux instruments jouent-ils la même note ?

b. Les sons émis par les deux instruments ont-ils le même timbre ?

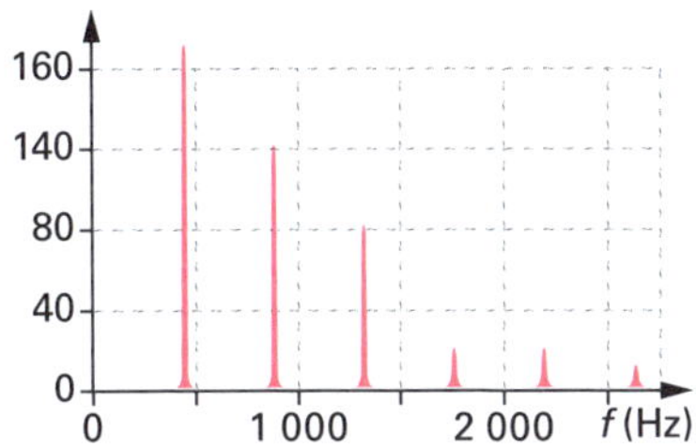

Doc 2 Spectre du son émis par la corde d'un violon

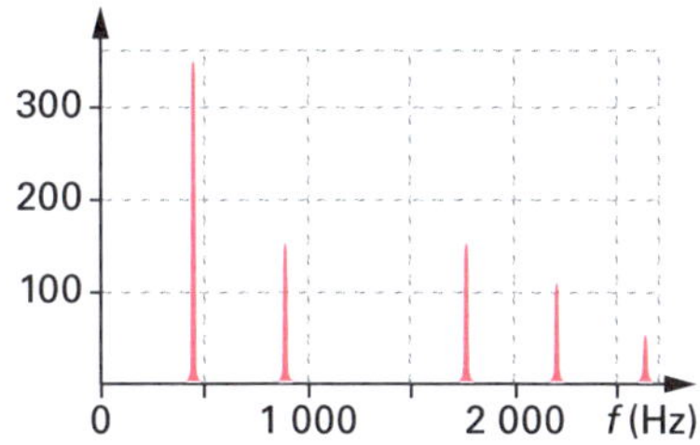

Doc 3 Spectre du son émis par un instrument inconnu

5. À l'aide d'un sonomètre, on mesure un niveau sonore L de 70 dB lorsque le violoniste joue une note pendant quelques secondes en frottant avec l'archet.

On rappelle que le niveau d'intensité sonore L est donné par :

$L = 10 \times \log\left(\frac{I}{I_0}\right)$, avec $I_0 = 10^{-12}$ W · m^{-2}.

Un autre violoniste joue en même temps la même note au même niveau d'intensité sonore.

Quel niveau d'intensité sonore indique le sonomètre lorsque les deux violonistes jouent ensemble ?

On suppose que le sonomètre est placé à la même distance des deux violons.

LIRE LE SUJET

5. Ce sont les intensités sonores qui s'additionnent et non les niveaux d'intensité sonore.

I_0 n'est pas donnée et n'est pas une grandeur à connaître. Il ne faut donc pas faire de calcul avec. Ne faites pas de calculs intermédiaires non demandés. Allez le plus loin possible en utilisant les expressions littérales.

▶▶▶ LA FEUILLE DE ROUTE

1. Utiliser une formule mathématique

a. Identifiez les différentes grandeurs physiques présentes dans la formule : la fréquence f_1 dépend de T, L et μ. Repérez la grandeur qui augmente avec la tension de la corde. Vérifiez si elle permet d'augmenter la grandeur qui varie quand le son devient plus aigu.

b. Identifiez la grandeur qui doit augmenter pour que le son soit plus aigu, puis cherchez dans l'énoncé quelle grandeur le violoniste a pu modifier pour y parvenir.

2. Étude de graphes

→ FICHE 26

a. Observez le graphique. Déterminez si le signal est périodique ou apériodique et déduisez-en sa nature (son ou bruit, simple ou complexe).

b. Repérez les grandeurs en abscisse et en ordonnée et les unités correspondantes. Mesurez la longueur de la période en centimètres sur le graphique et déduisez-en sa valeur en secondes.

CONSEIL
Pour plus de précision, faites la mesure sur deux périodes, puis divisez par deux le résultat. Cela permet de diviser par deux l'erreur de mesure.

c. Calculez la fréquence fondamentale en utilisant la formule et le résultat trouvé à la question précédente.

3. Étude des spectres

→ FICHE 26

a. Repérez la fréquence fondamentale, puis déterminez les fréquences des principales harmoniques et vérifiez que $f_n = n \times f_1$.

b. À l'aide de la même formule, calculez les fréquences des harmoniques.

4. Propriétés physiologiques

→ FICHE 28

a. Comparez les fréquences fondamentales des deux spectres pour savoir si les deux instruments jouent la même note (même hauteur).

b. Comparez les harmoniques des deux spectres pour savoir si les deux instruments ont le même timbre.

5. Intensité acoustique

→ FICHE 27

Utilisez la relation $L = 10 \times \log\left(\dfrac{I}{I_0}\right)$. Différenciez intensité sonore et niveau d'intensité sonore. Déduisez-en I' et insérez-le dans la formule. Calculez L'.

CORRIGÉS

SE TESTER QUIZ

1 Caractéristiques du son

1. Réponses a, c, e.

La réponse b est fausse car elle correspond à un signal complexe. La réponse d est fausse : la fréquence des harmoniques étant donnée par la formule $f_n = n \times f_1$, elles ne peuvent donc pas prendre n'importe quelle valeur.

2. Réponse b.

La réponse a ne correspond à rien. La réponse c est fausse : les harmoniques changent la forme du signal mais pas sa fréquence.

2 Puissance et niveau d'intensité sonore

1. Réponse b

L'affirmation a est fausse : la puissance s'exprime en watts (W). L'affirmation c est fausse : l'unité est le décibel (dB).

2. Réponse b.

La réponse a correspond à la fréquence, la c au niveau d'intensité sonore et la d à la période.

3 Les instruments de musique

1. Réponse b.

L'affirmation a est fausse : la forme du signal correspond au timbre.

2. Réponses a, b, d.

L'affirmation c est fausse : la position du doigt modifie la longueur de la corde qui vibre. L'affirmation e est fausse : la longueur du tuyau des instruments à vent influe sur la fréquence du son émis.

S'ENTRAÎNER

4 Réviser le cours en 8 questions flash

1. Un spectre est le graphe qui correspond à la décomposition du signal complexe en une somme de sinusoïdes de fréquences diverses.

2. Un son pur est représenté par une sinusoïde, alors qu'un son complexe est une somme de sinusoïdes qui forme un signal périodique.

3. La fréquence du signal sonore correspond à la fréquence fondamentale de la note jouée.

4. Les harmoniques sont les fréquences qui forment le signal complexe.

5. $I = \frac{P}{S}$

6. L'unité du niveau d'intensité sonore est le décibel (dB).

7. Pour les instruments à cordes, le son varie en fonction de la longueur de la corde. Par analogie, le son des instruments à vent est modifié par la longueur du tuyau.

8. La fréquence fondamentale du son émis par une corde de guitare dépend de la longueur de la corde, de sa tension et de sa masse linéique.

5 Les grandeurs physiques liées au son

- intensité sonore – watts par mètre carré
- fréquence – hertz
- période – secondes
- niveau d'intensité sonore – décibels
- puissance sonore – watts

6 Les caractéristiques d'un son

Le son émis par les instruments de musique est lié à un phénomène **vibratoire**.
Un son **pur** est représenté par une sinusoïde. Lorsqu'il est **complexe**, le son est représenté par une **somme** de sinusoïdes. Sur le spectre associé, on détermine la fréquence **fondamentale** qui est la plus **petite** et celles des **harmoniques.** Sur une guitare, la fréquence fondamentale dépend de la **longueur** de la **corde**. Plus celle-ci est longue, plus le son est **grave**.
La fréquence d'un harmonique est toujours un **multiple** de la **fréquence** fondamentale.

7 Enregistrements et spectres

1. Le signal du schéma a est un son pur, car il est constitué d'une seule sinusoïde. C'est l'enregistrement du diapason. Le signal du schéma b est complexe, il correspond au son émis par la guitare.

2. Sur le schéma b, on peut voir que deux périodes correspondent à 4,5 ms. D'où $2 \times T = 4{,}5$ ms. Donc $T = 2{,}25$ ms.
Or $f = \dfrac{1}{T} = \dfrac{1}{2{,}25 \times 10^{-3}} = 444$ Hz.

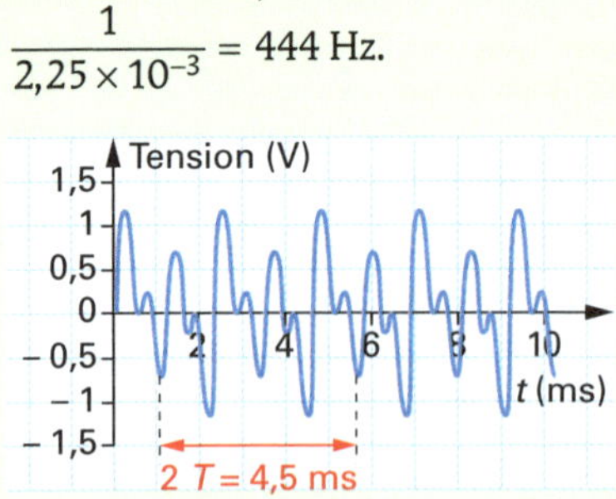

À NOTER
On peut mesurer la distance entre n'importe quels pics, du moment qu'ils sont semblables.

3. La guitare est bien accordée, puisque le diapason émet un son de 440 Hz, l'écart de 4 Hz étant négligeable.

4. L'analyse spectrale fait apparaître la fréquence fondamentale (premier pic) et les quatre premiers harmoniques, multiples de la fréquence fondamentale.

C'est la qualité physiologique qui permet de ne pas confondre les deux instruments, même si les deux jouent un « la ».

8 Intensité et niveau d'intensité sonores

1. On applique la formule :

$$L = 10 \times \log\left(\frac{I}{I_0}\right) = 10 \times \log\left(\frac{3 \times 10^{-3}}{10^{-12}}\right) = 95 \text{ dB}$$

2. On prend $L = 100$ dB comme limite inférieure. On sait que $I' = 10^{(L/10)} \times I_0$, donc $I' = 10^{(100/10)} \times 10^{-12}$. $I' = 10^{-2}$ W · m^{-2}. Comme les intensités s'additionnent et qu'un saxophone émet un son d'intensité $I = 3 \times 10^{-3}$ W · m^{-2}, il faudrait donc $\frac{10^{-2}}{3 \times 10^{-3}} = 3$ saxophones pour atteindre 100 dB.

9 La puissance sonore

1. $I = \frac{P}{S} = \frac{P}{4 \times \pi \times d^2}$

2. En appliquant la formule donnant le niveau d'intensité acoustique L, on a :

$$L = 10 \times \log\left(\frac{\frac{P}{4 \times \pi \times d^2}}{10^{-12}}\right)$$

3. En appliquant la formule précédente :
à 100 m, $L = 119$ dB ; à 1 km, $L = 99$ dB ; à 10 km, $L = 79$ dB.

4. À 100 m, la corne sera très bien entendue et on est à la limite du seuil de douleur. À 1 km, la corne sera toujours entendue, si le moteur éventuel du bateau ne fait pas trop de bruit. À 10 km, le son sera audible au même titre qu'un aspirateur un peu bruyant. La corne a donc toute son utilité.

10 La longueur d'une corde et la fréquence

1. Dans la formule de l'énoncé, la longueur est au dénominateur : donc, lorsque la valeur diminue, le quotient augmente et la fréquence augmente. L'indication est correcte.

2. D'après l'énoncé, T et μ sont des constantes.

Si on pose que $a = \frac{1}{2} \times \sqrt{\frac{T}{\mu}}$, alors on a bien $f = \frac{a}{L}$.

De cette relation on peut tirer que $a = f \times L_0 = 146{,}8 \times 65{,}2 = 9{,}57 \times 10^3$ Hz · cm.

3. On sait que $f = \frac{9{,}57 \times 10^3}{L}$.

On en déduit que $L = \frac{9{,}57 \times 10^3}{f}$.

Si le guitariste veut jouer un La, il faut que $f = 174$ Hz, donc $L = \frac{9{,}57 \times 10^3}{174} = 55$ cm.

Le guitarise doit poser son doigt entre les frettes 2 et 3 pour que la corde soit bloquée par la frette 3.

OBJECTIF BAC

11 Étude physique du son émis par des instruments à cordes

1. Utiliser une formule mathématique

a. Si l'on augmente la tension de la corde, la grandeur T augmente. Cette grandeur est au numérateur du quotient, si elle augmente, alors la fréquence du fondamental f_1 augmente aussi, donc le son devient plus aigu. La phrase est donc correcte.

b. Pour que le son soit plus aigu, il faut que la fréquence augmente, donc que $\frac{1}{2 \times L}$ augmente. Il faut donc que la longueur L diminue puisqu'elle est au dénominateur.

2. Étude de graphes

a. Le signal est périodique, donc nous sommes en présence d'un son musical complexe et non d'un bruit.

b. L'échelle est de 6 ms pour 8,9 cm, donc 1 cm pour $\frac{6}{8{,}9}$ ms.

Sur le schéma, on observe que 2 T mesurent 6,7 cm.

$T = \frac{6 \times 6{,}7}{2 \times 8{,}9} = 2{,}26 \text{ ms} = 2{,}26 \times 10^{-3}$ s en tenant compte des chiffres significatifs.

c. La fréquence fondamentale est donc :

$$f_1 = \frac{1}{T} = \frac{1}{2{,}3 \times 10^{-3}} = 4{,}3 \times 10^2 \text{ Hz.}$$

3. Étude des spectres

a. Sur le spectre, on peut lire que la fréquence fondamentale f_1 = 440 kHz.

b. On trouve f_2 = 880 Hz et f_3 = 1 320 Hz.

c. On sait que les fréquences des harmoniques sont telles que $f_n = n \times f_1$. En appliquant cette formule, on trouve $f_2 = 2 \times 440$, soit 880 Hz, et $f_3 = 3 \times 440 = 1\,320$ Hz, ce qui correspond aux valeurs mesurées.

4. Propriétés physiologiques

a. On voit sur le deuxième spectre que la fréquence fondamentale est la même. Or, la note jouée par un instrument (on parle aussi de hauteur) correspond à cette fréquence fondamentale : les instruments jouent donc la même note.

b. Les timbres de ces deux instruments ne sont pas identiques. Si l'on compare les spectres, on voit que le premier présente les harmoniques d'ordre 1, 2, 3 avec une forte amplitude, alors que le deuxième spectre ne présente par l'harmonique d'ordre 3, mais des harmoniques 4, 5 et 6.

5. Niveau d'intensité acoustique

Le niveau d'intensité acoustique L est donné par :

$$L = 10 \times \log\left(\frac{I}{I_0}\right)$$

On sait aussi que si l'on utilise deux instruments, on multiplie par deux l'intensité sonore, mais pas le niveau d'intensité sonore. Donc $I' = 2 \times I$. Remplaçons I' dans l'expression précédente :

$$L' = 10 \times \log\left(\frac{I'}{I_0}\right) = 10 \times \log\left(\frac{2 \times I}{I_0}\right) = 10 \times \log 2 + 10 \times \log\left(\frac{I}{I_0}\right)$$

$L' = 3 + 70$, donc $L' = 73$ dB.

La musique ou l'art de faire entendre les nombres

Pythagore écoutant le son des cognées des forgerons.
La légende veut que ce soit Pythagore qui ait relié l'art de la musique à celui des nombres.

29 Intervalles et gammes

En bref *Au VIe siècle avant J.-C., le philosophe et mathématicien grec Pythagore associa l'art musical à des éléments mathématiques simples. La gamme qu'il élabora est à la base de l'écriture musicale*

I Construction d'une gamme

1 Intervalle, octave et gamme

À NOTER
L'**intervalle** entre deux notes est défini par un rapport de fréquences, donc par une fraction et non une différence.

■ Quand on joue de la musique, l'oreille trouve agréables les rapports mathématiques simples qui existent entre les fréquences fondamentales des différentes notes.

■ Les **intervalles** les plus simples ont reçu des noms en rapport avec le nombre de notes qu'ils contiennent.

Par exemple, la quinte est un intervalle comprenant une succession de cinq notes.

Rapport	$\frac{2}{1}$	$\frac{3}{2}$	$\frac{4}{3}$	$\frac{5}{4}$
Nom	Octave (huit notes)	Quinte (cinq notes)	Quarte (quatre notes)	Tierce majeure (trois notes)
Exemple	$\frac{f_{do}}{f_{do}}$	$\frac{f_{sol}}{f_{do}}$	$\frac{f_{fa}}{f_{do}}$	$\frac{f_{mi}}{f_{do}}$

■ Multiplier la fréquence par $\frac{4}{3}$, c'est passer à la quarte supérieure, par exemple de do à fa. La multiplier par $\frac{3}{2}$, c'est passer à la quinte supérieure, par exemple de do à sol.

■ Une gamme est l'ensemble des notes comprises dans une octave. Une note est à l'octave d'une autre si sa fréquence est le double de celle de la première : $f_2 = 2 \times f_1$.

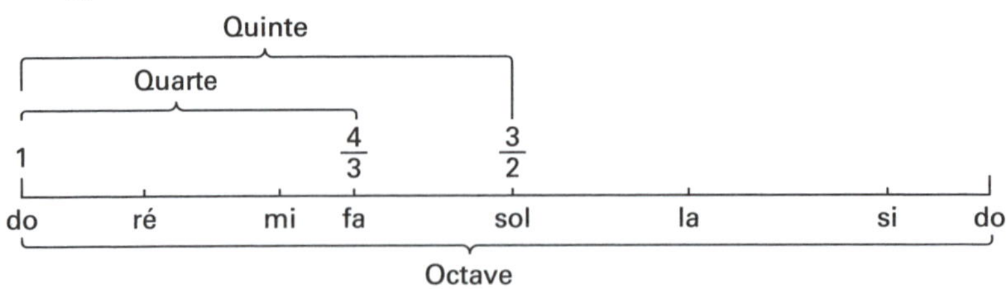

Doc **Gamme de Pythagore sur sept notes (do à si)**

2 Consonance

■ Lorsque deux notes semblent liées et agréables à écouter, on dit qu'elles sont consonantes. Dans le cas contraire, on dit qu'elles sont dissonantes.

■ Prenons l'exemple du sol_2 de fréquence fondamentale $f = 98$ Hz, du $ré_3$ de fréquence fondamentale $f' = 147$ Hz et de leurs harmoniques respectifs → FICHE 26.

Note	Fréquences fondamentales		Fréquences des harmoniques					
Sol_2	**98**		196	**294**	392		490	**588**
$Ré_3$		**147**		**294**		441		**588**

Ces deux notes sont séparées par une quinte (147/98 = 3/2), mais elles ont aussi des harmoniques en commun ; c'est la raison pour laquelle elles nous semblent liées et agréables à entendre.

II La gamme naturelle de Pythagore

■ La légende veut que Pythagore ait trouvé agréables les sons obtenus en pinçant une corde divisée en 2, puis en 3, en 4.

■ Pour construire sa gamme, Pythagore utilise une quinte de rapport 3/2 afin de retrouver les rapports précédents. Le principe est simple : à partir d'une note de base, on prend la quinte pour obtenir une nouvelle note, plus aiguë. Puis, on prend la quinte de cette nouvelle note. Si la fréquence obtenue dépasse l'octave, alors on divise par deux autant de fois qu'il faut pour qu'elle retourne dans la gamme.

■ En classant les notes par ordre croissant de fréquence, on obtient les sept notes de la gamme de Pythagore : do, ré, mi, fa, sol, la et si. Le nom des notes date du XIe siècle.

zoOm

Une fausse légende qui circule depuis quinze siècles

■ Sur cette illustration, Pythagore est représenté en train de jouer du psaltérion. En manipulant les masses accrochées aux cordes, on retrouve les rapports harmonieux de la gamme : 12 et 6 pour l'octave (2/1), 12 et 8 pour la quinte (3/2)…

■ L'expérience montre qu'aucune consonance ne peut être obtenue avec un tel dispositif. Ce n'est donc pas comme cela que Pythagore a créé sa gamme.

Frontispice sur la musique de Franchino Gaffurio (1451-1522), *Theorica musicae*, 1492.

30 De la gamme tempérée à la gamme de Pythagore

En bref *La gamme de Pythagore, utilisée en Occident jusqu'au Moyen Âge, présente plusieurs imperfections que l'on a essayé d'amoindrir en inventant d'autres gammes.*

I Dissonances de la gamme de Pythagore

1 Cycle des quintes

■ Si l'on applique le critère de construction par quintes successives à une fréquence quelconque, on s'aperçoit que le découpage produit une infinité de sons distincts à l'intérieur d'une octave. Par exemple, si l'on prend 12 fois la quinte de la fréquence de base fictive $f_0 = 1$ Hz, on obtient :

$$f_{12} = f_0 \times \left(\frac{3}{2}\right)^{12} = f_0 \times 129{,}7$$

Si l'on change sept fois d'octave, du do_1 au do_7, chaque intervalle a pour valeur $2^7 = 128$. Or $129{,}7 \neq 128$. Cela signifie que 12 quintes ne correspondent pas exactement à 7 octaves.

■ En pratique, on considère que l'on a « bouclé la boucle » lorsqu'en partant d'une note fictive de 1 Hz on revient au voisinage de l'octave (2 Hz).

En appliquant les règles de la gamme, on a :

- avec 5 quintes successives :

$$1 \times \left(\frac{3}{2}\right)^5 \times \left(\frac{1}{2}\right)^2 = 1{,}898 \approx 2 \,;$$

- avec 7 quintes successives :

$$1 \times \left(\frac{3}{2}\right)^7 \times \left(\frac{1}{2}\right)^3 = 2{,}136 \approx 2 \,;$$

- avec 12 quintes successives :

$$1 \times \left(\frac{3}{2}\right)^{12} \times \left(\frac{1}{2}\right)^6 = 2{,}027 \approx 2.$$

On peut ainsi imaginer des gammes de 5, 7 ou 12 notes.

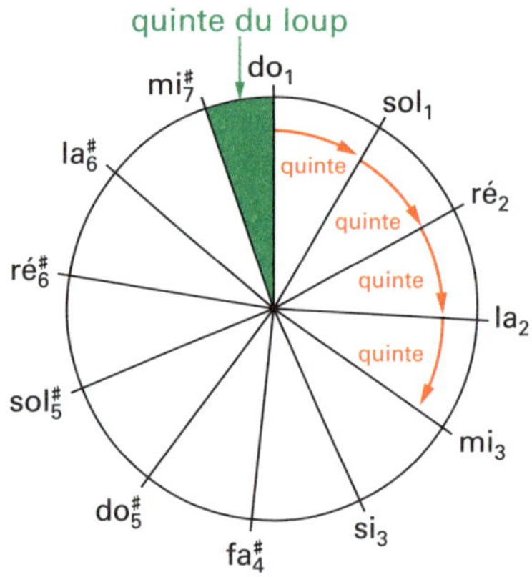

Doc **Cycle des quintes sur sept octaves**

■ Représenté sous la forme d'une roue cyclique (doc.), le cycle des quintes ne boucle jamais. La dernière note est toujours différente de la note de départ à l'octave.

■ Pour maintenir des octaves pures, les musiciens introduisent un intervalle de quinte légèrement faux, appelé « quinte du loup », car lorsqu'on joue cette quinte trop courte, on produit un son ressemblant au hurlement du loup.

2 Transposition impossible

■ Dans la gamme pythagoricienne à sept notes, il n'existe que deux intervalles différents entre les notes, qui définiront les tons $\left(\frac{9}{8}\right)$ et les demi-tons $\left(\frac{256}{243}\right)$.

do		ré		mi		fa		sol		la		si		do
	$\frac{9}{8}$		$\frac{9}{8}$		$\frac{256}{243}$		$\frac{9}{8}$		$\frac{9}{8}$		$\frac{9}{8}$		$\frac{256}{243}$	

■ Si l'on **transpose** cette gamme en augmentant par exemple chaque note d'un demi-ton, certaines risquent de ne pas retomber sur des notes existantes de la gamme. Le mi va bien se retrouver sur le fa et le si sur le do, mais les autres tomberont « entre deux notes ». La transposition est donc impossible.

MOT CLÉ
Transposer un morceau musical, c'est modifier toutes les notes d'un ou plusieurs tons pour le jouer plus grave ou plus aigu.

II La gamme tempérée à 12 notes

■ Le seul moyen d'avoir de vrais cycles et de permettre la transposition consiste à découper la gamme en **intervalles égaux**. Pour cela, il faut découper le rapport d'octave de 2 de la gamme en 12 intervalles (rapports r) égaux :

$$2 = \frac{f_1}{f_0} \times \frac{f_2}{f_1} \times \frac{f_3}{f_2} \times \ldots \times \frac{f_{12}}{f_{11}} = r^{12}, \text{ soit } r = 2^{\frac{1}{12}},$$

c'est-à-dire la racine douzième de 2 : $r = \sqrt[12]{2} \cong 1{,}059463$.

À NOTER
$\sqrt[n]{x} = x^{\frac{1}{n}}$.

■ Dans cette gamme, dite tempérée, chaque note n'est plus séparée de sa voisine par un rapport simple, mais par un facteur de $\sqrt[12]{2}$. Or ce nombre est un **irrationnel** : il ne correspond pas à une fraction, contrairement aux rapports de Pythagore.

■ Contestée parce que toutes ses notes sont fausses par rapport aux harmonies naturelles, cette gamme artificielle est la seule qui permette la transposition. C'est donc la plus facile à utiliser, quel que soit l'instrument de musique.

zoOm

Une œuvre historique

Dans *Le Clavier bien tempéré* (1722), de Jean-Sébastien Bach, chaque prélude et fugue débute un demi-ton au-dessus du précédent. Cette œuvre contribue à l'acceptation de la gamme tempérée en Occident à partir du XVIIIe siècle.

Extrait de la partition du prélude en fa mineur de Jean-Sébastien Bach.

31 Numérisation et reproduction du son analogique

En bref *Aujourd'hui, il est possible d'écouter de la musique partout, par transmission radio, en ligne ou stockée sur un support. Dans tous les cas, le signal sonore a été numérisé.*

I Signal analogique et signal numérique

- Les sons perçus par nos oreilles ou enregistrés par un micro sont des signaux analogiques, qui prennent une infinité de valeurs possibles des tensions pendant un intervalle de temps donné. Le signal est continu.

- Un signal numérique est décomposé en un ensemble de valeurs précises et discontinues ou discrètes. En informatique, ces valeurs sont des suites de 0 et de 1, conformément au codage binaire.

- On ne peut pas stocker une infinité de valeurs sur un support numérique. Il faut découper et coder le signal analogique pour obtenir un signal numérique. La numérisation s'effectue en deux étapes successives : l'échantillonnage et la quantification.

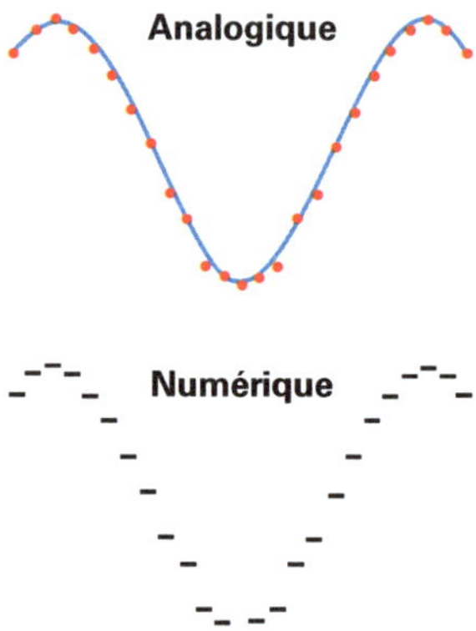

Doc 1 Représentation des signaux analogique et numérique

II Conversion analogique-numérique

1 Échantillonnage

- Lors de la première étape de la numérisation, on prélève périodiquement des valeurs du signal analogique : c'est l'échantillonnage. On obtient ainsi des valeurs discrètes séparées par une période d'échantillonnage T_E.

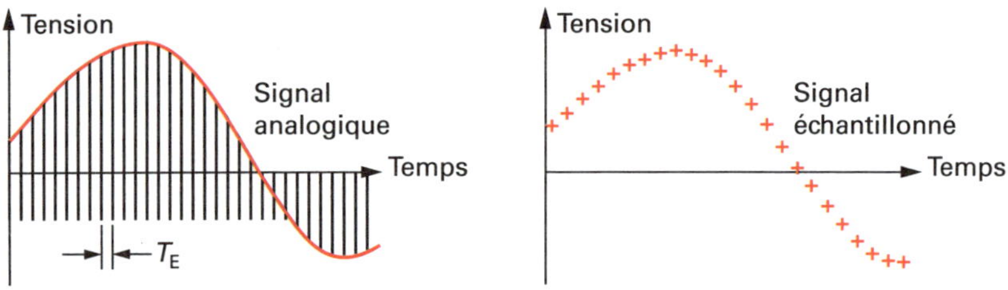

Doc 2 Échantillonnage du signal

■ La fréquence d'échantillonnage F_E est l'inverse de la période d'échantillonnage T_E. Elle correspond au nombre de valeurs du signal prélevées par seconde :

$$F_E = \frac{1}{T_E}$$

avec la fréquence en hertz (Hz) et la période en secondes (s).

■ Plus le nombre de valeurs prélevées est important, plus le signal numérique est fidèle au signal analogique. Pour **reproduire** correctement un son, on choisit donc une **fréquence d'échantillonnage élevée**.

> **À NOTER**
> Le **théorème de Shannon** indique que la fréquence d'échantillonnage F_E pour reproduire correctement un signal de fréquence F_{son} doit être telle que $F_E \geqslant 2 \times F_{son}$.

2 Quantification

■ Lors de la deuxième étape, on donne une valeur numérique à chaque échantillon prélevé. Cette valeur est convertie en langage binaire sur 4, 8, 10 ou 16 bits (*binary digit*). Plus le nombre de bits est important, plus le signal numérique sera fidèle au signal analogique.

> **À NOTER**
> Avec 2 bits, il y a $2^2 = 4$ valeurs possibles : 00, 01, 10 et 11.
> Avec n bits, il y a 2^n valeurs possibles.

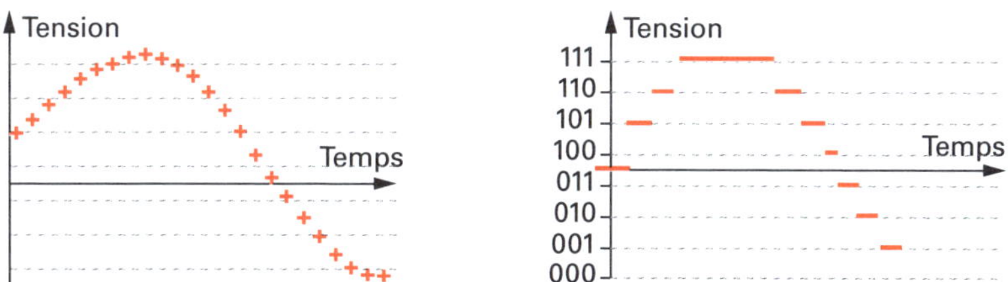

Avant quantification | **Après quantification sur 3 bits**

Doc 3 Quantification du signal sur 3 bits

zoOm

Schéma complet du traitement du signal

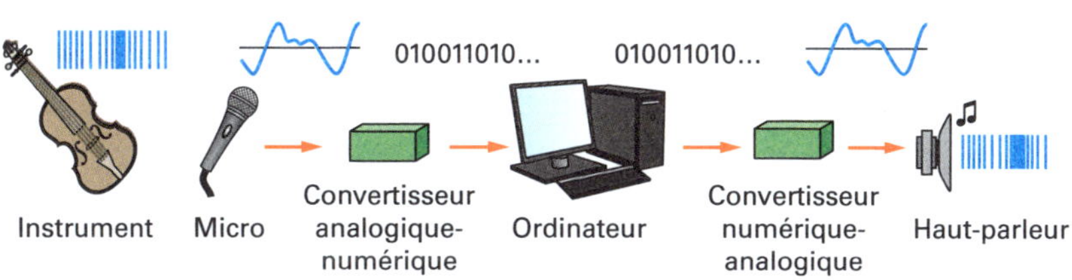

L'onde mécanique sonore est convertie en signal électrique analogique par le micro. Ce signal analogique est converti en numérique par un convertisseur analogique-numérique (CAN), puis stocké (mémoire, CD) ou réémis. Un traitement inverse permet de restituer le son le plus précisément possible.

32 Taille d'un fichier audio et compression du son

En bref *Plus la technologie progresse, plus la quantité d'informations enregistrées est grande. Pour conserver ou reproduire ces informations avec fidélité, une compression des données est nécessaire.*

I Taille d'un fichier audio

1 Paramètres qui influencent la taille d'un fichier audio

■ La taille d'un fichier audio dépend de différents paramètres liés à la fidélité recherchée :
- la fréquence d'échantillonnage ;
- le nombre de bits pour la quantification ou résolution ;
- la durée de l'enregistrement → FICHE 31.

■ À partir des trois paramètres précédents, on peut calculer la taille du fichier audio en bits, grâce au calcul suivant :

Taille (bits) = résolution (bits) × fréquence d'échantillonnage (Hz) × durée (s)

■ La taille d'un fichier s'exprime en **octets**. Un octet correspond à 8 bits, soit une série de huit chiffres, 0 ou 1. Donc $\text{Taille (octets)} = \frac{\text{Taille (bits)}}{8}$.

2 Le stockage

■ L'oreille humaine entend jusqu'à 20 000 Hz. D'après le théorème de Shannon, on doit utiliser une fréquence d'échantillonnage double, donc 40 kHz. Par convention, on utilise une fréquence de 44,1 kHz et une quantification de 16 bits. Pour un fichier son de 4 minutes, la taille du fichier est donc égale à $16 \times (44{,}1 \times 10^3) \times (4 \times 60) = 1{,}69 \times 10^8$ bits = 21 Mo. Comme l'enregistrement est en stéréo, le fichier brut aura une taille d'environ 42 Mo.

■ La faible capacité de stockage des premiers supports numériques et les faibles débits d'Internet ont nécessité la diminution de la taille des fichiers sonores.

■ La différence de capacité de stockage entre le CD et le DVD (650 Mo contre 4,7 Go) vient de la taille des sillons gravés sur le support et de la taille du faisceau laser.

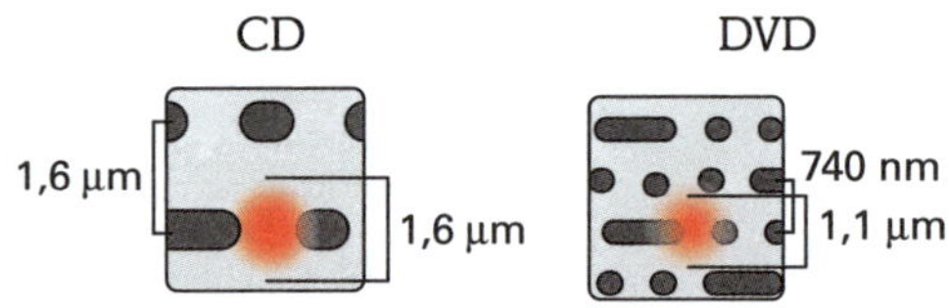

Doc Tailles comparées du faisceau lumineux et des gravures

II Compression

1 Techniques de compression

■ Il existe de nombreuses techniques de compression. Certaines d'entre elles entraînent une perte d'informations ; on dit qu'elles sont destructrices.

■ Les techniques destructrices reposent sur les propriétés de l'oreille humaine. Si un son comporte des fréquences en dehors de la gamme [20 Hz-20 kHz], on peut les éliminer puisqu'elles ne sont pas perçues. On peut aussi décider d'enlever des fréquences dont le niveau sonore, en décibels, est très faible.

■ Les techniques non destructrices utilisent un codage informatique. Par exemple, si dans une suite d'échantillons une même fréquence apparaît dix fois, on ne stockera que la valeur de la fréquence et le nombre de fois où elle apparaît, donc seulement deux informations. Un exemple de cette méthode est l'algorithme de Huffman.

2 Taux de compression

■ Il y a plusieurs normes de compression. Le taux de compression choisi dépend de l'usage futur du fichier : CD, téléphone, streaming...

À NOTER
Les normes de compression les plus connues sont : WMA, MP3, Ogg Vorbis, AAC...

■ Le taux de compression est le rapport de la taille du fichier après et avant compression :

$$\tau = 1 - \frac{\text{taille finale}}{\text{taille initiale}}$$

Plus le taux de compression est élevé, plus le fichier sera petit, mais moins la qualité sera bonne.

zoOm

Le MP3, une compression destructrice

Le MP3 exploite les propriétés de l'oreille humaine pour réduire la taille d'un morceau de musique, en supprimant toutes les fréquences au-dessus de 20 kHz (sons aigus). Le MP3 opère ainsi une compression destructrice. Si l'on décompresse (ou décode) le signal compressé (ou encodé) pour l'écouter, on ne retrouve pas exactement le signal de départ.

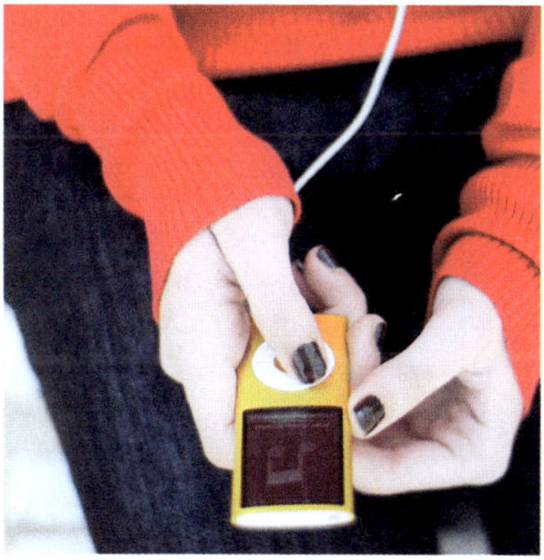

MÉMO VISUEL

MUSIQUE ET

Gamme : ensemble de notes réparties sur une octave

Gamme de Pythagore

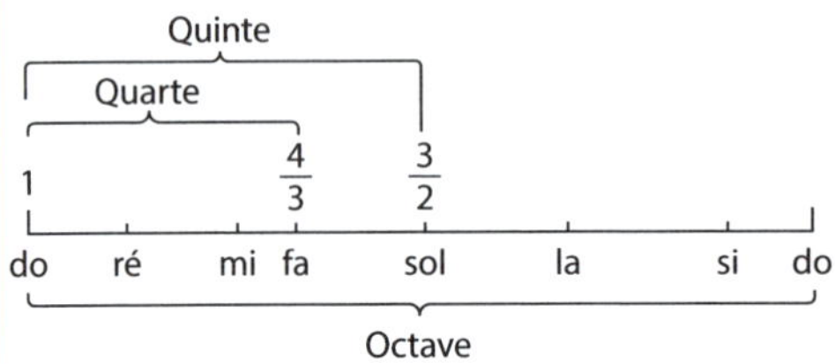

- Deux intervalles : $\frac{9}{8}$ et $\frac{256}{243}$
- Ne boucle pas, donc pas de transposition
- Basée sur le cycle des quintes

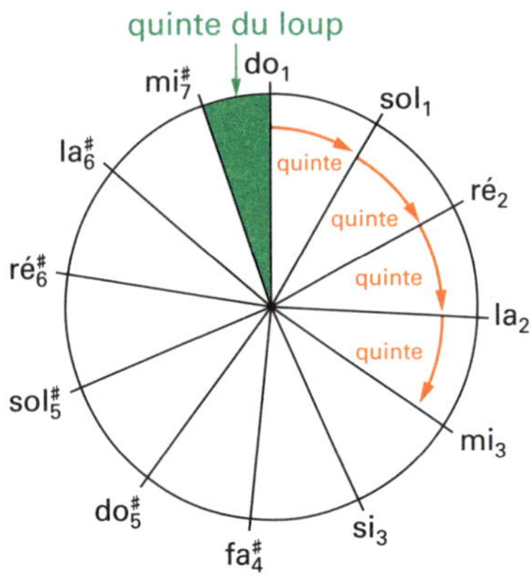

Gamme tempérée

- Douze notes réparties également de f à $2 \times f$
- Un seul intervalle $\sqrt[12]{2}$
- Boucle, donc transposition possible

Intervalles : rapports de fréquences

Octave : $\frac{2}{1}$

Quinte : $\frac{3}{2}$

Quarte : $\frac{4}{3}$

MATHÉMATIQUES

Numérisation

- **Le signal analogique**

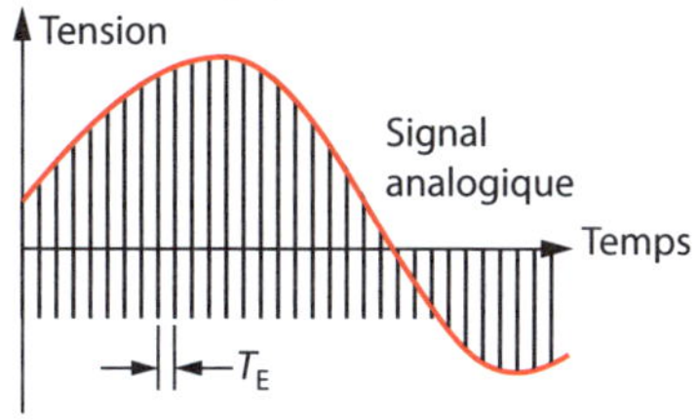

- **Le signal échantillonné**

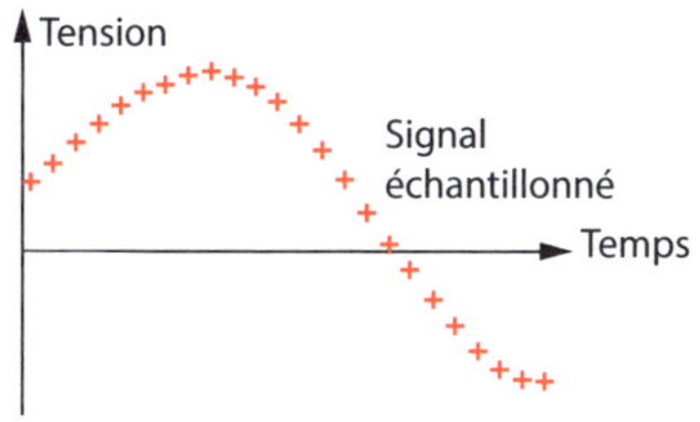

- **La quantification du signal**

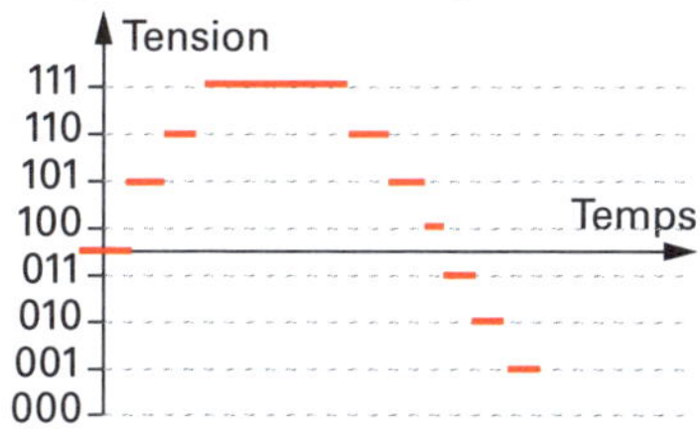

Après quantification sur 3 bits

Échantillonnage, puis quantification

La fréquence d'échantillonnage doit être au moins le double de la fréquence du signal pour que la numérisation soit fidèle au son initial.

Compression

Format MP3 : compression destructrice, car on élimine les sons peu audibles par notre oreille

Taux de compression :

$$\tau = 1 - \frac{\text{taille finale}}{\text{taille initiale}}$$

SE TESTER QUIZ

Vérifiez que vous avez bien compris les points clés des **fiches 29 à 32**.

1 Intervalles et gammes

→ FICHE 29

1. Parmi les affirmations suivantes, lesquelles sont vraies ?

☐ **a.** Un intervalle est le rapport de fréquences entre deux notes.
☐ **b.** Le rapport 2/1 correspond à deux notes de nom différent.
☐ **c.** Le rapport 2/1 correspond à une quinte.
☐ **d.** La gamme de Pythagore est basée sur les quintes.

2. Que peut-on dire de la gamme de Pythagore ?

☐ **a.** Elle boucle sur elle-même.
☐ **b.** Elle ne permet pas la transposition.

2 De la gamme tempérée à la gamme de Pythagore

→ FICHE 30

1. Que peut-on dire de la gamme tempérée ?

☐ **a.** Elle est basée sur des intervalles différents.
☐ **b.** L'intervalle utilisé est une fraction.
☐ **c.** L'intervalle utilisé est un nombre irrationnel.

2. L'intervalle utilisé pour construire la gamme tempérée est :

☐ **a.** $\sqrt[12]{2}$ ☐ **b.** $\sqrt[2]{12}$ ☐ **c.** 3/2 ☐ **d.** 2

3 Numérisation et reproduction du son analogique

→ FICHE 31

À quoi reconnaît-on un signal analogique ?

☐ **a.** Il est constitué de 0 et de 1.
☐ **b.** C'est un signal continu.

4 Taille d'un fichier audio et compression du son

→ FICHE 32

Parmi les affirmations suivantes, lesquelles sont vraies ?

☐ **a.** Plus la fréquence d'échantillonnage est élevée, moins le signal numérique sera fidèle.
☐ **b.** Pour obtenir un signal numérique fidèle, il faut une fréquence d'échantillonnage au moins deux fois plus grande que celle du signal analogique.
☐ **c.** La quantification transforme les échantillons en suites de 0 et 1.
☐ **d.** Plus la fréquence d'échantillonnage est grande et la quantification fine, plus le fichier audio est volumineux.
☐ **e.** La taille d'un fichier numérique s'exprime en hertz (Hz).

S'ENTRAÎNER

5 Réviser le cours en 8 questions flash

→ FICHES 29 à 32

1. Comment appelle-t-on l'intervalle qui délimite la gamme ?
2. Qu'est-ce qu'une quinte ?
3. Quel est l'inconvénient de la gamme de Pythagore ?
4. L'intervalle, dans la gamme tempérée, est-il constant ?
5. Pour que le son numérisé soit fidèle, la fréquence d'échantillonnage peut-elle prendre n'importe quelle valeur ?
6. Si l'on quantifie sur 4 bits, combien de valeurs numériques peut-on obtenir ?
7. Quel est l'intérêt de compresser un fichier audio ?
8. À quoi est associée l'unité Mo ?

6 Rapports des fréquences fondamentales

→ FICHES 29 et 30

Relier le nom de chaque intervalle à sa valeur.

quarte •	• $\frac{2}{1}$
octave •	• $\frac{4}{3}$
quinte •	• $\frac{3}{2}$

7 La gamme de Pythagore

→ FICHES 29 et 30

Compléter le texte avec les mots suivants.

consonants • cycle • fondamentale • fréquence • gamme • notes • octave • Pythagore • quinte • tonalité • transposer

Une .... est une succession de .... contenues dans une ...., autrement dit dans l'intervalle entre le premier et le deuxième do. La gamme de .... correspond à des cordes vibrantes dont les rapports de longueur, égaux à $\frac{3}{2}$ (une ....), sont ...., c'est-à-dire harmonieux. Cela signifie que l'on multiplie par $\frac{3}{2}$ la .... de la note fondamentale pour définir les fréquences des autres notes de la gamme. Mais le .... des quintes ne permet pas de retomber exactement sur l'octave : en multipliant n fois la fréquence .... par $\frac{3}{2}$, on sort de la gamme. Il est donc impossible de .... un morceau dans une autre ....

8 Justesse des gammes de Pythagore et tempérée

→ FICHES 29 et 30

La gamme de Pythagore est construite sur la base de fractions : la quarte entre le do et le fa, la quinte entre le do et le sol, la tierce entre le do et le mi, et l'octave entre un do et le suivant.

Le tableau suivant donne les fréquences basées sur le la_3 (440 Hz) dans la gamme de Pythagore et dans la gamme tempérée.

	Do_3	$Ré_3$	Mi_3	Fa_3	Sol_3	La_3	Si_3	Do_4
Pythagore	260,74	293,33	330,00	347,65	391,11	440	495,00	521,48
Tempérée	261,63	311,13	329,63	349,23	392,00	440	493,88	523,25

1. Compléter le tableau ci-dessous.

Nom	Quarte	Quinte	Tierce	Octave
Notes	Fa-do	Sol-do	Do-mi	Do_4-do_3
Rapport	$\frac{\dots}{\dots}$	$\frac{\dots}{\dots}$	$\frac{\dots}{\dots}$	$\frac{2}{1}$
Pythagore	$\frac{347,65}{260,74} = 1,3333$	$\frac{\dots}{\dots} = \dots$	$\frac{\dots}{\dots} = \dots$	$\frac{521,48}{260,74} = 2$
Tempérée	$\frac{\dots}{\dots} = \dots$	$\frac{392,00}{261,63} = 1,498$	$\frac{\dots}{\dots} = \dots$	$\frac{\dots}{\dots} = \dots$

2. Calculer l'écart relatif pour chaque rapport dans les deux dernières lignes du tableau précédent.

À NOTER

L'écart relatif sert à comparer une valeur calculée ou mesurée à une valeur attendue grâce au calcul $\frac{|\text{Valeur}_{\text{calculée}} - \text{Valeur}_{\text{théorique}}|}{\text{Valeur}_{\text{théorique}}}$.

Plus il est petit, plus la valeur trouvée est proche de la valeur attendue.

3. Conclure sur la « justesse » de chaque gamme.

9 La transposition des gammes

→ FICHES 29 et 30

Pour un musicien, transposer un morceau, c'est le jouer dans une autre tonalité, pour s'adapter par exemple à un chanteur dont la voix est particulièrement grave ou particulièrement aiguë. À l'oreille, le morceau est reconnu comme étant le même.

Pour transposer un morceau de musique, il suffit de décaler les notes dans la gamme. Ainsi, « do-mi-fa » dans le ton « do » est joué « ré#-sol-sol# » dans le ton « ré# ».

Le tableau suivant donne les intervalles de ces notes avec le do comme référence dans la gamme de Pythagore.

Note	Do	Ré#	Mi	Fa	Sol	Sol#
Pythagore	1	$\frac{3^9}{2^{14}}$	$\frac{3^4}{2^6}$	$\frac{4}{3}$	$\frac{3}{2}$	$\frac{3^8}{2^{12}}$
Tempérée	1	$2^{\frac{3}{12}}$	$2^{\frac{4}{12}}$	$2^{\frac{5}{12}}$	$2^{\frac{7}{12}}$	$2^{\frac{8}{12}}$

1. Donner, pour la gamme de Pythagore, les intervalles entre deux notes successives « do-mi-fa », puis dans le morceau transposé.

2. Faire de même pour la gamme tempérée.

3. Quel est l'intérêt de la gamme tempérée par rapport à celle de Pythagore ?

10 Critères de numérisation

→ FICHE 31

Les schémas suivants représentent des signaux analogiques et numériques.

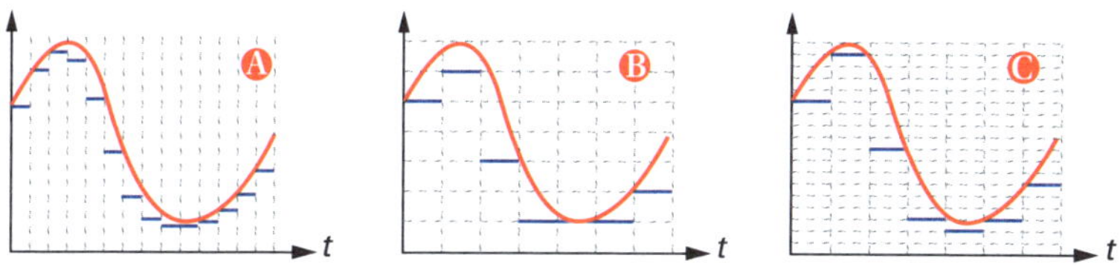

1. Sur les schémas A, B et C, que représentent la courbe rouge et les traits bleus ?

2. Entre les courbes A et B, agit-on sur l'échantillonnage, sur la quantification ou sur les deux ?

3. a. Entre les courbes B et C, agit-on sur l'échantillonnage ou sur la quantification ?

b. Quel sera le signal le plus fidèle après numérisation ? Justifier.

11 Numérisation

→ FICHE 31

On enregistre le son d'un diapason à 440 Hz avec un convertisseur à résolution de 8 bits. La fréquence d'échantillonnage vaut $f_E = 1{,}0$ MHz. L'enregistrement dure 100 ms.

1. Avec une telle résolution, combien de valeurs peut-on coder ?

2. La fréquence d'échantillonnage est-elle suffisante pour obtenir un résultat fidèle ?

3. Déterminer la taille du fichier audio en bits, puis en octets.

4. Si l'on allège le fichier en descendant la fréquence d'échantillonnage à 44,1 kHz, le son obtenu sera-t-il détérioré ? Justifier.

5. Quelle sera la nouvelle taille du fichier en octets ?

6. Les standards d'enregistrement pour un CD audio en stéréo sont de 16 bits, 44,1 kHz. Quelle est la durée maximale d'enregistrement possible sur un CD de capacité égale à 734 Mo ?

OBJECTIF BAC

12 Construction des gammes de Pythagore

60 min

Cet exercice permet d'appliquer mathématiquement les critères de construction des deux gammes en utilisant les fractions et les puissances.

LE SUJET

En Occident, la première gamme fut la gamme de Pythagore. Sa construction peut utiliser une corde de tension fixe, mais de longueur variable. Considérons une corde de longueur L qui joue la note do_3, dont la fréquence est $f = 261{,}6$ Hz. Si la longueur est divisée par deux, alors la fréquence est multipliée par deux. La note sera donc à l'octave supérieure et sera un do_4. Elle joue la note située à la quinte du do_3 si la longueur est divisée par 3/2 : c'est le sol_3 de la gamme de Pythagore.

De même, la note située à la quinte ascendante du sol_3 obtenu précédemment est un $ré_4$. Elle n'est pas dans l'octave de référence do_3-do_4. En revanche, le $ré_3$ qui est à son octave inférieure s'y trouve. Du point de vue des longueurs de corde, le sol_3 correspond à $\dfrac{L}{\frac{3}{2}} = \dfrac{2 \times L}{3}$, le $ré_4$ à $\dfrac{L}{\left(\frac{3}{2}\right)^2} = \dfrac{4 \times L}{9}$ et le $ré_3$ au double de cette longueur, soit $\dfrac{8 \times L}{9}$ (doc.).

Doc Notes associées aux longueurs de corde vibrante

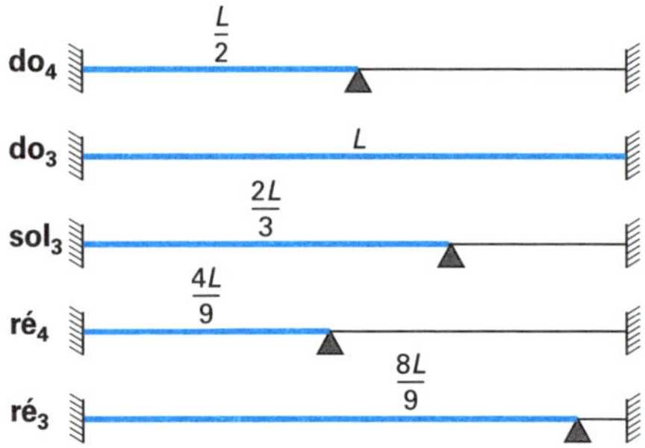

1. Exprimer en fraction de f les fréquences correspondant aux longueurs de $\dfrac{2 \times L}{3}$ et $\dfrac{8 \times L}{9}$, respectivement de sol_3 et de $ré_3$.

2. Le fa_3 est défini de sorte que le do_4 est à la quinte du fa_3, le la_3 est à la quinte du ré et le si à la quinte du mi, sachant que $f_{mi} = \left(\frac{3^4}{2^6}\right) \times f_{do}$. Exprimer ces trois fréquences sous forme de fraction par rapport à la fréquence f du do_3.

3. Calculer numériquement les fréquences obtenues et les classer par ordre croissant, en leur attribuant leur nom.

4. Calculer, sous forme de fractions, les intervalles entre deux notes consécutives.

5. Deux intervalles seulement apparaissent. Le plus grand est appelé ton et le plus petit demi-ton. Entre quelles notes n'y a-t-il qu'un demi-ton ?

6. Un demi-ton vaut-il la moitié d'un ton ?

7. Tons et demi-tons sont-ils les mêmes que dans la gamme tempérée ? Justifier.

LA FEUILLE DE ROUTE

1. Relier la fréquence à la longueur de corde

- Relevez dans le texte la formule qui lie rapport de longueurs et rapport de fréquences.
- Déduisez-en, par analogie, ce qui se passe pour les deux autres nouvelles longueurs.

> **CONSEIL**
> Rappelez-vous le sens du mot « octave ».

2. Calculer sous forme de rapport à la quinte

- Faites le rapport de fréquences en vous basant sur la fréquence f du do_3. Il faut donc remplacer le do_4 par le do_3 en se rappelant le rapport de l'octave.
- Dans la mesure du possible, écrivez ces rapports sous forme de fraction avec des puissances de 3 et des puissances de 2.

> **CONSEIL**
> Rappelez-vous que l'intervalle $\frac{3}{2}$ correspond à la quinte.

3. Classer les fréquences

Calculez les fractions et classez-les de la plus petite à la plus grande, en faisant attention au nombre de chiffres significatifs.

4. Calculer des intervalles

Calculer les rapports de fréquences exprimés sous forme de fraction.

5. Comparer deux intervalles

Calculer les deux fractions pour les classer. Reportez-vous aux résultats de la question 3.

6. Comparer les intervalles

Divisez par 2 la fraction la plus grande.

7. Comparer les intervalles des deux gammes

Regardez la forme mathématique des résultats précédents et comparez-la à une valeur irrationnelle.

> **À NOTER**
> Dans la gamme tempérée, les intervalles sont tous identiques.

CORRIGÉS

SE TESTER QUIZ

1 Intervalles et gammes

1. Réponses a et d.

L'affirmation b est fausse, car le rapport 2/1 correspond à deux notes de même nom, mais de fréquence double (par exemple do_3 et do_4). La réponse c est fausse puisque le rapport 2/1 est celui d'une octave. Le rapport de la quinte est 3/2.

2. Réponse b.

La gamme de Pythagore ne boucle pas exactement sur elle-même, même après avoir changé sept fois d'octave. Elle ne permet donc pas la transposition.

2 De la gamme tempérée à la gamme de Pythagore

1. Réponse c.

L'intervalle est toujours le même et ne correspond pas à une fraction, car c'est un nombre irrationnel.

2. Réponse a.

La réponse c correspond à la quinte, la d à l'octave et la b à rien.

3 Numérisation et reproduction du son analogique

Réponse b.

L'affirmation a est fausse car les 0 et 1 correspondent à un signal numérique.

4 Taille d'un fichier audio et compression du son

Réponses b, c, d.

L'affirmation a est fausse, car c'est le contraire. L'affirmation e est fausse, car la taille d'un fichier s'exprime en bits ou plus généralement en octets.

S'ENTRAÎNER

5 Réviser le cours en 8 questions flash

1. L'intervalle qui délimite la gamme est l'octave.
2. Une quinte est l'intervalle entre deux notes dont le rapport de fréquences vaut $\frac{3}{2}$.
3. Les intervalles de la gamme de Pythagore n'étant pas tous égaux, elle ne permet donc pas la transposition.
4. Oui, dans la gamme tempérée l'intervalle constant est un nombre irrationnel.
5. Pour que le son numérisé soit fidèle, il faut que la fréquence d'échantillonnage soit supérieure ou égale au double de la fréquence du signal selon le théorème de Shannon.
6. Avec 4 bits, on obtient 2^4 valeurs, soit 16 valeurs différentes.

7. Compresser un fichier audio le rend moins volumineux et donc plus facile à stocker.

8. Le Mo (mégaoctets) est une unité de taille de fichier informatique.

6 Rapports des fréquences fondamentales

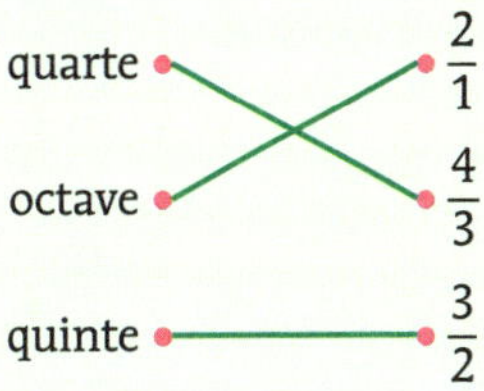

7 La gamme de Pythagore

Une gamme est une succession de notes contenues dans une octave, autrement dit dans l'intervalle entre le premier et le deuxième do. La gamme de Pythagore correspond à des cordes vibrantes dont les rapports de longueur, égaux à $\frac{3}{2}$ (une quinte), sont consonants, c'est-à-dire harmonieux. Cela signifie que l'on multiplie par $\frac{3}{2}$ la fréquence de la note fondamentale pour définir les fréquences des autres notes de la gamme. Mais le cycle des quintes ne permet pas de retomber exactement sur l'octave : en multipliant n fois la fréquence fondamentale par $\frac{3}{2}$, on sort de la gamme. Il est donc impossible de transposer un morceau dans une autre tonalité.

8 Justesse des gammes de Pythagore et tempérée

1.

Nom	Quarte	Quinte	Tierce	Octave
Notes	Fa-do	Sol-do	Do-mi	Do_4-do_3
Rapport	4/3	3/2	5/4	2/1
Pythagore	$\frac{347{,}65}{260{,}74} = 1{,}3333$	$\frac{391{,}11}{260{,}74} = 1{,}5$	$\frac{330{,}00}{260{,}74} = 1{,}2656$	$\frac{521{,}48}{260{,}74} = 2$
Tempérée	$\frac{349{,}23}{261{,}63} = 1{,}3348$	$\frac{392{,}00}{261{,}63} = 1{,}498$	$\frac{329{,}63}{261{,}63} = 1{,}2599$	$\frac{523{,}25}{261{,}63} = 1{,}999$

2. En appliquant la formule donnée dans l'énoncé, on trouve :

Nom	Quarte	Quinte	Tierce	Octave
Notes	Fa-do	Sol-do	Do-mi	Do_4-do_3
Rapport	4/3	3/2	5/4	2/1
Pythagore	0,0009 %	0 %	1,25 %	0 %
Tempérée	0,11 %	0,11 %	0,79 %	0,0019 %

3. La gamme de Pythagore est donc bien plus juste que la gamme tempérée, sauf pour la tierce.

9 La transposition des gammes

1. Gamme de Pythagore

• Suite do-mi-fa

Entre do et mi, l'intervalle est de $\dfrac{\frac{3^4}{2^6}}{1} = \dfrac{81}{64}$.

Entre mi et fa, l'intervalle est de $\dfrac{\frac{4}{3}}{\frac{3^4}{2^6}} = \dfrac{27}{16}$.

• Suite ré#-sol-sol#

Entre ré# et sol, l'intervalle est de $\dfrac{\frac{3}{2}}{\frac{3^2}{2^3}} = \dfrac{4}{3}$.

Entre sol et sol#, l'intervalle est de $\dfrac{\frac{3^8}{2^{12}}}{\frac{3}{2}} = \dfrac{2\,187}{2\,048}$.

Les suites d'intervalles ne sont donc pas les mêmes entre do-mi-fa et ré#-sol-sol#.

2. Gamme tempérée

• Suite do-mi-fa

Entre do et mi, l'intervalle est de $2^{\frac{4}{12}}$.

Entre mi et fa, l'intervalle est de $\dfrac{2^{\frac{5}{12}}}{2^{\frac{4}{12}}} = 2^{\frac{1}{12}}$.

• Suite ré#-sol-sol#

Entre ré# et sol, l'intervalle est de $\dfrac{2^{\frac{7}{12}}}{2^{\frac{3}{12}}} = 2^{\frac{4}{12}}$.

Entre sol# et sol, l'intervalle est de $2^{\frac{1}{12}}$.

Les suites d'intervalles sont donc les mêmes entre do-mi-fa et ré#-sol-sol#.

3. Dans le cas de la gamme tempérée, les deux suites d'intervalles sont identiques. La transposition du morceau est donc possible, ce qui n'est pas le cas avec la gamme de Pythagore.

10 Critères de numérisation

1. La courbe rouge représente le signal analogique et les traits bleus le signal numérique.

2. Entre les courbes Ⓐ et Ⓑ, on agit sur l'échantillonnage : le découpage sur l'axe des abscisses (temps) n'est pas le même. On agit également sur la quantification, puisque le nombre de niveaux est lui aussi plus grand pour la courbe Ⓐ.

3. a. Entre les courbes Ⓑ et Ⓒ, on agit sur la quantification, puisqu'on fait varier le nombre de valeurs discrètes pour coder l'amplitude du signal.
b. Le signal le plus fiable est le Ⓐ, car le découpage sur l'axe des ordonnées est plus fin. La valeur quantifiée sera plus proche du signal d'origine. De plus, la période d'échantillonnage est plus petite pour le schéma Ⓐ, donc la fréquence d'échantillonnage est plus grande. Dans un même laps de temps, il y a davantage de valeurs prélevées, le signal numérisé est donc plus fidèle au signal analogique.

11 Numérisation

1. En langage binaire, le nombre de valeurs que l'on peut coder avec n bits est donné par la formule 2^n. En appliquant la formule, on trouve $2^8 = 256$ valeurs.

2. La fréquence du diapason est de 440 Hz. D'après le théorème de Shannon, pour que le résultat soit fidèle, la fréquence d'échantillonnage doit être égale à au moins deux fois celle du signal, soit ici une fréquence de 880 Hz. La fréquence de 1,0 MHz (1 000 000 Hz) est donc largement suffisante.

3. On utilise la formule :

$$\text{Taille} = \text{résolution} \times \text{fréquence d'échantillonnage} \times \text{durée}$$

La taille du fichier est donc égale à $8 \times 1{,}0 \times 10^6 \times 100 \times 10^{-3} = 8 \times 10^5$ bits $= 10^5$ octets, un octet correspondant à 8 bits.

4. Notre oreille n'entend pas les sons de fréquences supérieures à 20 kHz. D'après le théorème de Shannon, on peut donc échantillonner à $2 \times 20 = 40$ kHz sans problème, le son ne sera pas détérioré.

5. La taille du fichier sera égale à $8 \times 44{,}1 \times 10^3 \times 100 \times 10^{-3} = 35\,280$ bits $= 4\,410$ octets. Il sera donc environ 23 fois moins volumineux que le précédent.

6. À partir de la formule :

$$\text{Taille} = \text{résolution} \times \text{fréquence d'échantillonnage} \times \text{durée}$$

On a :

$$\text{Durée} = \frac{\text{taille}}{\text{résolution} \times \text{fréquence d'échantillonnage}} = \frac{734 \times 10^6 \times 8}{16 \times 44{,}1 \times 10^3} = 8\,322 \text{ s}$$

En stéréo, on a deux fois plus de données, donc une durée d'enregistrement deux fois plus petite, soit 4 161 s, c'est-à-dire 69 minutes et 21 secondes.

OBJECTIF BAC

12 Construction des gammes de Pythagore

1. D'après l'énoncé, on voit que si $L' = \frac{L}{2}$, alors $f' = f \times 2$.

Par analogie, si $L' = \frac{2}{3} \times L$, alors $f_{sol_3} = \frac{3}{2} \times f_{do_3}$ et si $L' = \frac{8}{9} \times L$, alors $f_{ré_3} = \frac{9}{8} \times f_{do_3}$.

2. Si le f_{fa_3} est défini de telle sorte que le do_4 est à la quinte du fa_3, alors le rapport est $f_{do_4} = \frac{3}{2} \times f_{fa_3}$ ou $f_{fa_3} = \frac{2}{3} \times f_{do_4}$. On sait de plus que le do_4 est à l'octave du do_3, donc que $do_4 = 2 \times do_3$. On a alors $f_{fa_3} = \frac{2}{3} \times 2 \times f_{do_3}$, soit $f_{fa_3} = \frac{4}{3} \times f_{do_3}$.

Pour le la_3 : $f_{la_3} = \frac{3}{2} \times f_{ré_3} = \frac{3}{2} \times \frac{9}{8} \times f_{do_3} = \frac{3^3}{2^4} \times f_{do_3}$.

Pour le si_3 : $f_{si_3} = \frac{3}{2} \times f_{mi_3} = \frac{3}{2} \times \frac{3^4}{2^6} \times f_{do_3} = \frac{3^5}{2^7} \times f_{do_3}$.

3. Les résultats des calculs sont regroupés dans le tableau suivant et classés par ordre croissant.

Note	Do_3	$Ré_3$	Mi_3	Fa_3	Sol_3	La_3	Si_3	Do_4
Fréquence	261,6	294,6	331,1	348,8	392,4	441,5	496,6	523,2

4.

Intervalle	Ré-do	Mi-ré	Fa-mi	Sol-fa	La-sol	Si-la	Do-si
	$\frac{f_{ré}}{f_{do}} = \frac{9}{8}$	$\frac{f_{mi}}{f_{ré}} = \frac{9}{8}$	$\frac{f_{fa}}{f_{mi}} = \frac{256}{243}$	$\frac{f_{sol}}{f_{fa}} = \frac{9}{8}$	$\frac{f_{la}}{f_{sol}} = \frac{9}{8}$	$\frac{f_{si}}{f_{la}} = \frac{9}{8}$	$\frac{f_{do}}{f_{si}} = \frac{256}{243}$

En reprenant les rapports précédents de la question **2.**, on a comme exemple de calcul : $\frac{f_{mi}}{f_{ré}} = \frac{\frac{3^4}{2^6} \times f_{do_3}}{\frac{3^2}{2^3} \times f_{do_3}} = \frac{3^4 \times 2^3}{2^6 \times 3^2} = \frac{3^2}{2^3} = \frac{9}{8}$.

5. Les deux intervalles sont $\frac{9}{8}$ qui est le ton et $\frac{256}{243}$ qui est le demi-ton. Il n'y a qu'un demi-ton entre si et do et entre mi et fa.

6. Calculons $\frac{\frac{9}{8}}{2} = \frac{9}{16}$, ce qui n'est pas égal à $\frac{256}{243}$.

7. Dans la gamme tempérée, les intervalles ne correspondent pas à des fractions, mais à des nombres irrationnels tels que $\sqrt[12]{2} = 2^{\frac{1}{12}}$, qui correspond au demi-ton.
Un ton sera donc égal à $2^{\frac{1}{12}} \times 2^{\frac{1}{12}} = 2^{\frac{2}{12}}$.
Tons et demi-tons de la gamme de Pythagore et de la gamme tempérée ne peuvent donc pas être identiques.

Quand le son devient musique

Polissage d'une pièce de saxophone

L'oreille peut être endommagée par des traumatismes sonores, comme lors d'une exposition prolongée au bruit. L'oreille est un organe fragile qu'il est nécessaire de protéger.

33 L'organisation de l'oreille humaine

En bref *Organe de l'audition, l'oreille assure aussi un rôle important dans l'équilibre. Elle est constituée de trois parties : l'oreille externe, l'oreille moyenne et l'oreille interne.*

I L'oreille externe et l'oreille moyenne

- L'oreille externe comprend le **pavillon** et le **conduit auditif externe**. Ceux-ci reçoivent les sons du milieu extérieur, les amplifient et les canalisent vers le **tympan**, membrane vibrante qui représente la limite entre oreille externe et oreille moyenne.

À NOTER
Le tympan est une membrane très fine, qui peut être facilement perforée par un coton tige ou par une otite. Le tympan se reconstruit habituellement au bout de quelques semaines, sinon on peut envisager une greffe de tympan.

- L'oreille moyenne est constituée d'une cavité remplie d'air et traversée par une chaîne d'**osselets** mesurant quelques millimètres (**marteau**, **enclume** et **étrier**). Les osselets assurent une continuité physique entre le tympan et l'oreille interne. Le **tympan** transmet ainsi les vibrations sonores jusqu'à l'oreille interne.
- La **trompe d'Eustache** est un conduit situé entre l'oreille moyenne et l'arrière-gorge qui permet d'équilibrer la pression de part et d'autre du tympan.

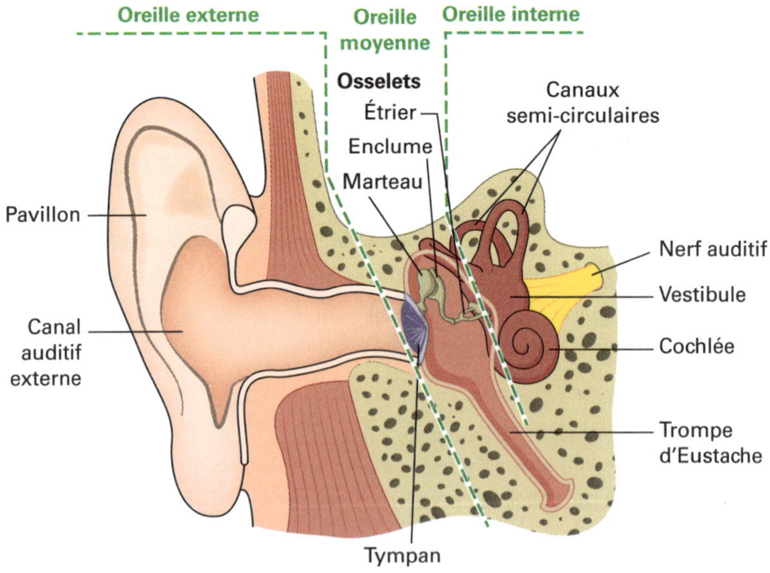

Doc **Anatomie de l'oreille**

II L'oreille interne

■ L'oreille interne est constituée d'un système complexe de canaux, formant le labyrinthe osseux, doublé à l'intérieur du labyrinthe membraneux. Ce dernier est rempli d'un liquide très riche en potassium, l'endolymphe.

■ Le labyrinthe osseux comprend le vestibule et les canaux semi-circulaires, qui contiennent tous les deux les récepteurs de l'équilibre, et la cochlée, qui renferme les récepteurs de l'audition.

■ La cochlée est tapissée de nombreuses cellules ciliées (plus de 15 000 par oreille). Ces cellules constituent l'organe de Corti, organe de l'audition, et reposent sur la membrane basilaire. Lors de l'arrivée d'un son, cette membrane est le siège de légers déplacements, entraînant le mouvement des cils vibratiles.

À NOTER
L'oreille interne joue un rôle important dans l'équilibre, grâce à de petits cristaux de carbonate de calcium appelés otolithes, qui modifient la mobilité des cellules ciliées selon la gravité et les mouvements de la tête.

■ Le nerf auditif est formé de la fusion du nerf cochléaire et du nerf vestibulaire. Il intervient dans l'audition et dans le maintien de l'équilibre et s'étend du conduit auditif jusqu'au cerveau.

zoOm

Cochlée de cobaye observée au MEB

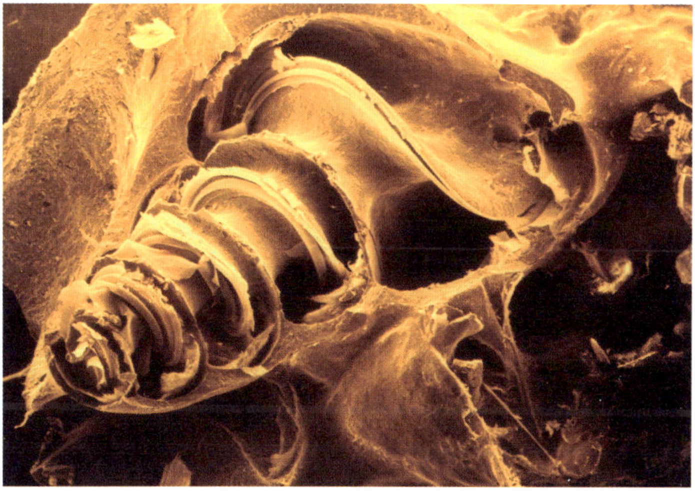

Partie de l'oreille interne qui renferme les récepteurs de l'audition, la cochlée est aussi appelée « limaçon » en raison de sa forme qui évoque la coquille d'un escargot.

34 De l'oreille au cerveau

En bref *Les vibrations sonores reçues par l'oreille sont traduites en un message nerveux qui est ensuite traité par le cerveau.*

I La propagation des vibrations sonores

- Les vibrations sonores perçues par l'**oreille externe** sont dirigées vers le **tympan**. La membrane tympanique propage alors la vibration sonore le long de la chaîne d'**osselets** de l'oreille moyenne (milieu aérien). Puis la vibration est transmise à la **cochlée**, dans laquelle les variations de pression de l'endolymphe (milieu liquide) font onduler la membrane basilaire de l'**organe de Corti**.
- Les **cellules ciliées** sont alors activées par le mouvement des cils : l'onde mécanique se transforme en un signal électrique. Les cellules ciliées produisent un message nerveux qui se propage le long du nerf auditif, l'amplitude du message étant proportionnelle à l'inclinaison des cils.
- Le message nerveux produit par les cellules ciliées de l'organe de Corti est ensuite transmis par le **nerf auditif** vers le **cerveau**.

II Le traitement de l'information sonore par le cerveau

1 Relais neuronaux et aires cérébrales

- Dans le cerveau, des **voies auditives** véhiculent le message nerveux à travers plusieurs relais dont chacun possède un rôle dans l'interprétation de l'information sonore. Ces relais sont des groupes de neurones qui vont décoder l'information (son aigu ou son grave, par exemple) et aboutir à une **perception consciente**.
- L'information arrive à une **aire cérébrale spécialisée**, le **cortex auditif**, situé dans le **lobe temporal** chez l'être humain ; le son est perçu, le cas échéant, comme de la musique. C'est donc à l'instant où le son arrive au cerveau que l'on prend **conscience** de ce son.
- Le cortex auditif est organisé en une aire primaire et une aire secondaire. Le **cortex auditif primaire** distingue les fréquences sonores, l'intensité, la durée et le timbre d'un son. Le **cortex auditif secondaire**, situé à l'arrière du cortex primaire, est responsable de la perception et de la reconnaissance des sons.

À NOTER
De nombreuses aires cérébrales sont impliquées lorsqu'on écoute de la musique : celles qui jouent un rôle dans la mémoire, les émotions, le langage, la motricité (quand on bat du pied, par exemple).

2 Trajet du message nerveux

■ Le message nerveux véhiculé par le nerf auditif se dirige vers le premier relais, constitué par les noyaux cochléaires du bulbe rachidien.

■ Le dernier relais avant l'arrivée du message nerveux dans le cortex auditif se situe dans le thalamus, où se fera la préparation d'une réponse, qui peut être de nature vocale, par exemple.

■ Un neurone relie le thalamus au cortex auditif, qui est le point d'arrivée des voies auditives. Le message nerveux qui arrive au cortex auditif sera traduit en sensation auditive consciente et pourra être intégré dans une réponse volontaire.

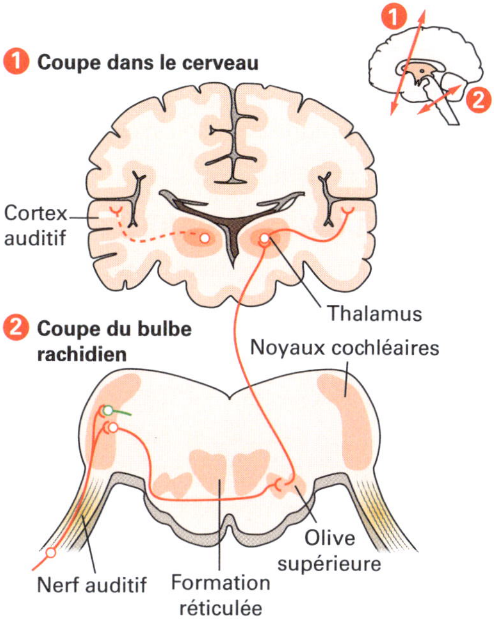

Doc Relais et aires cérébrales spécialisés dans l'audition

zoOm

Le cortex auditif

a) IRM 3D en vue de profil et IRM en coupe axiale du cerveau normal. Visualisation sur le lobe temporal gauche du cortex auditif primaire en orange.

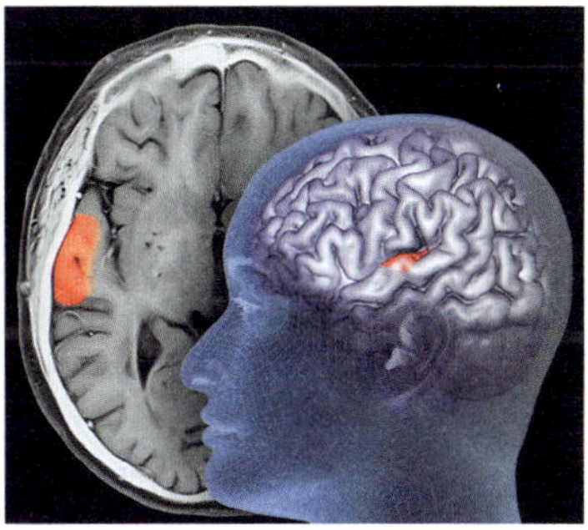

b) Coupe frontale du cerveau

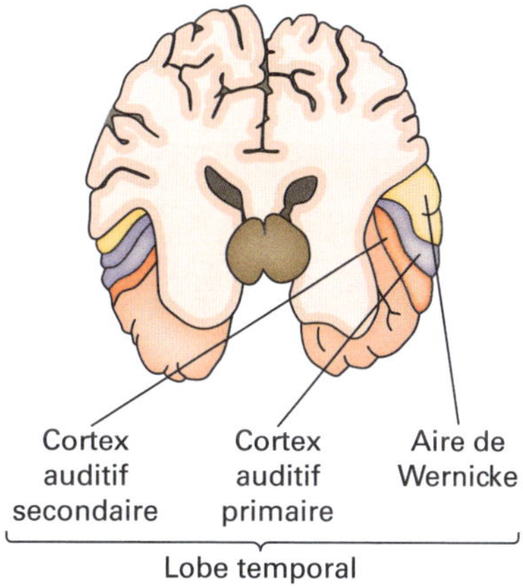

35 La fragilité de l'oreille

En bref *L'oreille humaine est un organe très sensible qui peut être endommagé de façon irréversible en cas de traumatisme sonore.*

I La toxicité sonore

■ Le volume sonore dans notre vie courante peut varier de 20 dB (vent léger) à 110 dB (concert). Le décollage d'un avion atteint un très haut niveau sonore (140 dB), mais il ne dure pas longtemps. → FICHE 27

À NOTER
L'oreille humaine perçoit des sons de 0 à 120 dB, à des fréquences comprises entre 20 Hz (fréquence la plus grave) et 20 000 Hz (fréquence la plus aiguë).

■ La durée d'exposition au bruit est à prendre en compte et à surveiller, car elle peut constituer un risque pour l'oreille interne, partie la plus fragile de l'oreille.

■ L'exposition répétée à des niveaux sonores élevés détruit progressivement les cellules ciliées et entraîne une perte auditive. Cette perte passe tout d'abord inaperçue, car elle intervient dans les fréquences aiguës. C'est lorsqu'elle touche les fréquences moyennes, qui sont celles de la conversation, que l'on se rend compte, un peu tard, que l'on entend moins bien.

À NOTER
Les acouphènes sont des sensations sonores qui persistent alors que la stimulation a cessé.

II L'importance des cellules ciliées

■ Nous possédons tous à la naissance un capital d'environ 15 000 cellules ciliées par oreille. Elles se dégradent naturellement avec l'âge, mais peuvent aussi être détruites par un traumatisme sonore.

Doc 1 Cochlée normale de rat (MEB)

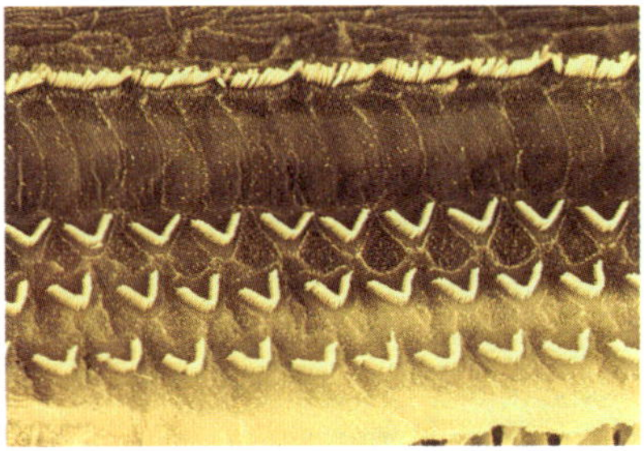

On distingue les cils des cellules ciliées internes (une rangée) et externes (trois rangées).

Doc 2 Cochlée de rat après traumatisme sonore (MEB)

Certaines cellules ciliées ont disparu, d'autres sont endommagées.

■ Lorsque l'oreille est exposée à un volume sonore excessif (à partir de 90 dB) ou lors d'une durée d'exposition au bruit prolongée, les **cils** des cellules ciliées peuvent se **rompre**, ce qui entraîne une altération de l'audition.

Pour préserver son audition, il est conseillé de régler le volume de son lecteur mp3 à la moitié du volume maximum. En concert ou en discothèque, il faut éviter d'être trop proche des enceintes acoustiques et il est préférable de porter des bouchons d'oreille : ils protègent l'oreille tout en laissant passer les sons musicaux.

■ Lorsque tous les cils d'une cellule ciliée sont détruits, celle-ci meurt et n'est pas remplacée. Quand toutes les cellules ciliées ont disparu, c'est la **surdité totale**.

■ Des **lésions du cortex** peuvent aussi entraîner des troubles auditifs : l'individu dont le cortex auditif secondaire est détruit, par exemple, entend les sons, mais il ne peut les reconnaître, il n'en comprend plus la signification.

À NOTER

Beethoven (1770-1827), devenu sourd avant l'âge de 30 ans, pouvait percevoir les sons en glissant entre ses mâchoires une petite planche de bois reliée aux cordes de son piano. Ainsi, il pouvait, tout en jouant de la musique, sentir les vibrations sonores. Le son parvient à l'oreille interne en passant par les os du crâne (par conduction osseuse).

zoom

Cochlée d'un homme âgé

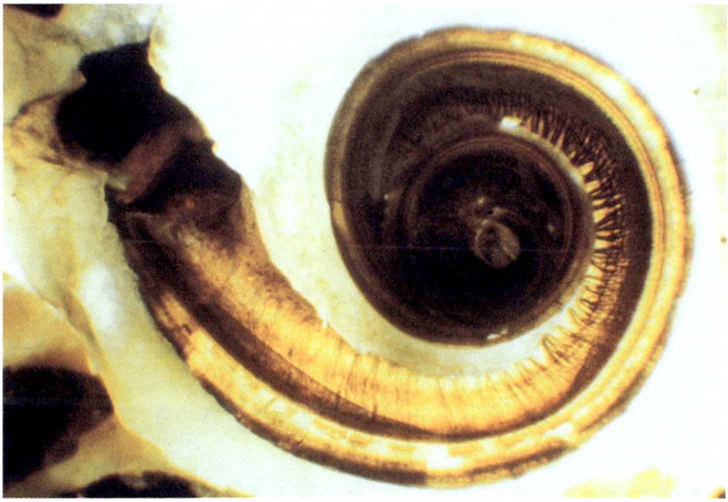

On observe sur la photo une diminution du nombre de cellules cilliées à la base de la cochlée correspondant à la perception des sons aigus.

MÉMO VISUEL

L'OREILLE

Organisation de l'oreille

Milieu aérien

- **Oreille externe**
  Pavillon et conduit auditif externe
- **Oreille moyenne**
  Chaîne d'osselets : marteau, enclume et étrier

Milieu liquide

- **Oreille interne**
  Cellules ciliées de l'organe de Corti

Un organe fragile

Facteurs de risque

- Exposition à des volumes sonores supérieurs à 90 dB
- Longue durée d'exposition au bruit

Conséquences

Destruction des cils des cellules ciliées et altération irréversible de l'audition

Étapes de la propagation des vibrations sonores

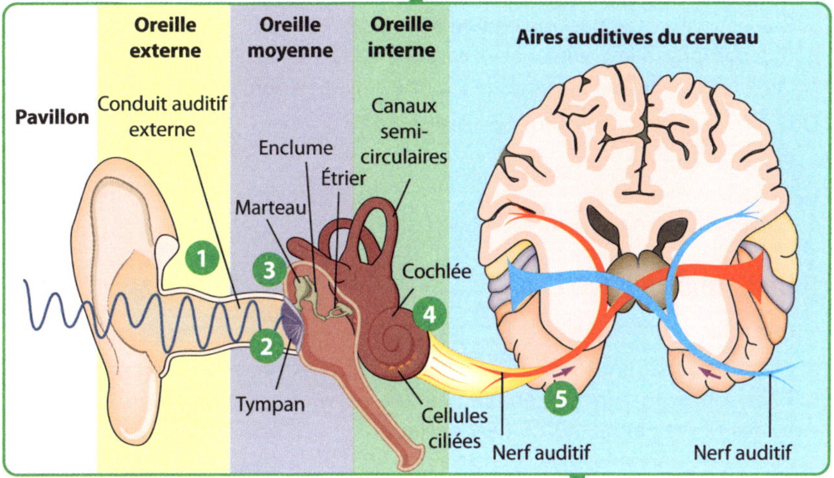

HUMAINE

1. Arrivée d'un son dans le conduit auditif externe
2. Vibration de la membrane tympanique
3. Propagation du son le long de la chaîne d'osselets
4. Activation des cellules ciliées de l'organe de Corti
5. Transformation de l'onde mécanique en un signal électrique qui se propage jusqu'au cerveau par le nerf auditif

SE TESTER QUIZ

Vérifiez que vous avez bien compris les points clés des **fiches 33 à 35**.

1 L'organisation de l'oreille humaine

→ FICHE 33

1. Comment est organisée l'oreille moyenne ?

☐ **a.** Elle est traversée par une chaîne d'osselets.
☐ **b.** Elle comprend le pavillon et le conduit auditif externe.
☐ **c.** Elle contient les récepteurs de l'audition, situés dans la cochlée.

2. Où sont situés les récepteurs de l'audition ?

☐ **a.** Dans la cochlée.
☐ **b.** Dans le nerf auditif.
☐ **c.** Au sein des canaux semi-circulaires.

2 De l'oreille au cerveau

→ FICHE 34

1. Où vont les vibrations sonores ?

☐ **a.** Elles se propagent le long de la chaîne d'osselets vers le tympan.
☐ **b.** Elles sont transformées en un message nerveux qui se propage le long des fibres nerveuses du nerf optique.
☐ **c.** Elles sont transmises de la chaîne d'osselets à la cochlée.

2. Comment l'information sonore est-elle traitée ?

☐ **a.** À travers plusieurs relais qui vont analyser l'information sonore.
☐ **b.** Grâce à une aire cérébrale, le cortex auditif, localisé dans le lobe frontal.
☐ **c.** Elle aboutit à une perception consciente du son dans le cortex cérébral.

3 La fragilité de l'oreille

→ FICHE 35

1. Qu'avez vous appris concernant les vibrations sonores ?

☐ **a.** Elles sont dangereuses pour l'oreille si elles dépassent 20 dB.
☐ **b.** Elles peuvent détruire les cellules ciliées si le volume sonore dépasse 90 dB.
☐ **c.** Elles sont dangereuses pour l'oreille interne si l'exposition à des niveaux sonores élevés est fréquente.

2. Quelles sont les caractéristiques des cellules ciliées de l'organe de Corti ?

☐ **a.** Elles ne se dégradent qu'avec le vieillissement de l'individu.
☐ **b.** Elles sont capables de se renouveler lorsqu'elles sont détruites.
☐ **c.** Elles peuvent être endommagées de façon irréversible.

S'ENTRAÎNER

4 Réviser le cours en 8 questions flash

→ FICHES 33 à 35

1. Quel est le rôle du tympan ?
2. Quel est le nom des osselets de l'oreille moyenne ?
3. De quoi est constitué l'organe de Corti ?
4. Quels sont les deux nerfs qui constituent le nerf auditif ?
5. Quel est le nom des cellules de l'oreille interne qui transforment la vibration sonore en un signal nerveux ?
6. À quoi aboutissent les relais des voies auditives ?
7. Pourquoi est-il dangereux d'exposer son oreille interne à des volumes sonores excessifs ?
8. Que se passe-t-il lorsqu'un individu ne possède plus de cellules ciliées dans l'organe de Corti ?

5 Organisation de l'oreille

→ FICHE 33

Relier chaque élément à la partie de l'oreille dans laquelle il se trouve.

cochlée •	• oreille interne
osselets •	• labyrinthe osseux
cellules ciliées •	• oreille externe
pavillon •	• oreille moyenne
système de canaux •	• organe de Corti

6 De l'oreille au cerveau

→ FICHE 34

Compléter le texte avec les mots suivants.

conduit auditif externe • osselets • cochlée • cerveau • tympan • membrane basilaire • endolymphe • cellules ciliées • message nerveux • nerf auditif • oreille moyenne • organe de Corti

Les vibrations sonores sont dirigées dans le .... vers le ...., puis se propagent dans l' .... le long de la chaîne d' .... Les vibrations sont ensuite transmises à la ...., jusqu'à un milieu liquide appelé ...., dont les variations de pression font onduler la .... de l' ....

Il y a alors activation des .... et les cils sont mis en mouvement. L'onde mécanique se transforme en un .... qui va se propager vers le .... par le ....

7 Vocabulaire

→ FICHES 33 à 35

Dans chaque liste de mots, repérer l'intrus et justifier.

1. marteau • éperon • étrier • enclume
2. nerf cochléaire • nerf optique • nerf vestibulaire • nerf auditif
3. cochlée • organe de Corti • canaux semi-circulaires • cellules ciliées
4. aire cérébrale • cochlée • cortex auditif • lobe temporal

8 Musique et régions du cerveau

→ FICHE 34

On cherche à localiser les parties du cerveau qui sont impliquées lorsqu'on écoute de la musique. Le document ci-dessous représente les zones cérébrales activées chez un individu à qui on a fait écouter plusieurs genres de musique.

Doc Schéma d'une coupe transversale du cerveau

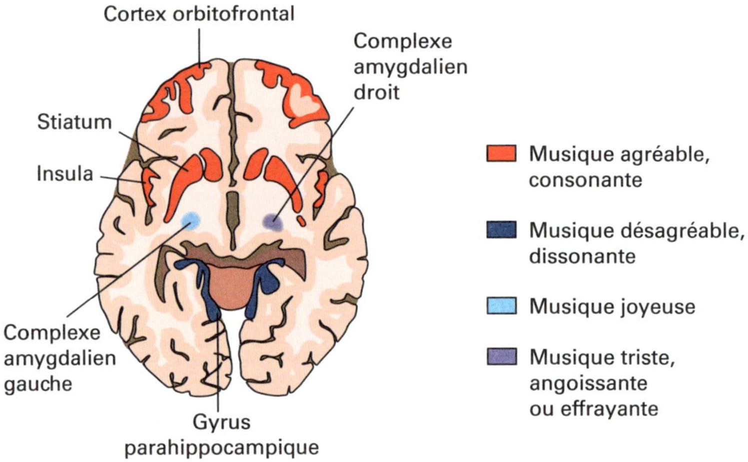

D'après P. Plateaux, *Cerveau & Psycho* n° 19.

Vrai ou faux ? Cocher les bonnes réponses.

	Vrai	Faux
1. Tout le cerveau est sollicité lorsqu'on écoute de la musique.	☐	☐
2. La partie du cerveau activée dépend de la nature de la musique écoutée.	☐	☐
3. La musique semble essentiellement traitée par l'hémisphère gauche de notre cerveau.	☐	☐
4. Seuls les sons correspondant à une musique gaie, agréable sont traités par l'hémisphère gauche.	☐	☐

OBJECTIF BAC

9 Étude d'un cas clinique

60 min

Cet exercice permet d'étudier un cas clinique : on cherche ici à comprendre les symptômes d'un patient. Vous rédigerez un compte-rendu d'examen, en vous mettant à la place du neurologue.

LE SUJET

On cherche à comprendre les symptômes présentés par un homme, Monsieur X, âgé de 60 ans.

L'épouse de Monsieur X est inquiète, car celui-ci ne parvient plus à nommer les œuvres musicales qu'ils avaient l'habitude d'écouter ensemble, alors qu'il affirme les entendre parfaitement.

Monsieur X va passer des examens à l'hôpital, dont une magnéto-encéphalographie, qui a pour but de localiser les zones du cerveau activées lors de l'écoute de sons de différentes fréquences.

Lors de cet examen, le neurologue remarque une lésion sur l'un des hémisphères cérébraux de Monsieur X.

Doc 1 Principaux lobes du cerveau

Chacun des deux hémisphères cérébraux est constitué de quatre lobes (frontal, pariétal, occipital et temporal). L'hémisphère droit est impliqué dans la perception musicale – il permet de reconnaître une mélodie –, alors que l'hémisphère gauche permet de nommer l'œuvre musicale écoutée.

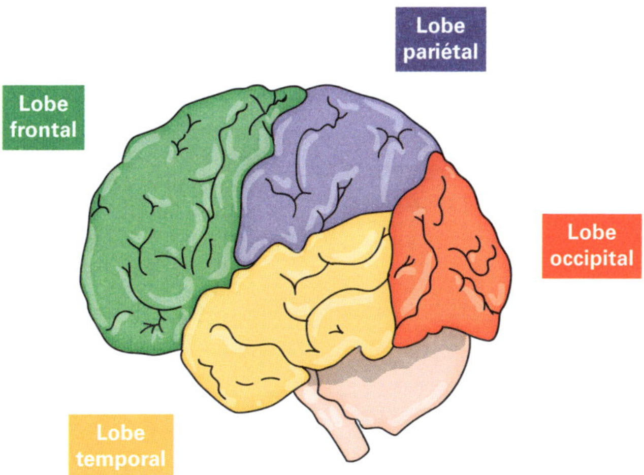

Doc 2 La magnétoencéphalographie

La magnétoencéphalographie est une technologie de pointe d'imagerie cérébrale fonctionnelle. Elle mesure les très faibles champs magnétiques produits par l'activité électromagnétique des neurones du cerveau, permettant ainsi de localiser les zones d'activité du cerveau.

Le document montre les zones du cerveau activées lors de l'écoute de sons purs de différentes fréquences chez Monsieur X (coupe frontale en A, sagittale médiane en B). Les zones activées sont les mêmes que celles d'un sujet n'ayant aucun problème d'audition.

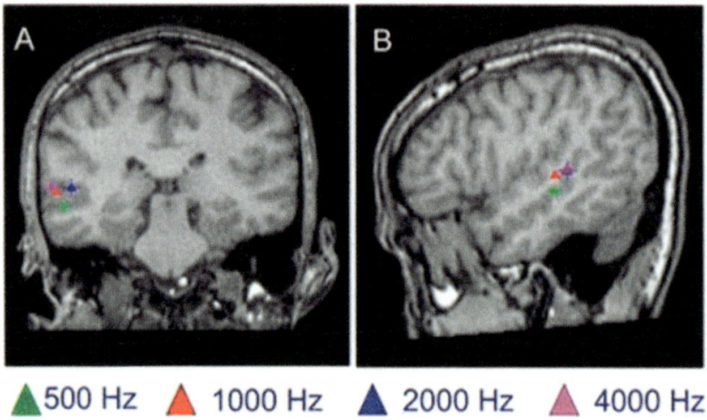

Doc 3 Une maladie dégénérative

L'aphasie primaire progressive est une maladie dégénérative qui touche les zones de l'hémisphère gauche du cerveau impliquées dans le langage. Les personnes atteintes ont des difficultés à s'exprimer et à comprendre ce qu'on leur dit, mais elles n'ont pas de troubles de la mémoire. L'évolution de cette maladie est lente et, hormis les troubles du langage, il n'y a aucun autre trouble durant de longues années.

À l'aide des informations apportées par les documents, rédiger le compte rendu du diagnostic posé par le neurologue.

LIRE LE SUJET

La réponse doit se présenter sous forme d'un compte rendu médical établi par le médecin. Ce n'est pas une analyse successive des documents.

LA FEUILLE DE ROUTE

Étape 1 Sélectionner les informations utiles dans les documents

- Le rôle des deux hémisphères cérébraux est capital, le spécialiste a repéré une lésion sur l'un des deux hémisphères que vous devrez identifier.
- La représentation des différents lobes du cerveau du document 1 vous permet de localiser les zones activées du cerveau présentes sur le document 2.

Doc 1 Principaux lobes du cerveau

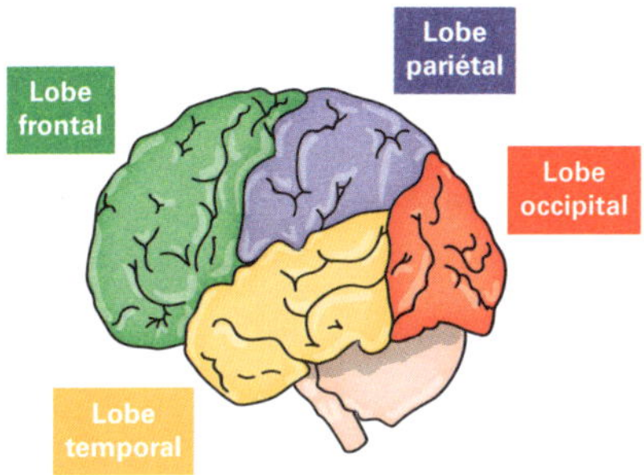

Doc 2 La magnétoencéphalographie

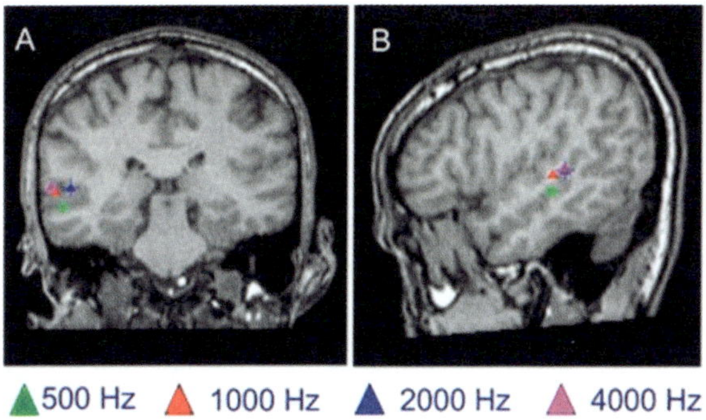

- Le document 3 est à relier aux symptômes de Monsieur X.

Étape 2 Analyser un document

- Repérez le figuré de couleur correspondant à chaque fréquence de son pur.
- Utilisez le document 1 pour repérer les zones du cerveau activées lors de l'écoute de ce son.

Étape 3 Relier les informations en rédigeant un texte grammaticalement correct

- Répondez à la consigne en rédigeant un texte correspondant au diagnostic que ferait le médecin.
- Respectez la forme demandée, c'est-à-dire un compte rendu médical, en commençant votre texte par « Mon patient, Monsieur X... ».

CORRIGÉS

SE TESTER QUIZ

1 L'organisation de l'oreille humaine

1. Réponse a.

La réponse b est fausse, car le pavillon et le conduit auditif externe font partie de l'oreille externe. La réponse c est fausse, car la cochlée, qui contient bien les récepteurs de l'audition, fait partie de l'oreille interne.

2. Réponse a.

La réponse b est fausse, car le nerf auditif n'a pas de rôle dans la réception des sons ; son rôle est de transmettre le message nerveux. La réponse c est fausse, car ce sont les récepteurs de l'équilibre, et non ceux de l'audition, qui sont situés dans les canaux semi-circulaires.

2 De l'oreille au cerveau

1. Réponse c.

La réponse a est fausse, car les vibrations sonores se propagent du tympan vers la chaîne d'osselets, et non l'inverse. La réponse b est fausse, car si les vibrations sonores sont bien transformées en un message nerveux qui se propage le long de fibres nerveuses, le nerf impliqué est le nerf auditif, et non le nerf optique.

2. Réponses a et c.

La réponse b est fausse, car le traitement de l'information est bien effectué dans le cortex auditif, mais celui-ci se situe dans le lobe temporal et non le lobe frontal du cerveau.

3 La fragilité de l'oreille

1. Réponses b et c.

La réponse a est fausse, car un son de 20 dB a l'intensité d'un vent léger. La dangerosité sonore commence à partir de 90 dB ou en cas d'exposition répétée à des volumes sonores élevés.

2. Réponse c.

La réponse a est fausse, car les cellules ciliées ne se dégradent pas qu'avec l'âge, elles peuvent être gravement endommagées lors de traumatismes sonores. La réponse b est fausse, car leur destruction est irréversible, elles ne sont pas capables de se régénérer.

S'ENTRAÎNER

4 Réviser le cours en 8 questions flash

1. Le tympan transmet les vibrations sonores à l'oreille moyenne.
2. Les osselets sont le marteau, l'enclume et l'étrier.
3. L'organe de Corti comprend plus de 15 000 cellules ciliées par oreille.
4. Le nerf cochléaire et le nerf vestibulaire.
5. Ce sont les cellules ciliées de l'organe de Corti.
6. Les relais aboutissent au cortex auditif, situé dans l'aire temporale du cerveau.
7. Les volumes sonores excessifs détruisent les cils des cellules ciliées.
8. Un individu qui ne possède plus de cellule ciliée est atteint de surdité.

5 Organisation de l'oreille

cochlée	oreille interne
osselets	oreille moyenne
cellules ciliées	organe de Corti
pavillon	oreille externe
système de canaux	labyrinthe osseux

6 De l'oreille au cerveau

Les vibrations sonores sont dirigées dans le **conduit auditif externe** vers le **tympan**, puis se propagent dans l'**oreille moyenne** le long de la chaîne d'**osselets**. Les vibrations sont ensuite transmises à la **cochlée**, jusqu'à un milieu liquide appelé **endolymphe**, dont les variations de pression font onduler la **membrane basilaire** de l'**organe de Corti**.
Il y a alors activation des **cellules ciliées** et les cils sont mis en mouvement. L'onde mécanique se transforme en un **message nerveux** qui va se propager vers le **cerveau** par le **nerf auditif**.

7 Vocabulaire

1. L'éperon ne désigne pas un osselet de l'oreille moyenne, qui sont le marteau, l'enclume et l'étrier.

2. Le nerf optique existe, mais n'a aucun rôle dans l'audition.

3. Les canaux semi-circulaires jouent un rôle dans l'équilibre, mais pas dans l'audition.

4. La cochlée fait partie de l'oreille interne, les autres termes appartiennent au cerveau.

8 Musique et régions du cerveau

1. Faux, seules certaines parties du cerveau sont sollicitées lorsqu'on écoute de la musique.

2. Vrai, selon que la musique est agréable, joyeuse, triste ou effrayante, ce ne sont pas les mêmes parties du cerveau qui sont activées.

3. Faux, on voit qu'il y a autant de zones activées dans l'hémisphère gauche que dans l'hémisphère droit du cerveau.

4. Faux, les sons correspondant à une musique désagréable sont aussi traités par l'hémisphère gauche.

OBJECTIF BAC

9 Étude d'un cas clinique

Diagnostic proposé pour Monsieur X

Mon patient, Monsieur X, se plaint de ne plus être capable de nommer des œuvres musicales qu'il écoute pourtant depuis de nombreuses années avec son épouse.

J'ai fait réaliser une magnétoencéphalographie, qui révèle une activation des zones corticales identique à celle d'un patient qui entend normalement. Les zones du cerveau activées lors de l'écoute de sons purs sont en effet les mêmes : on retrouve les zones activées pour les basses fréquences (500 Hz, 100 Hz) dans le lobe temporal/pariétal en surface et pour les fréquences aiguës (2 000 Hz, 4 000 Hz) dans le lobe temporal et pariétal mais plus en profondeur.

Je repère en revanche une zone correspondant à une lésion dans son hémisphère gauche.

L'hémisphère droit est normal, Monsieur X peut donc percevoir les sons musicaux lorsqu'il écoute de la musique ; en revanche, la lésion localisée dans l'hémisphère gauche l'empêche de nommer l'œuvre musicale qu'il écoute.

J'en déduis que mon patient souffre d'une maladie neurodégénérative, l'aphasie primaire progressive. La lésion touche les zones du cerveau impliquées dans le langage (zones précisément situées dans l'hémisphère gauche du cerveau).

CRÉDITS ICONOGRAPHIQUES

59-d	ph ©	SPL / CNRI / Biosphoto
60	ph ©	SPL / Dennis Kunkel Microscopy / Biosphoto
63	ph ©	SPL / S. Gschmeissner / Biosphoto
65	ph ©	oscaryang1989taiwan / Getty-Images
79	ph ©	SPL / Eckhard Slawik / Biosphoto
89	ph ©	SPL / Marek Mis / Biosphoto
91	©	Image by Reto Stöckli, based on data provided by the MODIS Science Team
111	ph ©	ivansmuk / iStock / Getty-Images
115	©	CRBMS-Brainware
125	©	Nasa
126	ph ©	Ali Ihsan Ozturk / Anadolu Agency / AFP Photo
127	©	Nasa
140	ph ©	DavidLeshem / iStock / Getty-Images
147	©	Nasa / Goddard / Arizona State University
149	ph ©	Veneranda Biblioteca Ambrosiana / Mondadori Portfolio / Leemage
155-g	ph ©	British Library Board / Bridgeman Images
155-d	ph ©	The British Library Board / Leemage
158-hg	ph ©	Library Of Congress / SPL / Akg-Images
158-hd	©	Museo Galileo, Firenze
158-bg	ph ©	Aisa / Leemage
158-bd	ph ©	SPL / Akg-Images
163	ph ©	TommL / iStock / Getty-Images
169	ph ©	Den / Adobe Stock
183	ph ©	Akg-Images
185	ph ©	Granger Coll NY / Aurimages
187	ph ©	Luisa Ricciarini / Leemage
191	ph ©	Nano Calvo / Alamy / hemis.fr
205	ph ©	Gaël Kerbaol / Divergence Images
207	ph ©	Inserm / U229
209	ph ©	Sovereign / ISM
210-g	©	Inserm / Marc Lenoir
210-d	©	Inserm / Marc Lenoir
211-h	ph ©	fotomarekka / iStock / Getty-Images
211-b	©	Inserm / Anne Guilhaume
212	©	Inserm / Marc Lenoir
218	©	image par Pablo Gil-Loyzaga, extraite du site «Voyage au Centre de l'Audition» www.cochlea.eu, par R. Pujol et al., NeurOreille, Montpellier
219	©	image par Pablo Gil-Loyzaga, extraite du site «Voyage au Centre de l'Audition» www.cochlea.eu, par R. Pujol et al., NeurOreille, Montpellier

IMPRIM'VERT

PAPIER À BASE DE FIBRES CERTIFIÉES

Hatier s'engage pour l'environnement en réduisant l'empreinte carbone de ses livres. Celle de cet exemplaire est de : 850 g éq. CO_2

Rendez-vous sur www.hatier-durable.fr

Achevé d'imprimer par L.E.G.O. S.p.A. - Lavis (TN) - Italie

Dépôt légal : 05293 - 2/03 - Août 2020